시대의 미용

Top Hair Designer & Top Hair Brand

시대의 미용

Top Hair Designer & Top Hair Brand

시대의 미용

발행 초판 2022년 8월 19일
글쓴이 박모란
사진 장윤경 한용만
디자인 디자인홍시
인쇄 정우P&P

펴낸곳 너의책장♡
등록 2022년 2월 16일 제 2022-000026호
주소 고양시 덕양구 호국로 1676-21 하얀집
전화 010-8259-5949
메일 narom2@hanmail.net
블로그 m.blog.naver.com/narom72
인스타그램 morandacy
ISBN 979-11-979542-0-7 03650

시대의 미용

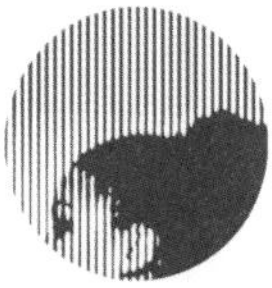

Top Hair Designer & Top Hair Brand

글
박모란

사진
장윤경

너의책장

디자인에 대한 세 가지 반응이 있다.

Yes, No, 그리고 Wow.

'Wow'가 바로 나의 목표다.

—밀튼 글레이저—

Top Hair Designer

내가 이 책을 쓰는 이유

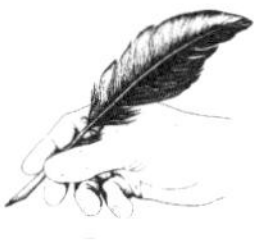

1

가위질을 세상에서 가장 예쁘게 하는 헤어디자이너들을
만날 때면 어김없이 설렌다.
왜냐하면?
내 일상 중에 가장 오랜 시간 거울 앞에 있을 때이기 때문이다.
10분 내외면 끝나는 화장보다
더 오랫동안 온전히 나와 마주하는 시간
거울 속 나 자신과 눈을 맞출 때
작아진 나에게 웃음을 지어 본다.
넌 괜찮은 사람이야!
완벽하게 내 모습에 집중하고 위로받는 시공간, 미용실
치유와 아름다움이 공존하는 그곳에서
헤어디자이너는 날 더 예뻐진 채로 세상으로 나아가게 해 준다.

2

공감!

10년 전 〈자존심을 버리고 자부심을 가져라〉 시즌1의 키워드였다.

손님과 디자이너의 헤어디자인에 대한 공감.

2022년, '시대의 미용'을 담는 단어가 뭐가 있을까…….

가치!

손님은 가치 있는 미용실을 가고

디자이너는 가치 있는 미용실을 만든다.

그 가치의 색깔은 오색찬란하다.

그래서 미용실은

살롱, 프라이빗 부티크, 헤어숍, 복합 문화 공간, 사랑방, 힐링 스폿 등 여러 가지의 이름을 갖는다.

반짝이는 삶을 사는 사람들을 보면

어떤 모양이든 상관없이 자신의 자리에서 반짝거린다.

여기, 지금 반짝거리는 헤어디자이너들을 소개한다.

중견 디자이너가 되어 후배들과 연대하고 나누고

미용의 발전적인 미래를 보여주고

개인 살롱을 오픈하며 자신이 그려왔던 살롱 철학을 추구하고

작은 살롱으로 시작해 직영점을 늘리고…

톱디자이너와 톱 살롱의 경쟁력이 바로 지금, 여기에 있다.

그래서 이번 책은 살롱의 메카, 청담동도
자유분방한 젊음의 공간, 홍대도
화끈하고 멋진 해안 도시, 부산도
아티스트적 감성으로 동네 손님을 사로잡는 개봉동도
담았다.
또한 살롱을 운영하며 빠질 수 없는
헤어 브랜드를 디자인하고 경영하는 브랜드 대표도 함께한다.
가치의 다양성이 존재하는 '시대의 미용',
그 힘은 무궁무진하다!

〈시대의 미용〉이 독자들에게
밀도 있는 책이 되었으면 좋겠다.
우리 대한민국 미용인 만세!

ConTents

09

신후원장

앳나운

09

양리

1

양리헤어의 양리원장

나눔과 연대의 중심,
중견 디자이너의 위상

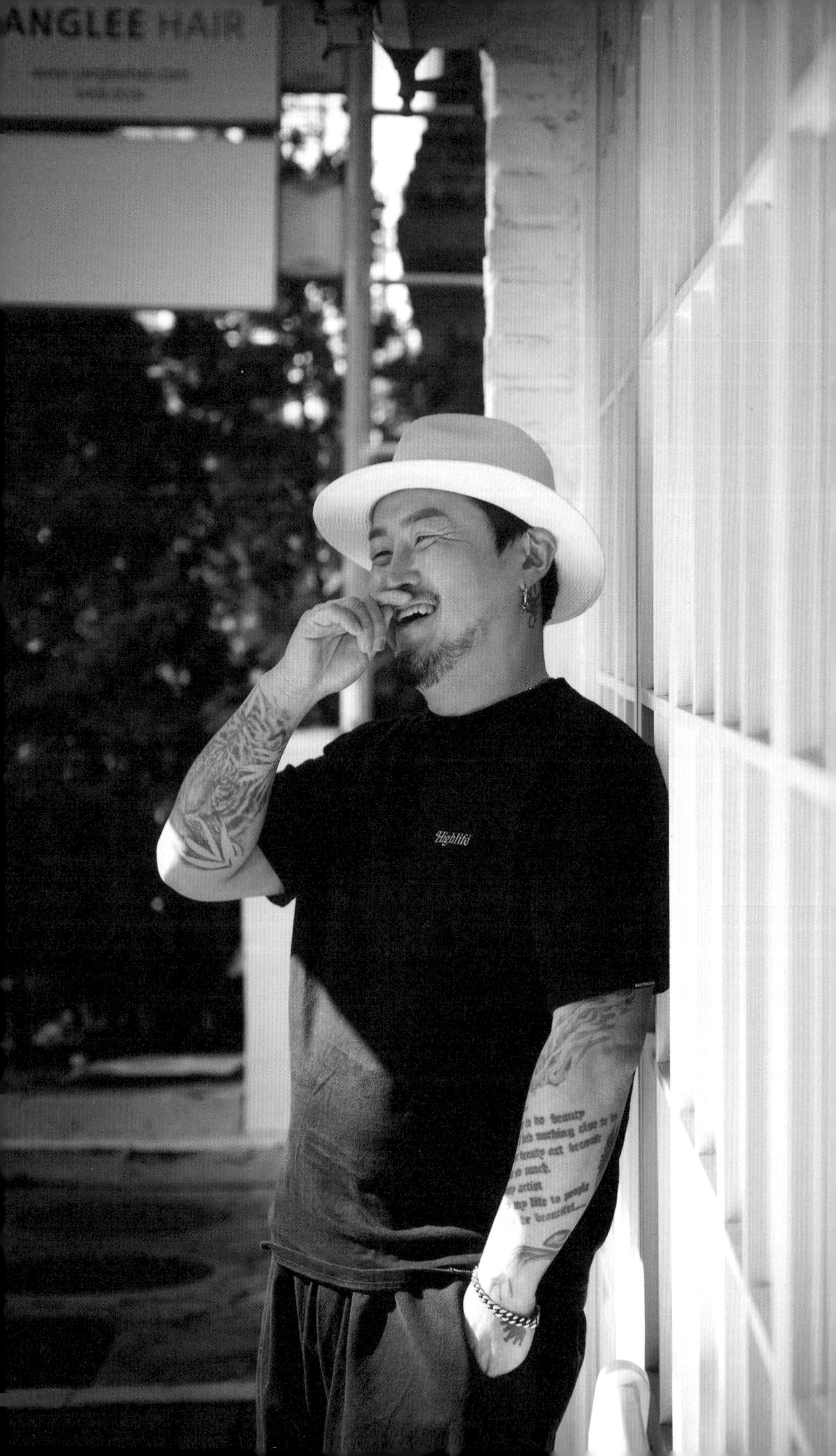
ANGLEE HAIR
Highlife

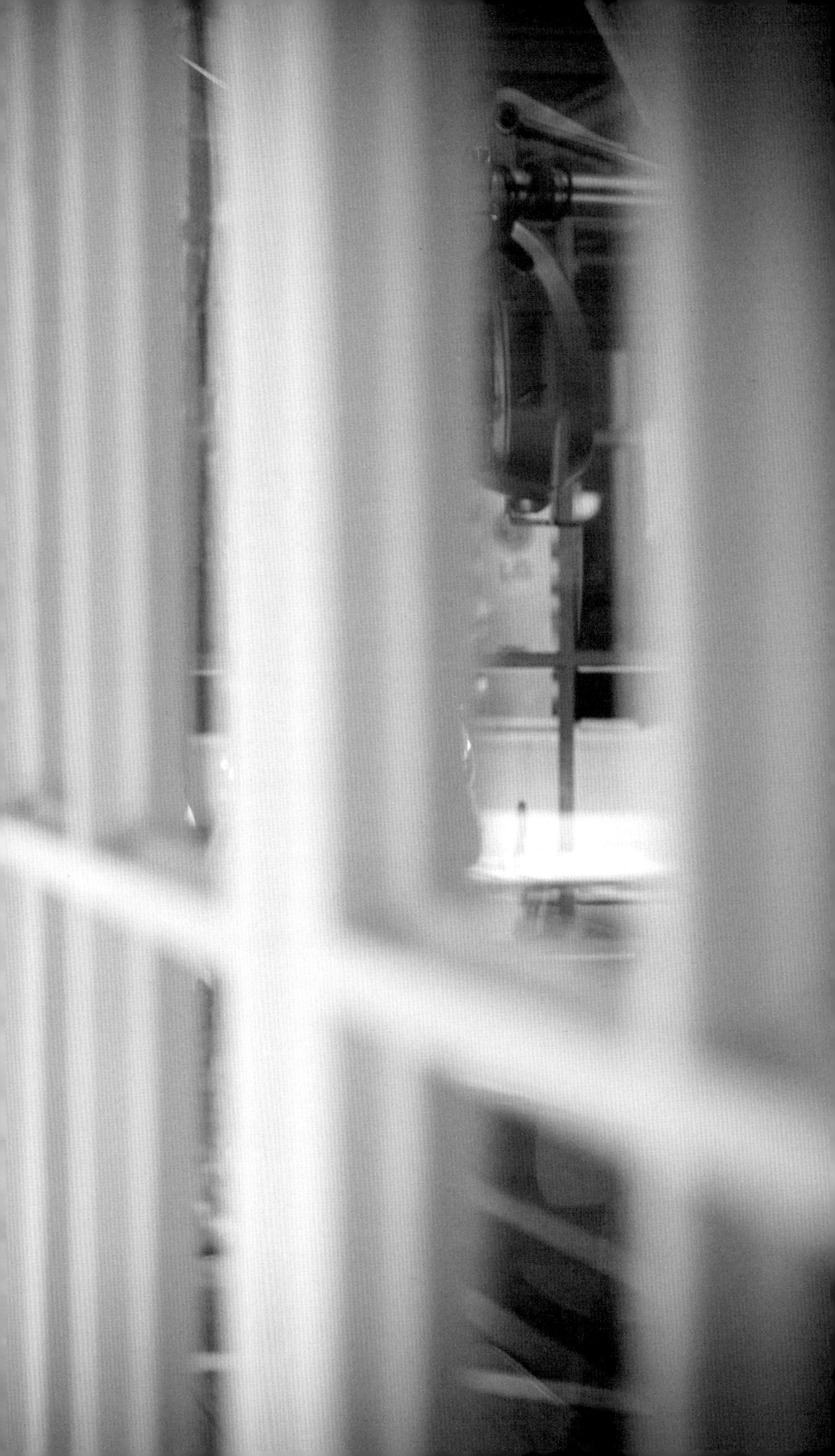

미용이란
열린 세계로 향하는
새로운 역사

자신만의 철학과 신념은 더 단단해졌고, 미용인으로서의 관계는 유연해졌다. 지금의 '나쁘지 않음'을 유지하는 것이 목표라고 하는 그. 그의 가슴에서 나오는 아이디어는 모두, 함께, 같이를 지향한다. 미용계의 '멋진 형님'으로 소통하고 있는 것이다. 마음이 움직이면 바로 실천하는 추진력과 에너지는 '모두'를 향해 있어 반짝거린다.

나쁘지 않은
미용인의 삶

•
•

'나쁘지 않았다!' 단행본 〈자존심을 버리고 자부심을 가져라〉의 인터뷰 이후 10년이란 세월에 대한 양리원장의 평가다. 그는 책과 쇼에 대한 모든 정보가 담긴 CD, 헤어쇼를 기획하며 과정이 담긴 파워포인트 등 그간의 자료들을 한가득 책상에 올려놓는다.

"4권의 책을 출간하고 2번의 헤어쇼를 기획했습니다. 〈My Hair Style 5〉, 〈My Hair Style 6〉, 〈My Hair Style 7〉이 각각 2013년, 2015년, 2019년에 나왔습니다. 기존에는 일본의 스타일에 담긴 번역서로 버전 4까지 나왔던 것을 저의 스타일로 채웠습니다. 2021년 출간한 〈HIGHLIGHT RECIPE〉는 저와 '양리헤어'의 디자이너, 스태프의 작품까지 담아 의미가 있는 네 번째 책입니다."

'나쁘지 않았다!'의 또 다른 이유는 8층에서 4층으로, 4층에서 1층으로 살롱이 발전했다는 것이다. 인적 구성도 더욱 탄탄해졌다. 2011년 인터뷰 당시 19명이었던 구성원이 17명으로 줄었지만 정예 부대로 살롱이 움직이고 있다고 전한다. 자부심 가득한 어조로 '나쁘지 않았다!'는 2-3등이 할 수 있는 평가라는 그. 그럼 1등의 기준은 뭘까?

"지금의 미용에 대한 올곧은 신념을 갖추고, 책도 내고 쇼도 하면서 영업도 잘되는 매장을 100개 정도 운영하면 1등이라고 생각합니다. 물론 미용인으로서의 지금의 삶이 아주 만족스럽습니다. 12년째 살롱을 운영하면서 깨달은 것은 한 분야에서 10년 이상 사업체를 경영한다는 것은 박수 받아 마땅하다는 것입니다. 그것이 대규모 살롱이든 1인 살롱이든 상관없이요. 저도 10년을 운영하면서 '디자이너들이 나가면 어떻게 하지'라는 걱정과 두려움이 존재했어요. 이제는 그런 두려움이 없어요. 매출이 좋은 디자이너가 나가도 바로 아래의 디자이너들이 그 몫을 채우는 방식으로 운영하기 때문이에요. 요즘은 오히려 경영과 관련해 디자이너들에게 언제까지 있을지를 물어봅니다. 이러한 안정감을 느낀 지는 2년 정도 됐습니다."

외형적인 성장도 가치가 있다. 하지만 스스로가 만족하는 디자이너로서의 삶은 1등 그 자체가 아닐까. 10년 전 '양리헤어'의 매출은 양리원장이 오롯이 그 무게를 감당했었다. 이제 양리원장의 고객을 맞는 자리는 살롱의 중심에서 벗어나 가장 안쪽에 있다. 자리가 시사하는 바는 원장이 주도하는 매출이 아닌 디자이너들이 매출의 주인공이 됐다는 것이다. 이러한 매출 구조의 결실은 양리원장의 신념과 철학 그리고 견디고 변화하고 나눈 시간의 결과다. 이제 '양리헤어'의 상징은 '양리'가 아닌 디자이너들이 되고 있다는 것을 그는 체감한다고 한다. '양리헤어'의 디자이너들 중 3명이 강의를 나갈 정도로 월등한 실력을 갖춘 것이 그 예다.

"제가 '양리헤어'를 운영하며 고수하는 한 가지 원칙이 있습니다. 디자이너보다 많은 스태프입니다. 스태프들의 미래와 더불어 '양리헤어' 고유의 정체성을 가진 디자이너들을 키우기 위해서 꼭 필요한 원칙입니다. 스태프들을 소모적으로 생각하고 키우려 하지 않으면 이들은 연차만 쌓이고 실력은 없는 미용인이 됩니다. 아카데미에 가서 공부를 해도 다양한 시술 경험이 없으면 한계가 생기고 저가숍으로 빠지는 경우가 많죠. 그래서 '양리헤어'는 스태프부터 키웁니다. 우리 디자이너들은 모두 '양리헤어'에서 성장한 구성원들입니다. 도제 시스템을 고수합니다. 효율과 영업 이익만으로 살롱을 운영하지 않고 있습니다."

살롱의 정체성을 위한 또 하나의 신념은 교육이다. 직원들과 함께 다양한 배움을 갖는 것이다. '고객에게 배워라'라는 주제로 한 달에 한 번 10회 정도 교육을 했다. 다양한 직업을 가진 고객들을 통해 배우는 서비스 교육이다.

"수입차 딜러인 고객의 서비스 교육이었습니다. 옆 거울을 통해 처음 온 고객에게 디자이너가 '어떤 스타일을 원하세요'라고 묻는 것을 보았다고 하셨어요. 자신은 단골이라 살롱이 늘 편하지만 첫 고객은 그렇지 않다며 대화의 첫 시작이 중요함을 조언해 주셨습니다. 고객의 소리를 들으면서 저도 직원들도 다른 관점에서 고객을 이해하고 공감하는 자리가 되었지요. 올해도 자기 계발 교육을 시작했는데, 1월에 시세이도 하희선 본부장님이 그 시작을 여셨습니다."

살롱의 메카인 청담동 중심에서 '홍대도 머리 잘해'의 시작을 연 양리원장은 여전히 디자인이 마음에 들지 않는 고객이 있다면 돈을 받지 않는다는 원칙을 지키고 있다.

"원칙은 '양리헤어'를 고객들이 무한신뢰하게 합니다. 언제라도 디자인이 맘에 들지 않으면 고객과 얼굴 붉히는 일이 없이 그

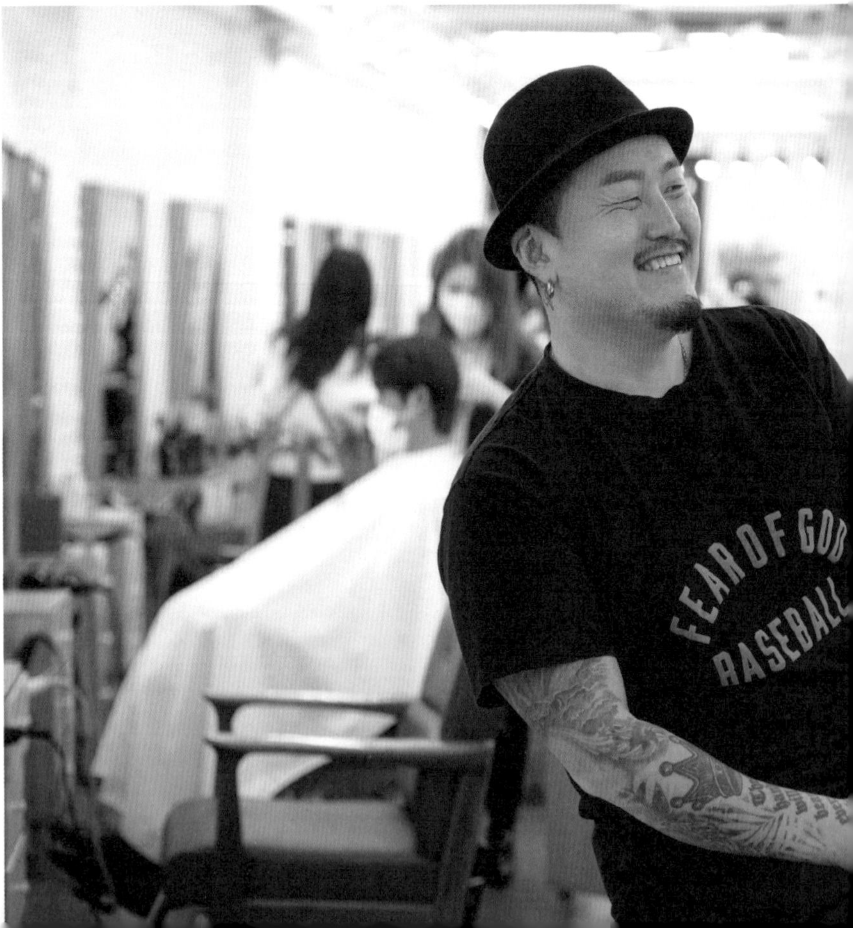

책임을 져야한다고 생각합니다."

원칙이 있다면 시대에 맞는 변화도 필요했다. '내 숍'이란 생각에서 '우리 숍'이란 마인드의 변화다. 그것은 지금 살롱의 위치, 인테리어에서도 엿볼 수 있다.

"이소 디자이너가 좋은 자리라고 추천한 곳이 여기예요. 애정을 갖고 제안하는데 원장이 모른 척 할 수 있나요. 디자이너와 함께 이곳을 봤죠. 임대료나 운영할 수 있는 여력이 되겠다고 판단하고 인테리어를 한 지 얼마 안 된 4층 살롱을 정리하고 이곳으로 과감히 이사했습니다."

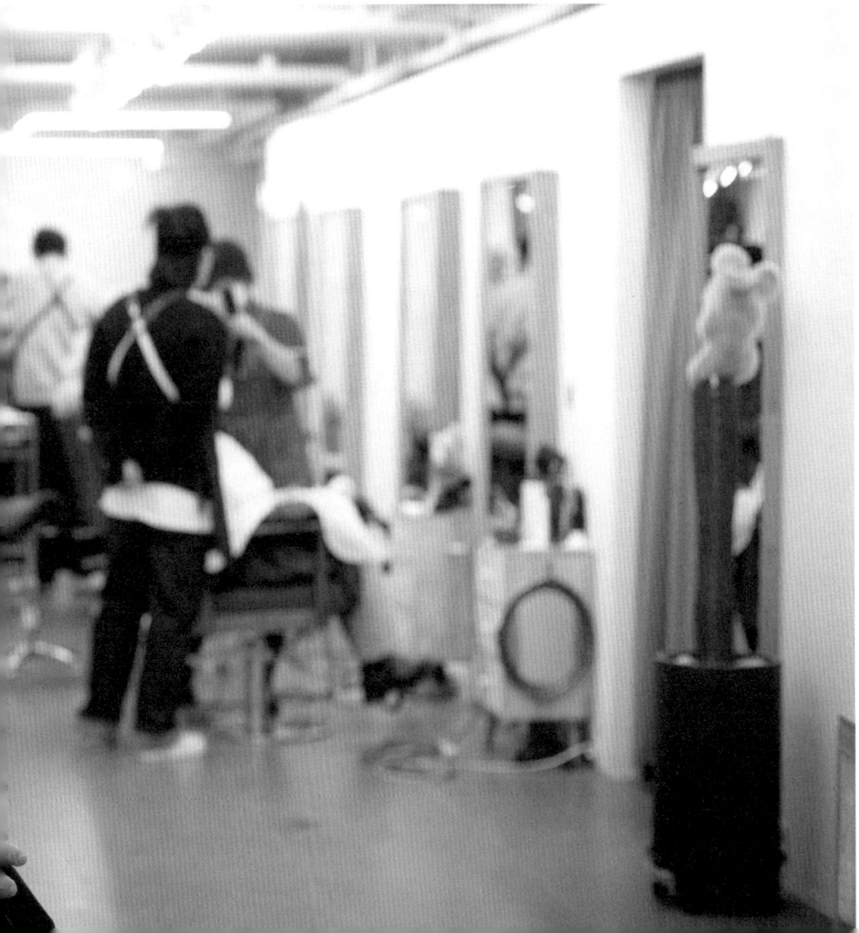

'홍대도 머리 잘해'의 시작, 양리헤어

•
•

그는 고객을 시술한 디자인을 담은 컬러 디자인 책 〈HIGHLIGHT RECIPE〉를 출간했다. 다양한 컬러 디자인을 독자 입장에서 기획한 이 책은 많은 디자이너들에게 사랑을 받고 있다.

"일본의 〈Highlight〉라는 책을 참조했지요. 사진의 보정 정도와 톤이 일정하고 세련된 책이지만 독자가 과정 사진을 통해 컬러 디자인을 실현하기에는 좀 어려워요. 이 책을 보며 좀 더 쉽게 컬러 작업을 할 수 있도록 만드는 데 중점을 두었습니다. 저는 물론 디자이너들의 개인 핸드폰으로 작업한 메인 사진과 과정 사진까지 온전히 이 책을 보는 독자 중심으로 제작됐습니다. 출판을 위해 연출된 내용이 아닌, 살롱워크에서 실제로 고객에게 시술하는 모습을 현장감 있게 담아냈습니다."

그가 독자에게 사랑받는 책을 만들 수 있었던 것은 여러 권의 책을 내며 쌓인 내공에서 비롯됐다.

그는 "2013년도에 만든 〈My Hair Style 5〉는 1만 권 정도가 판매되었는데 미용실 10곳 중 1곳은 이 책을 구입했다고 할 수 있어요. 당시에는 인스타그램이나 SNS가 활발한 시대가 아니라 많이 팔렸던 것 같아요. 이번 〈HIGHLIGHT RECIPE〉도 4천부 이상이 나갔습니다. 1쇄를 다 팔면 출판사가 제작으로 인한 손해를 보지 않는다고 하니 너무 감사하죠." 라고 개구쟁이처럼 웃으며 책을 출간한 동기에 대해 덧붙인다.

"일본 〈Highlight〉의 마지막 페이지 판권에 같이 한 살롱 구성원들의 사진이 있습니다. 저도 그 작업을 정말 하고 싶었어요. 고객들과 소통하며 만족감 높은 디자인을 선보이기 위해 오랜 기간 준비한 기술을 공유하는 것이지요. 후배들에게 가르침을 주기 위해 만든 자료가 바탕이 되었고요."

양리원장이 무엇인가를 추진하는 동력인 '마음의 움직임'은 때론 어린 아이처럼 순수하다. 물론 이 책을 출간한 근본적인 이유는 있다. 2007년 일본 미용대회에 참가 했을 때 호일 워크의 다양한 헤어디자인에 놀라움을 경험했기 때문이다. '어떻게 이런 대회가 열릴 수 있을까?', '우리나라 살롱에 적용하면 좋겠다'가 그것이다.

"그 당시에 일본 미용계에는 현실적인 문제점이 있었습니다. 홈컬러가 성행하고 펌 비율이 10%정도였습니다. 다양하고 많은 스타일링 기구의 등장으로 인한 결과였지요. 컬러 디자인은 그것을 돌파

하기 위한 미용업계의 비전이 담긴 영역이었어요. 우리의 현실도 다르지 않다고 생각했습니다. 홈 컬러와 다양한 스타일링 기구가 쏟아져 나오는 시대에 미용사들은 어떤 테크닉으로 고객들의 니즈에 대응해 나가야 할까라는 화두와 맞닥뜨리게 됩니다. 그게 저는 호일워크 테크닉이라고 생각했고, 살롱 컬러 디자인을 통해 고객의 니즈 충족과 감동을 선사할 수 있는 기술이라 확신했습니다."

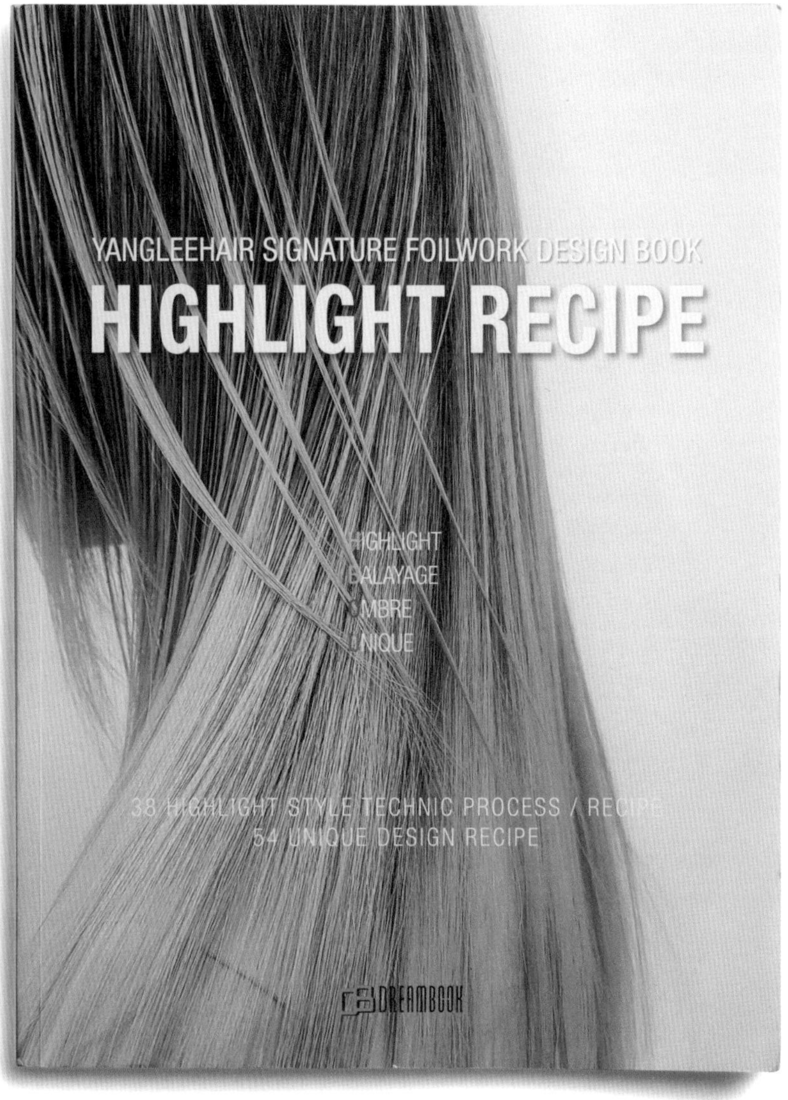

2021년 출간한 〈HIGHLIGHT RECIPE〉 책표지

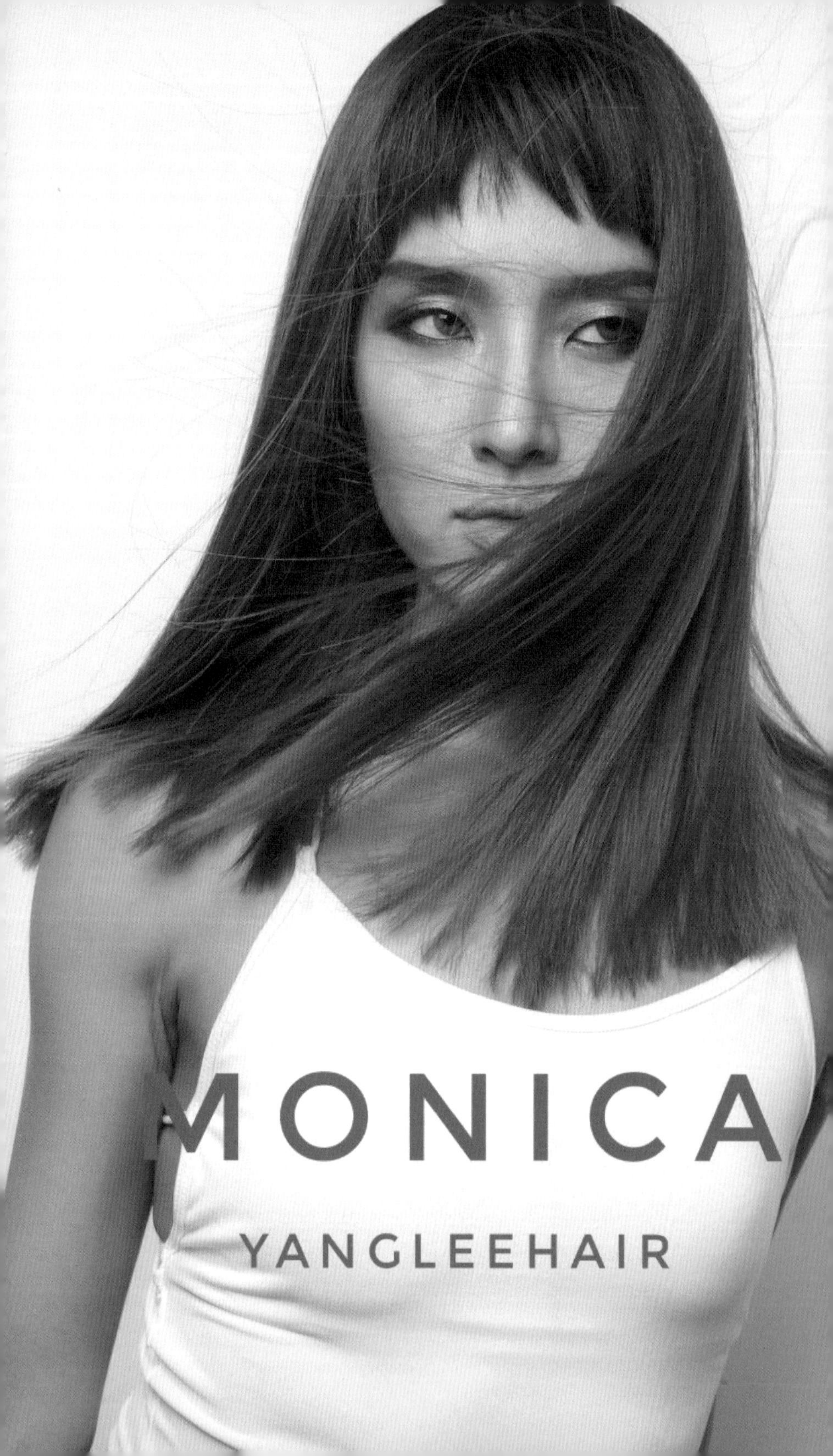
MONICA
YANGLEEHAIR

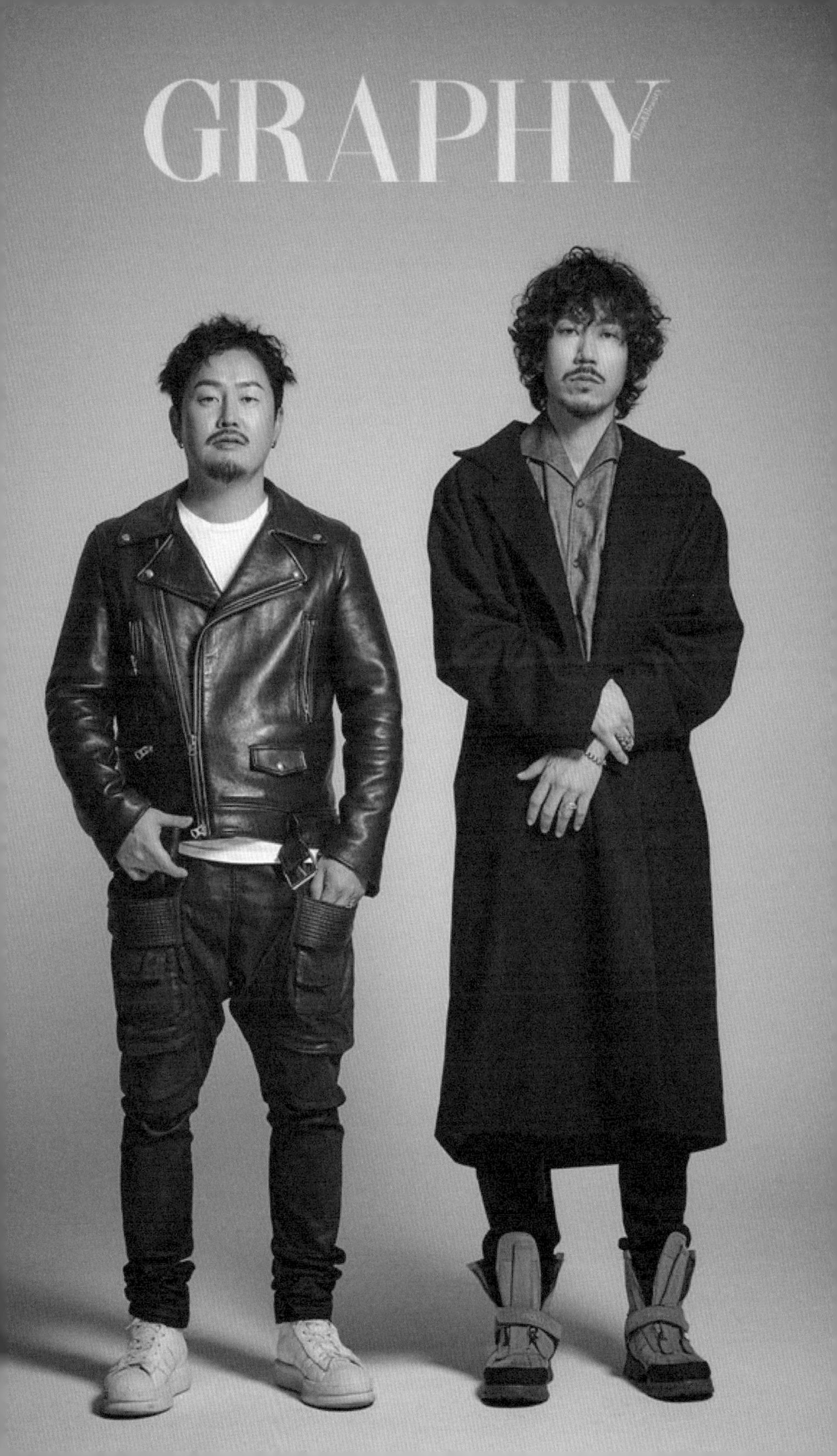
GRAPHY

미용계의 '괜찮은 선배'로 남기

'나쁘지 않은 삶'이란 타이틀이 자신에게 적합한지 평가할 수 있는 또 하나의 결과물은 헤어쇼다. 규모가 큰 헤어 살롱을 제외하고는 디자이너가 헤어쇼 무대에 설 수 있는 기회가 흔치 않은 것이 미용계의 현실이다. 그 시작점에서 양리 원장은 사비 2천만 원을 들여 후배들에게 무대를 펼쳐 주었다. 2017년 1월 10일 '홍대 V-홀'에서 31명의 디자이너들이 모여 '홍대컬렉션'이란 헤어쇼를 진행했다. '홍대컬렉션'은 1인 살롱부터 규모 있는 살롱까지 누구나 참여할 수 있는 열린 무대였다. 31명의 디자이너는 '미라클'이란 한 팀의 팀원으로 컬렉션에 참여했다. 이런 컬렉션을 통해 다양한 미용 문화 콘텐츠가 생겨나길 희망했다는 양리원장. 그 취지를 실현하는 첫 관문인 구성원 모집이 궁금해졌다.

"페이스북으로 쇼를 함께 할 디자이너들을 모집했어요. 불과 4

일 만에 32명이 모였어요. 박승철헤어스투디오, 준오헤어, 아이디헤어, 부산의 더민헤어 등 프랜차이즈 살롱부터 밤비헤어, 스타일하우스, 더감동, 살롱드블라썸 등의 개인 살롱 디자이너들이 자발적으로 참여했습니다. 단 살롱별로 한 명의 디자이너만 참여하도록 했지요. '홍대컬렉션'은 300석 정도 되는 홀이 여백없이 꽉 찼습니다. 미라클팀은 2017년 4월 가미쇼보코리아에서 주최하는 'The Show'에서 개인 살롱 중심의 참여자와 달리 연합팀으로 참가해 쇼를 하기도 했습니다. 헤어쇼는 미라클팀 2기의 무대인 2018년 '디자인 엣지 코리아'로 이어졌고, 첫 쇼에 비해 미용과 삶이 보다 밀접하게 연계된 기획으로 다가갔습니다."

많은 후배 디자이너들의 예술적 발산이 목말랐던 상황에 단비 같은 기회가 됐다. 종합 예술의 쇼는 만만치 않은 경비와 전문 인력이 필요하다. 양리원장은 진행비를 사비로 해결하며 좋은 취지의 문화 콘텐츠를 기획하고 주최했다. 하지만 미용계의 반응은 엉뚱하게 왜곡되기도 했다.

"'양리가 머리가 좋구나'라는 반응이 나왔어요. 디자이너 수급을 위해 저런 쇼를 한다고 말이죠. 제가 헤어쇼를 기획한 취지는 미용사들의 성장 그리고 예술가로서 예술 행위의 주체가 되는 자리를 마련하자는 것이었죠. 물론 그렇게 말씀하셨던 분들도 지금은 제 뜻을 잘 알고 계십니다."

그는 지원한 디자이너의 살롱 대표들과 일일이 약속했다. 디자이너를 흔드는 일은 하지 않는다고 말이다. 컬렉션을 준비하

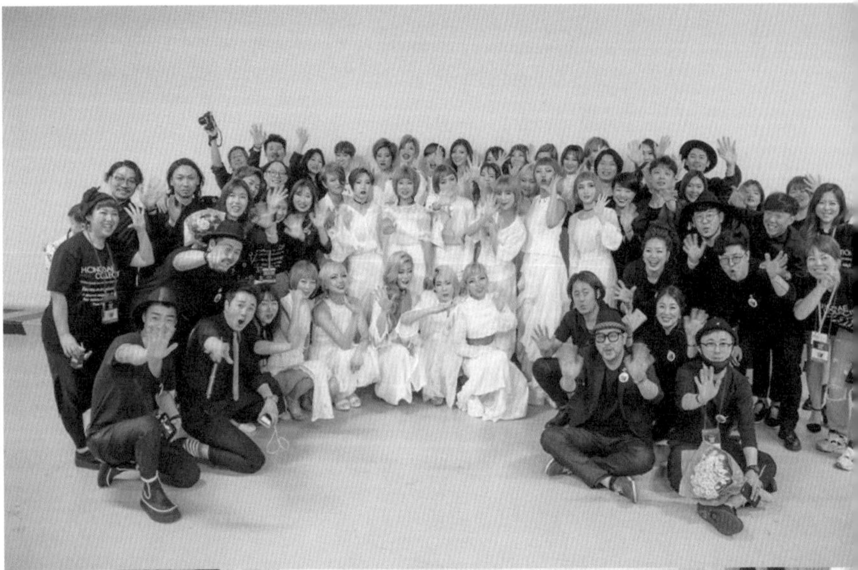

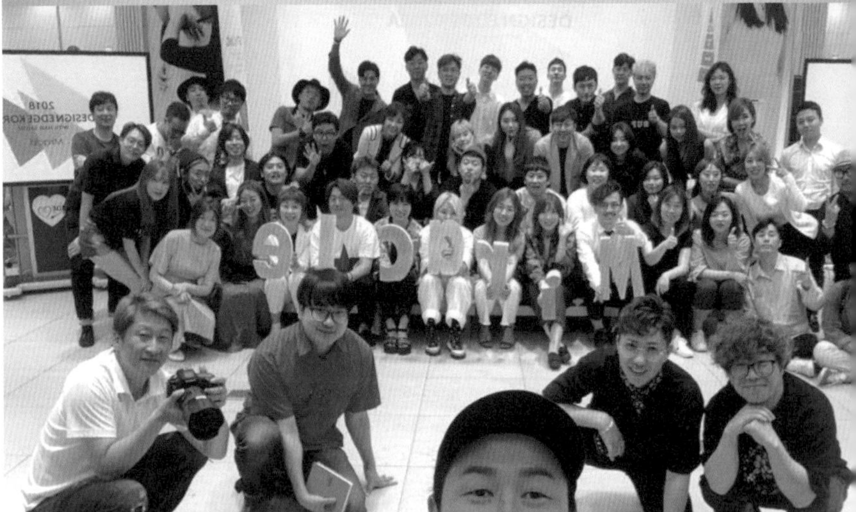

상단사진 헤어쇼 '더 쇼'

하단사진 헤어쇼 '디자인 엣지 코리아'

는 동안 팀내 규칙을 정했다. 1년 동안 현 소속의 살롱에서 퇴사하지 않는다. 그리고 팀내 연애 금지가 그것이다. 남녀상렬지사가 어디든 존재하는 것을 심지어 1년간 연애 금지라니 공산당이 아니냐고 반문했다. 하지만 많은 인원을 통솔하려면 규칙은 필수불가결한 요소라는 우문현답이 돌아왔다.

"포스터 겸 리플릿, 스티커 디자인 등 일일이 제가 만들었지요. 처음에는 생각을 못했는데 쇼를 하고 나니 지인 찬스로 해결이 안 되는 부분이 있었어요. 첫 컬렉션에서는 스폰서도 없었지만 포스터이자 안내 리플릿에 미용업계의 헤어제품 업체, 잡지사, 학원 등 이름을 넣고 '이번 컬렉션은 미용사들의 힘만으로 하지만, 다음번 컬렉션은 협찬을 부탁드립니다.'라는 문구를 넣었습니다."

양리원장만의 재기발랄함은 언제나 유쾌하고 신선하다. 그래서 두 번째 쇼에는 '가위이야기', '로레알', '밀본', 〈그라피〉, '유닉스', '엘로이' 등 국내외 브랜드들과 잡지사의 지원을 받을 수 있었다.

두 번째 쇼인 '디자인 엣지 코리아'는 삶과 헤어를 접목했다. 주제는 'LIFE'로 아이부터 노년까지의 다양한 연령대의 삶을 헤어 작품으로 담아냈다. 특히 마지막 무대는 부모님들을 모델로 모셔서 쇼를 진행했다.

"디자이너, 모델, 관객이 하나 되어 감동의 눈물을 흘렸지요. 디자이너들의 가족들조차 자랑스러운 직업인으로 재인식하는 기회가 되었다고 얘기했습니다. 저 또한 편찮으신 어머님께 좋

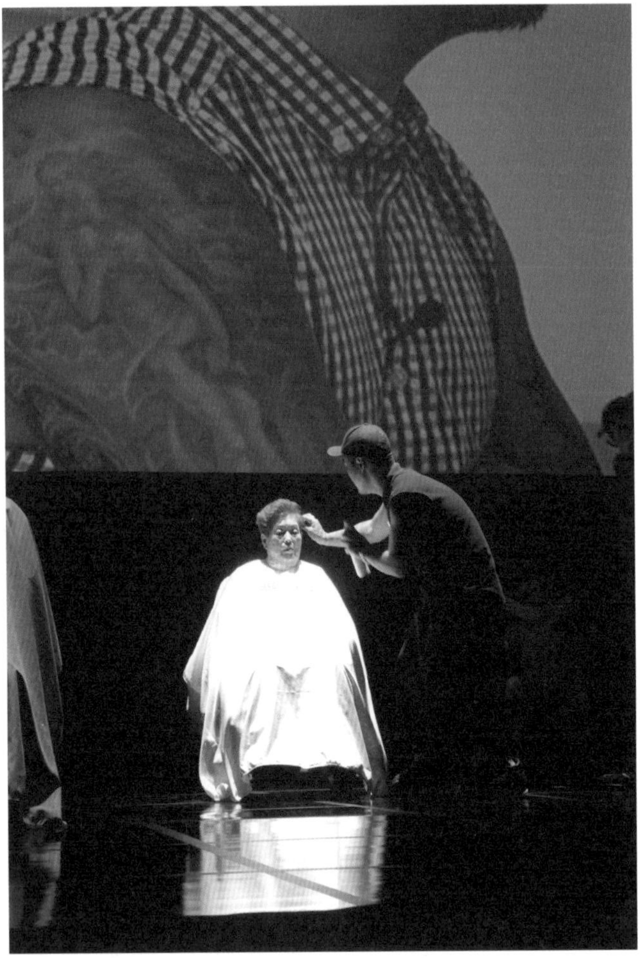

양리원장은 헤어쇼 '디자인 엣지 코리아'에서
어머니의 머리를 직접 잘라드렸다.

은 추억을 하나 만들어 드린 것 같아 뿌듯합니다. 휠체어에서 15분 이상 앉아 있는 것이 힘든 어머님을 모시고 머리를 디자인해 드렸는데, 다행히도 미라클 팀원의 배려로 가능했습니다."

양리원장은 미용계에서 따르는 후배들이 유난히 많다. 같은 업계에 있으며 신뢰를 바탕으로 한 조언을 구할 수 있는 '괜찮은 선배'가 있다는 것이 얼마나 든든한가. 양리원장이 그러하다.

"'홍대컬렉션'의 경우도 가장 좋은 날짜를 고르다 보니 공교롭게도 저의 아버님 기일이었어요. 제가 양보해야 한다고 생각했어요. 한편으론 완성된 쇼를 위해 제가 제시하는 의도나 방법적인 것들을 팀원들이 잘 따라줬어요. 미라클팀이 구성되고 팀원들에게 쇼에 올릴 디자인에 대한 콘셉트를 기획안으로 다 받았어요. 머릿속의 디자인을 정리하고 탄탄하게 만들고 자신의 작업을 성찰하는 과정이지요. '셉'의 규원장은 오사카에서 열리는 '미도스지 컬렉션'에 참가하며 미라클팀 작업이 큰 도움이 됐다고 인사를 했습니다."

후배들이 오너 원장이 되어도, 양리원장은 그들에게 천군만마로 함께하고 있다. 그의 응원과 조언은 계속되기 때문이다. 후배들과의 인연은 헤어쇼뿐만 아니라 '비트문'을 통해서도 이루어졌다.

"술을 한 잔 하는데 영업이 끝난 작은 살롱에서 스태프가 혼자 남아 가발에 연습을 하는 것이 보였어요. 지켜보니까 혼자서 열심히 하는데 어설프더라고요. 누가 가르쳐 준다면 얼마나 좋을까라는 생각이 들더라고요. 그게 계기가 돼서 '비트문(beat moon)'이란 나눔을 시작했어요. 비트는 '때리다'이고 문은 '달'이니까 달밤에 심장을 울리는 연습을 함께 하자는 뜻에서 셋째 주 목요일 밤마다 살롱을 연습실로 개방했어요. 미용인이면 누구나 참가할 수 있었지요. 코로나 전까지 2년 가까이 했어요. 미용사가 한 달에 한 번 연습을 안 한다는 게 말이 됩니까. 피아니스트들도 손이 굳을까봐 매일 연습을 하는데, 예술가라면 예술을 할 수 있도록 연습이 중요합니다. 코로나로 인해 지금은 못하고 있지만 항상 함께하는 발전과 성장은 미용을 즐겁게 즐기는 힘이 되고 있습니다."

내 숍 아닌 우리 숍, 인테리어도 구성원 맘대로

"양리헤어는 17명이 함께 하고 있습니다. 저를 포함해서 디자이너 8명, 스태프 9명이 있습니다. 오전 11시에서 오후 9시까지 운영하며 연중무휴입니다. 지하철역에서 가까운 위치로 이사하며 접근성을 높였습니다. 70평 규모인데 널찍한 시야를 자랑합니다. 저는 '살롱 인테리어는 미용사다'라고 생각합니다. 고객들이 원하는 스타일을 시술하는 디자이너가 곧 최고의 인테리어가 되는 셈이죠. 사실 저는 타이포그래피 같은 디자인적 요소를 좋아합니다. 저희 직원들이 아무것도 하지 말라고 해서 깔끔한 인테리어로 마무리했습니다. ('양리헤어'의 인스타그램을 보여 주며) 한번 보세요. 인스타그램 속 '양리헤어'의 이미지들의 공통점이 무엇인 것 같아요?"

컬러 디자인이라고 답했다. 양리원장은 살롱의 인테리어뿐만 아니라 인스타그램 내의 인테리어에도 콘셉트를 적용했다.

"컬러 디자인을 잘하는 살롱으로 이미지를 만들고 거기에 걸맞게 디자이너들도 열심히 기술을 연마하며 작품을 만들고 있어요. 그 연장선상에서 컬러 디자인 책인 〈HIGHLIGHT RECIPE〉도 출간된 것이고요."

'양리헤어'의 구성원이라면 누구나 카카오헤어숍, 양리헤어 인스타그램, 개인 인스타그램에 헤어 사진 10장, 헤어 관련 동영상 1개를 월 단위로 올린다. 이를 통해 '양리헤어'의 인스타그램은 '컬러'라는 정체성을 보여 주고 있다. 양리원장의 개인 인스타그램 또한 콘셉트가 있다. 즐겁고 재미있게 삶을 가꾸는 미용사 라이프를 공유한다.

이러한 '양리헤어'의 모습을 매력적으로 느낀 고객들은 그 가치를 공유하기 위해 살롱을 찾는다. 헤어디자이너로서 양리원장은 고객들과 가치 공유를 위해 또 무엇을 준비할까. 정성과 양심이다. 그것을 위해 연습하고 또 연습한다.

"2013년 일본 '커트의 신'이라 불리는 피카부의 다카사와 디자이너를 만난 적이 있습니다. 헤어디자인을 하며 입맛을 다시기에 이유를 여쭤봤습니다. 시술을 하며 맛있는 음식을 먹듯 미각을 느낀다는 것입니다. 준비를 많이 하고 고객의 요구에 부응하는 디자인을 하는 것이 얼마나 즐거운 일인지 말씀해 주셨어요 손님이 어려운 이유는 기술이나 실력이 안 되기 때문이라고요. 기술과 실력이 최대치일 때 느낄 수 있는 행복감이죠."

이러한 즐거움과 행복의 원천인 기술과 실력을 그는 이렇게

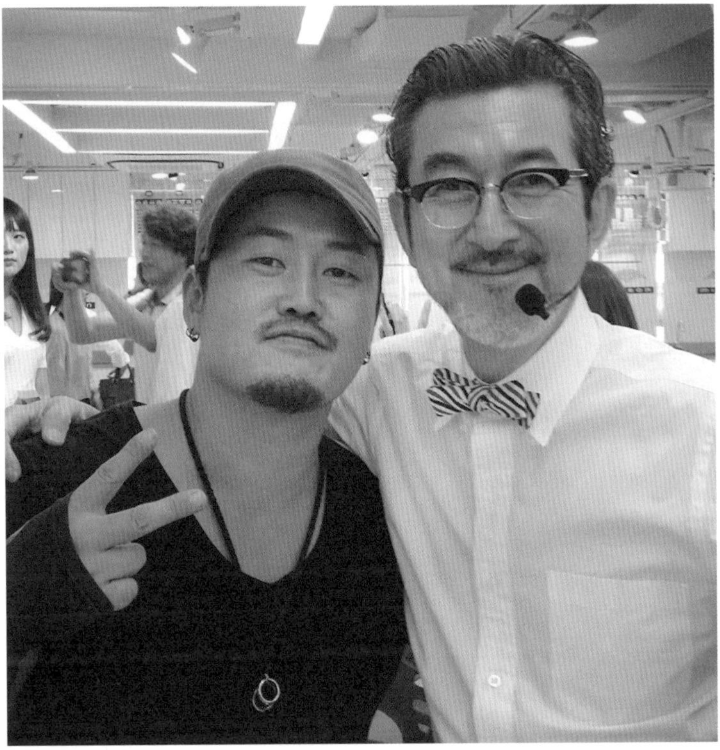

피카부 다카사와상과 함께

자평하며 올해의 목표를 덧붙인다.

"10년이 되니 모발을 알게 되었고, 그 후 5년이 더해지면서 두피를 알게 됐습니다. 지금 23년 차인데 30년쯤 하면 기술과 실력이 최대치가 되지 않을까요. 저는 듣는 귀가 약합니다. 오늘 저녁에도 ⟨BoB⟩에서 주최하는 강의를 들으러 갑니다. 주로 강의를 하는 것에 익숙하다 보니 배움을 받는 게 상대적으로 힘들어요. 30대의 젊은 커트 강사의 교육도 받아보고 듣고 배우는 근육을 키우려고 합니다. 젊은 강사의 커트 디자인의 설명을 듣고 배우고자 합니다."

디자인의 기술적인 면은 물론 젊은 강사의 언어적 표현법이나 비언어적 표현법까지 공부하고자 하는 그.

"콘테스트 1세대로서 계속 현역으로 남고 싶어요. 시세이도 주최의 포토 콘테스트에 저의 모델을 양보하며 디자이너들에게 작품 출전을 독려했어요. 그런데 디자이너들의 멋진 작품에 '나도 해야겠다'는 생각이 들더군요. 그래서 저희 살롱에서 7작품으로 콘테스트에 출전했습니다."

현역 아티스트로 그의 열정은 눈부시다. '양리헤어'는 지난 2월 발표된 시세이도 주최 사진 콘테스트인 'BEAUTY INNOVATOR AWARD' 2021 리얼 크리에이션 카테고리 부분 코리아 톱 5작품 중 4작품이 선정되는 쾌거를 이뤄냈다. 양리원장의 시술 테이블 뒤에 있는 책장엔 콘테스트 참가 작품이 전시되어 있다. 양리원장의 크리에이티브함의 역사를 보여주고 있는 것이다. 10년 전 인터뷰 당시부터 참가했던 밀본 'DESIGNER'S AWARD PHOTO WORKS', 잡지사 〈그라피〉가 주최하는 'KOREA HAIRDRESSING AWARD' 수상작 등이 셀 수 없이 놓여 있다. 양리원장의 작품 톤과 색상이 모란앵무와 참 닮았다. 노랑, 주황, 그린의 컬러의 조화와 커트에서 느껴지는 율동성이 그렇다.

"처음 밀본에서 콘테스트를 할 당시에는 이렇게 액자에 넣어 주지 않았습니다. 해마다 출전하다 보니 이렇게 많은 작품들이 모였지요. 저의 작품을 보는 디자이너들도 같은 말을 하더군요. 새를 형상화한 것입니다. 제 작품의 시그니처라 할 수 있지요."

체력적인 소모가 많은 직업군인 헤어디자이너. 양리원장에게도 건강 문제라는 시련이 찾아왔다. 2017년 헤어쇼를 진행하던 막바지엔 밤을 샜다. 쇼가 가까워 오자 귀가 잘 안 들리기도 했다. 그간의 무리가 쌓인 탓일까.

"2020년에는 하루에 5리터의 물을 마셨어요. 갈증과 더불어 발에 각질이 많이 생기는 거예요. 각질은 오래 서서 일하는 미용인이라 생기는 작은 고충이겠지 생각했어요. 암으로 보면 4기에 해당하는 당뇨 확진을 받았고 2개월 만에 22킬로그램을 뺐어요. 그때 가까이 있는 것이 안 보이기 시작하다가 거울 속이 안 보이기도 하고 계속 반복하는 거예요. 안과에서는 노안이라고 했는데 당뇨로 인한 시력이 제 기능을 못하는 거였지요."

그는 당뇨를 자신의 정신적 성숙의 계기로 삼았다. '내가 최고, 내가 더 잘해'라는 마인드에서 서로의 다름을 인정하고 타인의 가치를 높게 여기는 것을 배우게 됐다. '내 숍'에서 '우리 숍'의 마인드를 갖게 되면서 구성원들을 살피고 그들의 의견을 경청하는 자세도 생겼다.

그는 당뇨로 아플 때 새로운 취미도 갖게 됐다. 서핑을 한다. 하지만 천생 헤어디자이너인 그는 살롱에 있을 때 가장 편안함

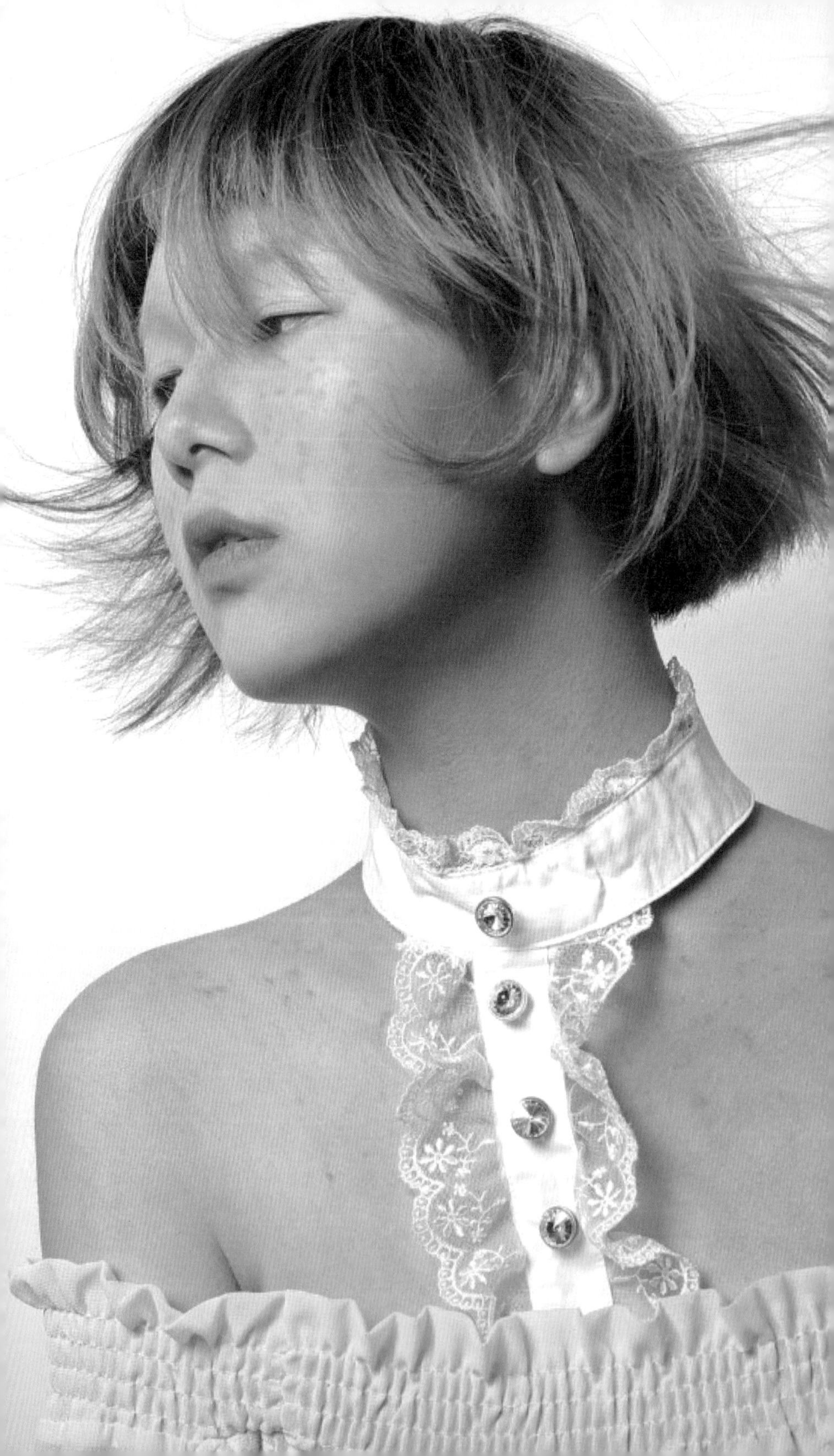

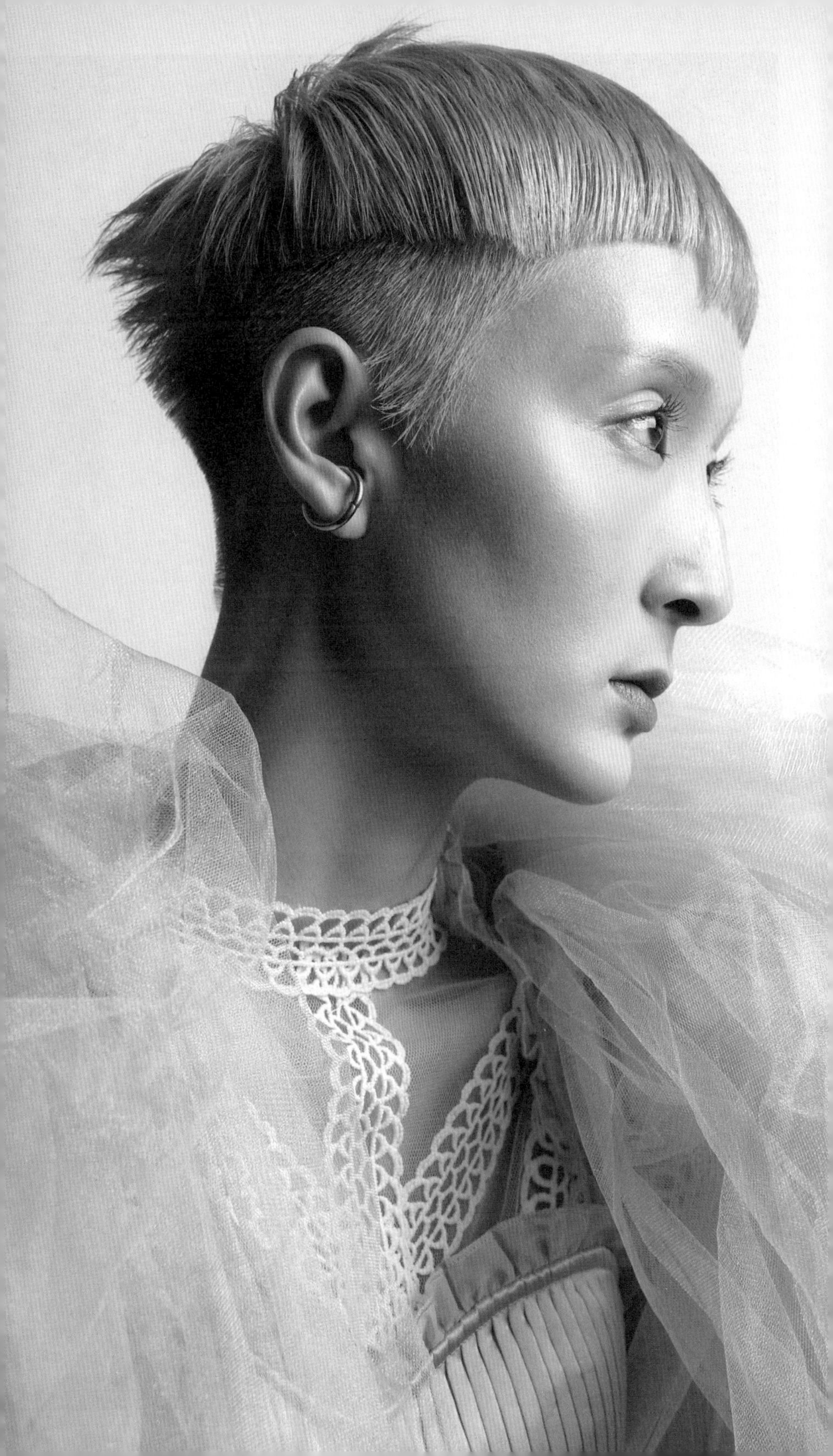

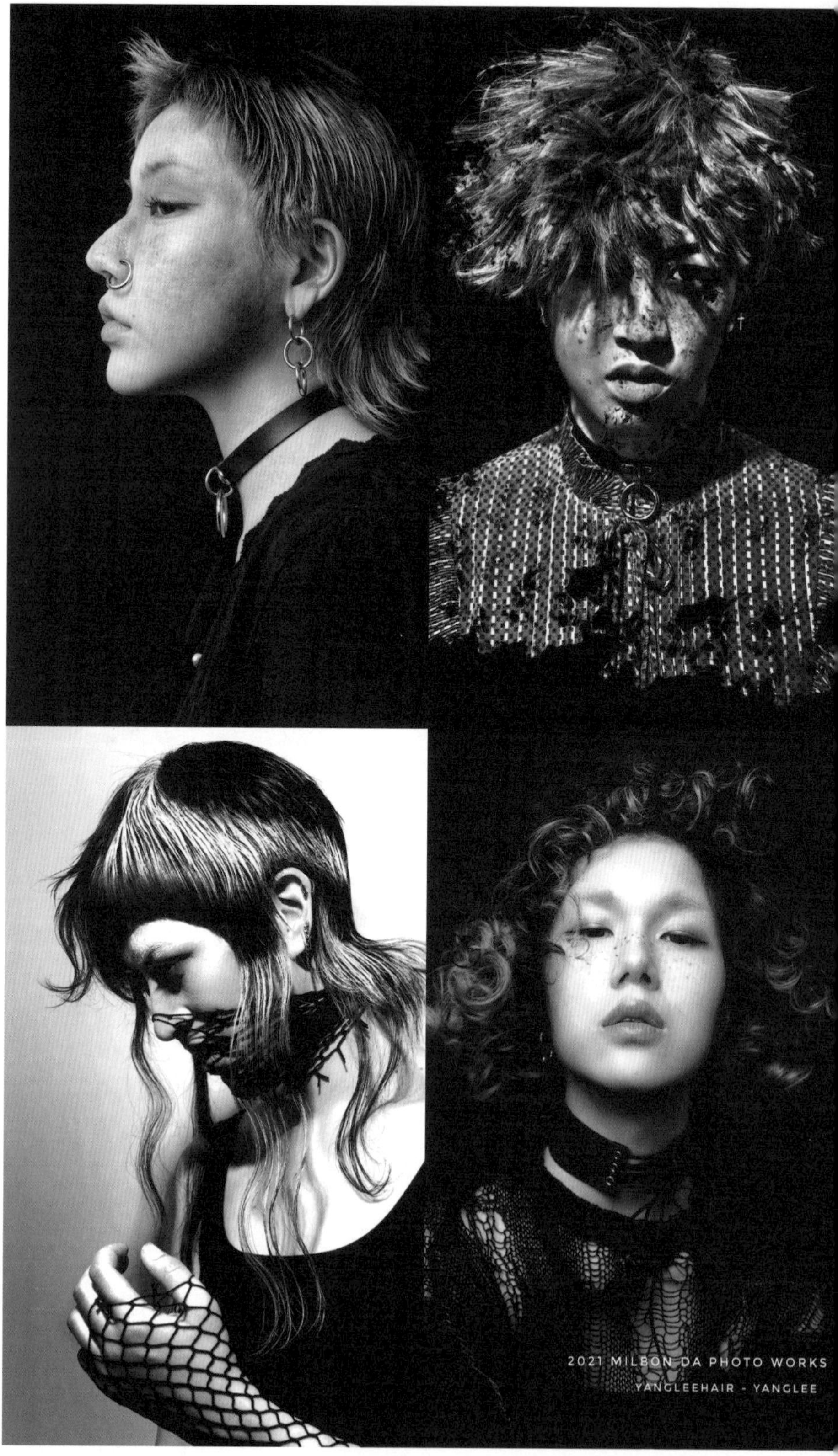

2021 MILBON DA PHOTO WORKS
YANGLEEHAIR - YANGLEE

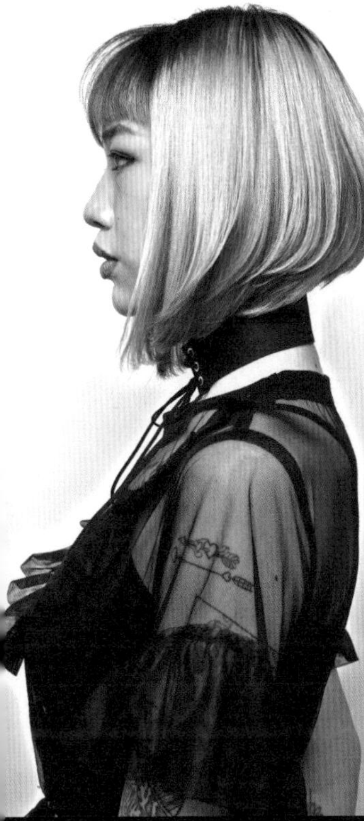
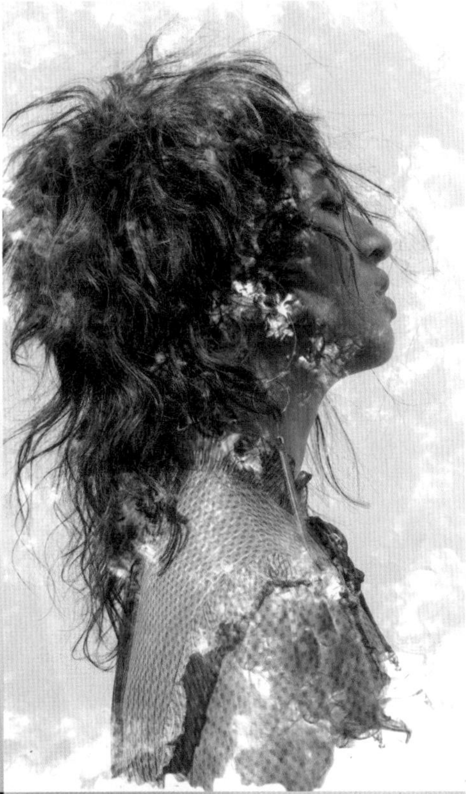
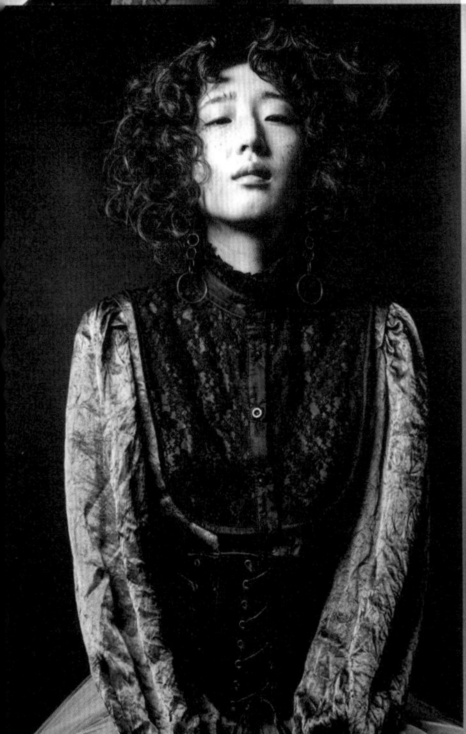
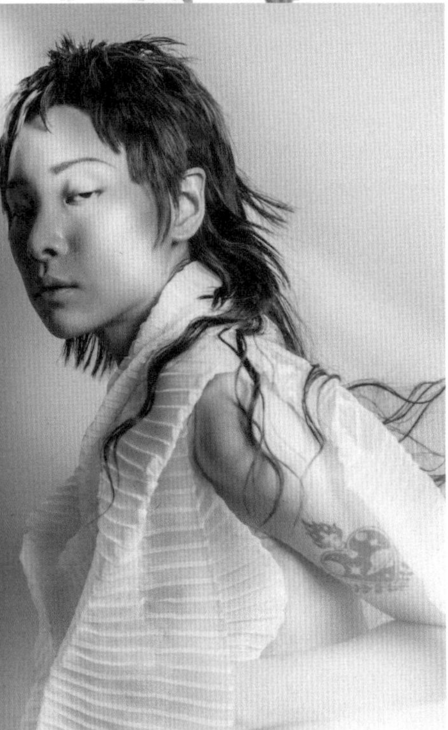

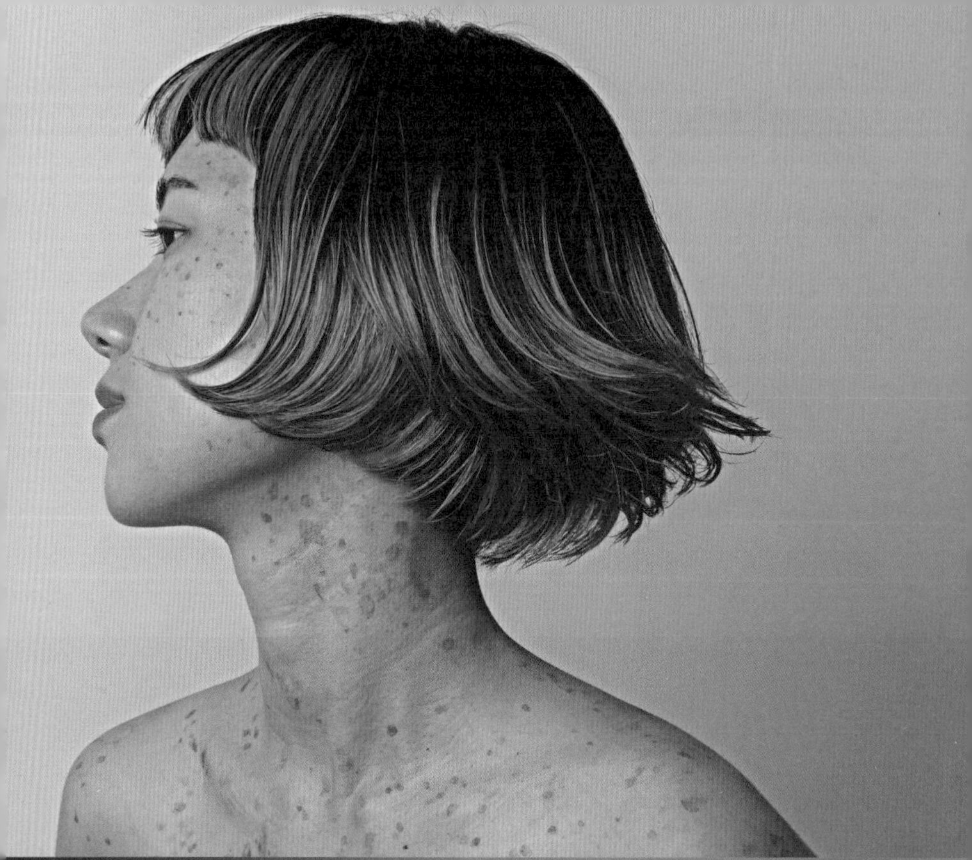
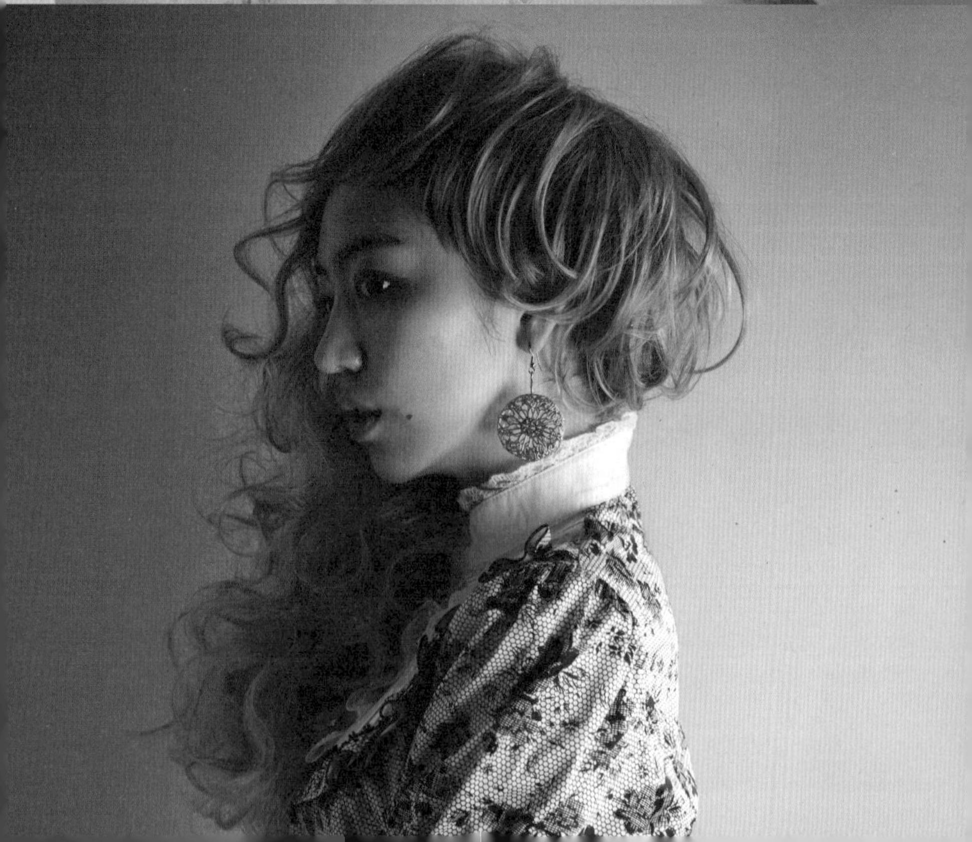

을 느끼나 보다.

"서핑을 하면 머리가 비어진다고 해서 시작했습니다. 온전히 서핑에 몰입하여 저한테 휴식을 주는 시간이었습니다. 처음 친해질 때 먼저 다가가기 위해 서핑하는 친구들의 머리를 잘라주었죠. 마음을 열고 저를 받아 주더라고요. 3년을 하고 나니 파도가 칠 때 안 다치고 요령껏 넘어지는 것을 알게 되며 서핑을 즐길 수 있는데, 시간이 갈수록 서핑하는 시간에도 매장 생각이 나더라고요."

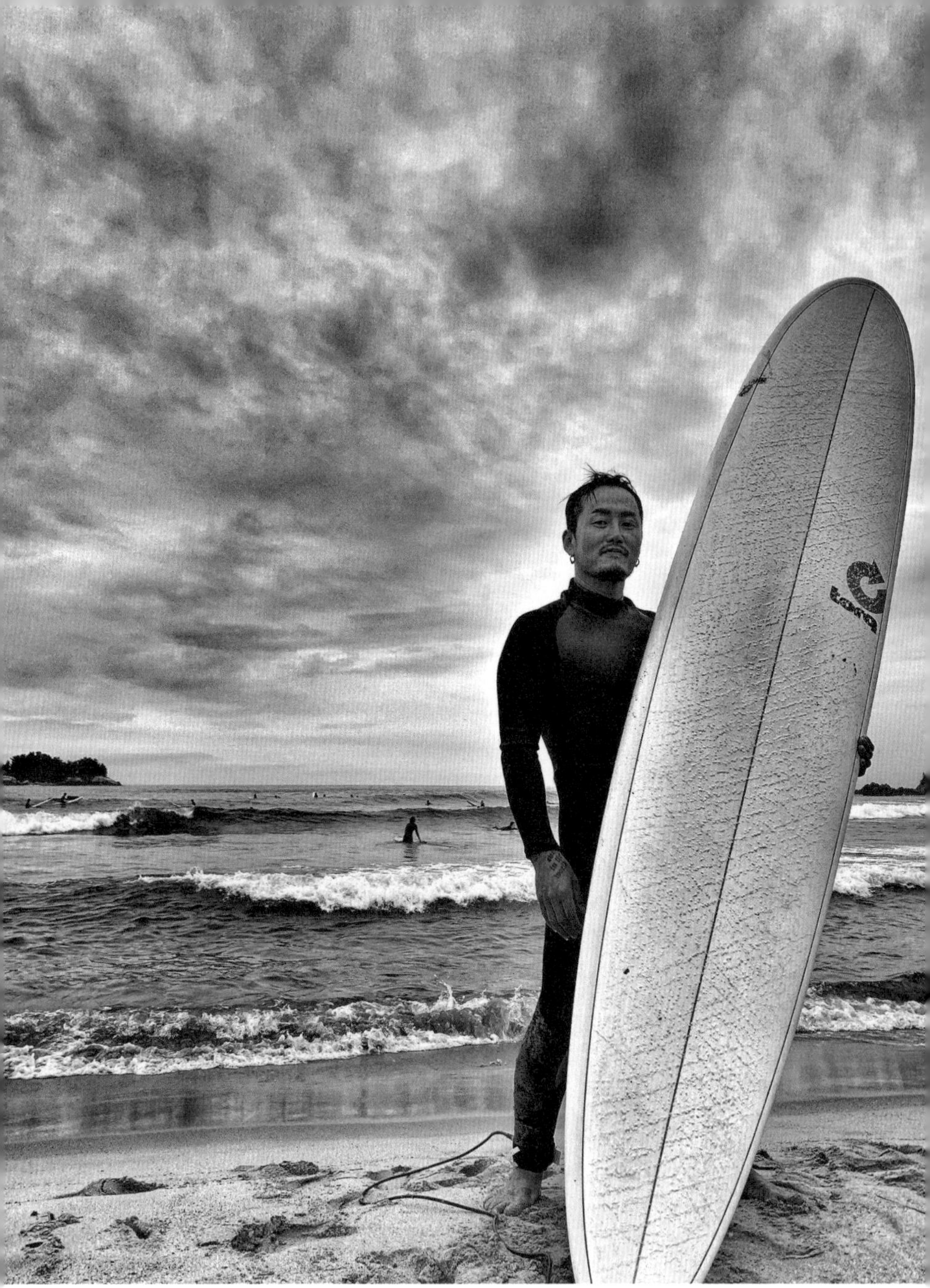

양리 | 나눔과 연대의 중심, 중견 디자이너의 위상

미용계 발전에 발자취이고자 하는 햇살같은 바람

10년 전 양리원장은 일본의 앞선 헤어 디자인 업계에 대해 부러움을 얘기했다. 나이 든 훌륭한 선배가 많고, 그들에게 후배들은 존경을 표하고, 선배들은 연륜에 걸맞은 감각적인 트렌드를 발표하는 환경에 대해서 말이다. 그래서 후배 디자이너들에게 모범이 되는 선배 디자이너이고자 한다고 했다. 인터뷰를 진행하는 동안 양리원장이 실천한 미용 문화의 연대가 그에 대한 구체화였구나 하는 생각이 든다. 그는 헤어디자이너의 사회적 공헌에 대해서도 자신의 바뀐 생각을 꺼냈다.

"미용인들은 봉사활동을 통한 사회적 공헌을 많이 해야 한다고 들었습니다. 한동안 와 닿지 않았습니다. 지금은 미용이라는 직업적 인식을 좋게 하기 위해 누군가의 노력이 계속 돼야 한다는 것을 체감합니다. 한동안은 국내 보육원 봉사를 꾸준히 다녔습니다. 그러다 보니 해외 봉사도 하고 싶더군요. 2019년, 코로나 바로 전에 4박 5일로 5분의 디자이너들과 함께 라오스로 봉사를 갔습니다. 그 나라는 고아원이 없어 영유아 또래의 아이들이 학교에서 숙식을 해결하고 있었습니다. 200여 명의 아이들의 머리를 자르기도 하고 땋아주기도 하고 왔는데요. 이들에게 미용을 가르치면 사는 데 문제가 없지 않을까라는 생각을 했습니다. 그래서 바리깡을 3개 사주고 왔는데, 실현가능할지는 모르겠지만 60세가 되면 두 달에 한 번 나가 봉사를 지속적으로 하고 싶습니다."

앞으로의 삶이 늘 그래왔던 것처럼 하고 싶은 거 하면서, 부담 갖지 않고, 지금보다 나쁘지 않았으면 좋겠다는 그.

"지금 제가 가진 것의 소중함을 알고 유지하도록 노력하겠습니다. 우리의 미용을 위해 먼저 직원들의 꿈과 소망을 한두 발 먼저 나서서 챙길 수 있는 원장, 그것을 늦지 않게 실행해 줄 수 있는 원장이 되고 싶습니다. 아프기 전에는 욕심이 참 많았지만 소소하고 자잘한 것에 행복을 느끼고 있습니다. 직원들과 가족들이 주는 힘의 소중함을 절실히 느낍니다. 과거에는 50만 원짜리 펜션에 갔다면 이제 100만 원짜리 펜션에서 연수를 하고, 육아 휴직을 하고 온 직원에게 육아와 일을 병행할 수 있도록 배려할 계획입니다. 급여나 교육 체계 또한 더 만족할 수 있도록 하고자 합니다."

지키는 것이 쉽지 않는 시대. 미용계가 선배들의 발자취로 발전되길 바라는 마음 그리고 미용 발전에 늘 관여해 온 미용인으로 기억되고 싶은 바람이 열려 있어 따뜻하다.

후배가 말하는 우리 원장님은요

살롱드 블러썸 강진성 원장

처음 만났을 때, 대한민국의 미용사들이 본인만의 포트폴리오를 만들어야 한다며 국내 미용계에 생소하던 포토슈팅을 전파하시던 원장님의 모습이 생각납니다. 양리원장님은 항상 미용사의 사명, 본질, 가치에 대해 얘기하시며 누구보다 열정적으로 교육과 세미나, 헤어쇼까지 섭렵하시는 미용계의 선각자이십니다. 후배로서 항상 존경하고 함께할 수 있음에 행복합니다. 감사합니다.

강
정
모

2

플랜에이치 강정모 원장

80만원의 월급쟁이에서

체인점 115개의 대표원장이 되다

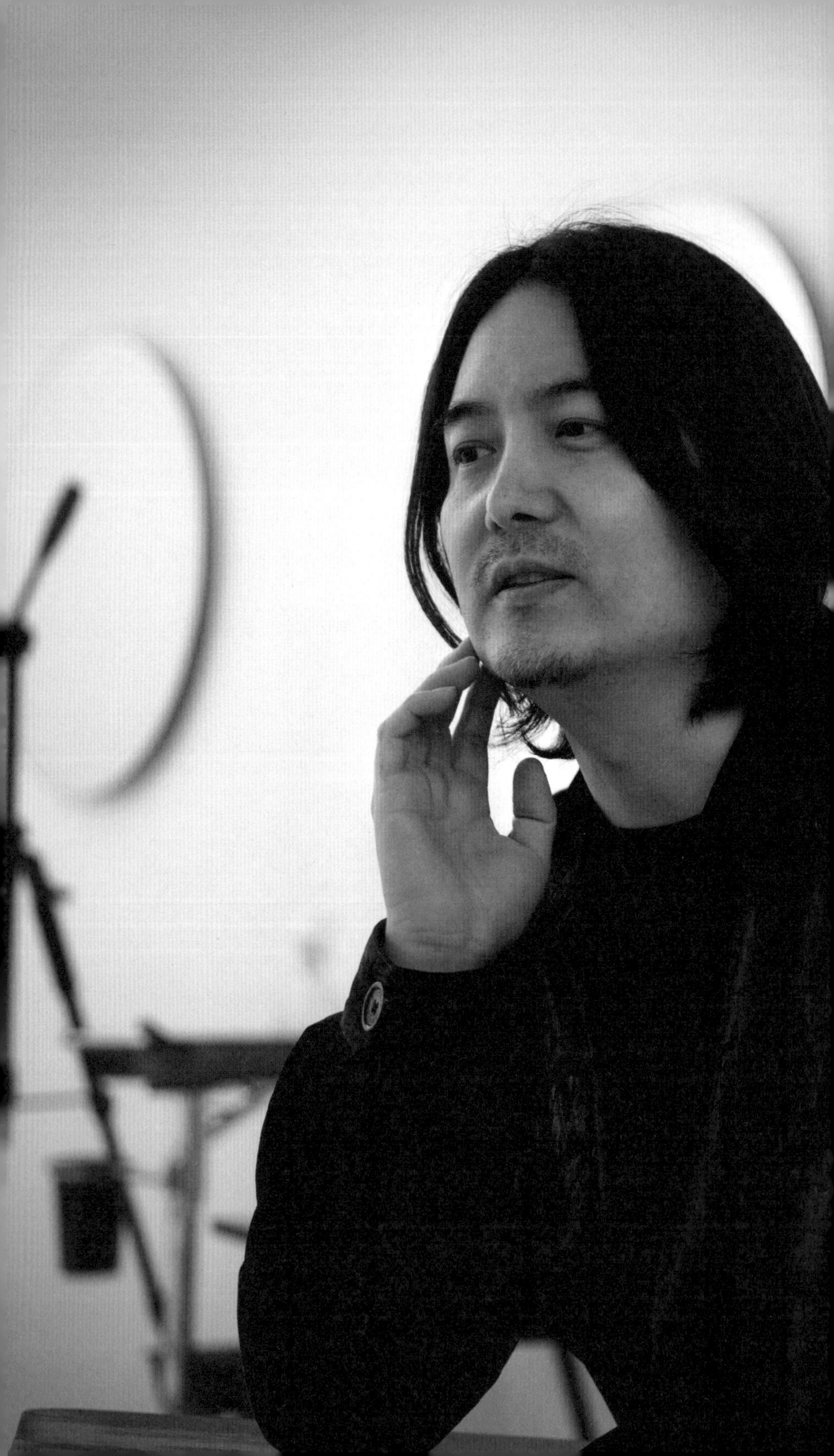

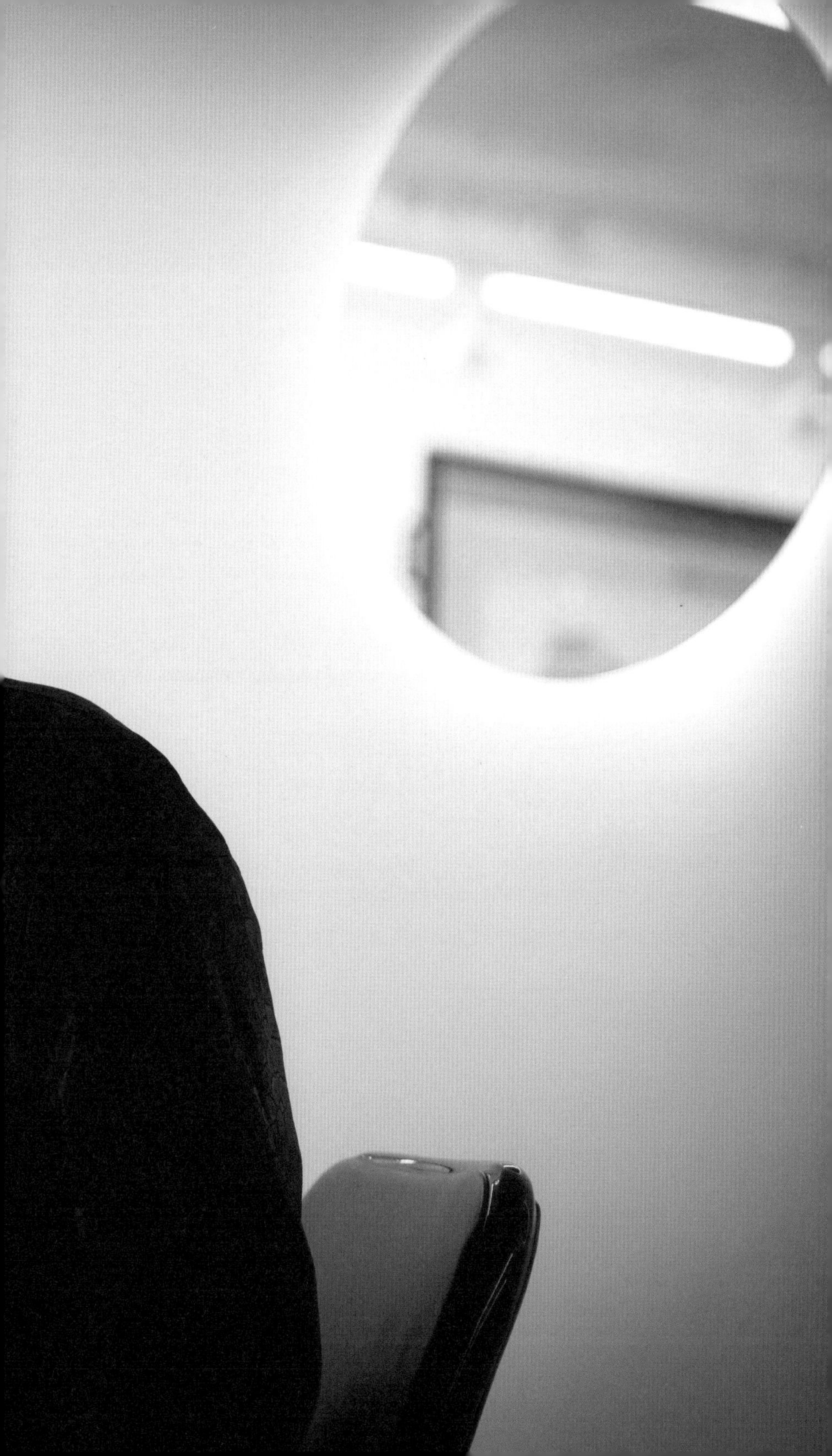

고객에게 사랑받는 최고의 대중 예술가

강정모 원장의 디자인은 코스모스와 닮았다. 단차와 단차 사이의 길이, 리듬감 있는 옆모습의 선은 여성스럽고 여린 듯하지만 역동성을 가지고 있다. '공기반 머리반'의 볼륨감과 가벼움이 주는 입체감은 그가 고객을 사로잡는 비결이다. 가장 대중에게 사랑받는 노래를 부르는 가수가 최고의 대중 예술가이듯 가장 고객에게 사랑받는 스타일을 만들어 내는 헤어디자이너가 이 분야 최고의 대중 예술가가 아닐까.

슬럼프에 빠지는 115개 체인점의 대표 원장

•

•

"슬럼프에 주기적으로 빠집니다. 인스타그램에서 유행하는 스타일을 따라하다 보면 잘 안될 때가 있습니다. 살롱을 마감한 후 인턴들이 연습할 때 저도 같이 해 보는데, 그럴 때 슬럼프에 빠집니다."

무려 29년 차 디자이너가 자신의 기량이 만족스럽지 않을 때 느끼는 어려움과 절망감을 진솔하게 고백한다.

"항상 새로운 유행이 오고 발전을 위해 노력해서 기술을 연마하면 또다시 유행이 바뀝니다. 무한대의 반복을 통해 성장도 반복되는 것 같습니다."

그의 감각과 실력만으로 115개의 지점을 낸 프랜차이즈 대표 원장의 겸손한 미용에 대한 생각이다. 그래서일까. 외형적 성장에서 두각을 나타내는 강정모 원장. 월 매출액 4-5천만 원을 10년 이상 유지했다. 체인점 사업의 성장도 남다르다. 특히 인력이

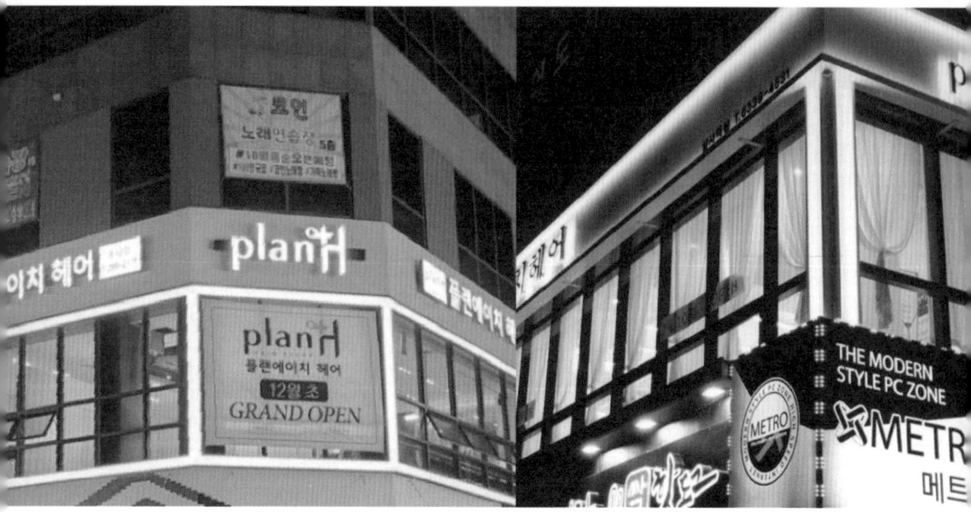

플랜에이치의 강점은 지점들의 자유로운 인테리어로
가맹점주들에게 부담을 덜어주는 것이다.

나 시스템 구성없이 자신의 실력과 기량으로 고객을 시술하며 혼자 이룬 사업이라 더 놀랍다. 후발 주자로서 체인점 사업이 자리 잡는 것은 하늘의 별 따기. 코로나로 더욱 어려운 시기에도 불구하고 꾸준한 성장세를 이어가는 그의 저력은 뭘까.

답은 차별화다. 기존 미용 체인점의 로열티를 과감히 없앴다. 오픈할 때 인테리어, 제품, 시스템 공유의 부담을 줄이고 혜택을 주자는 게 포인트다. 가맹 조건인 평수도 20평 이상으로 합리적으로 제시했다. 일반 체인점 본사에서는 가맹점의 일률적인 인테리어를 통해 살롱의 통일감을 주고 있다. 그리고 그것을 통해

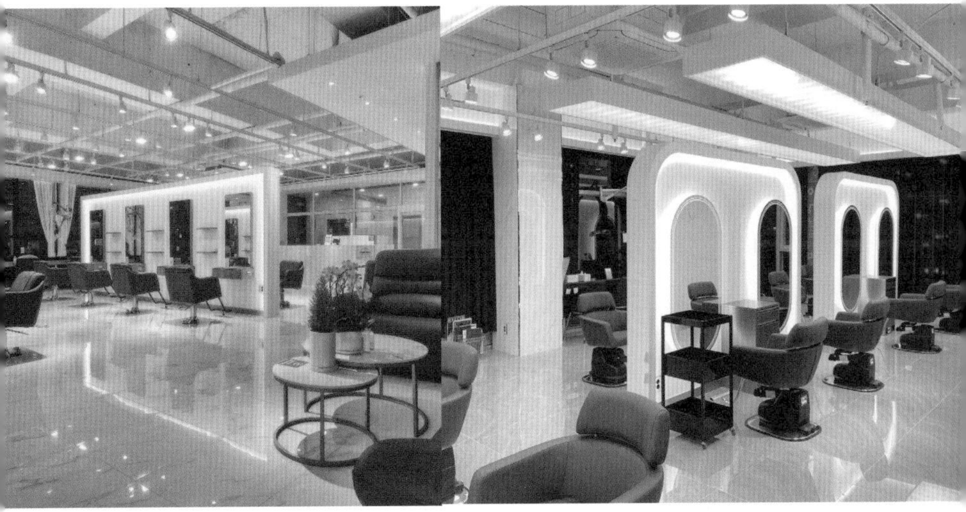

수익을 창출한다. 하지만 '플랜에이치'는 이 모든 것을 생략했다. '플랜에이치'는 각 지점마다 모두 다른 인테리어를 선보이고 있다. 이름표만 같고 인테리어는 다른 '따로 또 같이'를 지향한다. 유연함에는 힘이 있다.

"제가 살롱에서 고객 시술을 통해 주된 수입이 있으니, 가맹점주들이 부담스러울 수 있는 부분을 최대한 줄인 것이 체인점이 성공할 수 있었던 비결인 것 같습니다. 가맹비로 500만원을 받고 매년 50만원의 기술 공유 비용을 받는 것이 전부입니다."

강정모 원장은 일명 '협동조합식 체인점'을 지향한다. 체인점

구성원과의 '상생'에 초점이 맞춰지는 것이다. 상생은 노자의 도덕경에 '유무상생(有無相生)'이란 구절에 나온다. 있음과 없음이 서로 함께 사는 대화합의 정신을 강조한 노자 사상의 하나다. 이분법적 사고에서 벗어난 화합을 이루는 원리다. 이는 미래학자들이 21세기 인류를 이끌 지침의 원리로 꼽고 있기도 하다. 강정모 원장은 체인점의 본사만 이윤을 챙기는 것이 아니라 조합원이 되는 지점들의 이윤을 최대한 보장하고 성장할 수 있도록 지원한다. '플랜에이치' 원장 단톡방에서는 매장 운영의 어려움과 기술 공유, 요청하는 다양한 정보 등을 나누고 있다. 이러한 상생의 결과는 당연히 긍정적이다. "현역 헤어디자이너로서 기술적 경험이 풍부하다는 것, 갑을 관계가 아닌 금전적 부담이 없는 브랜드로 다가간 것이 적중한 듯합니다. 아무래도 저는 군 제대 후 25세에 젊은 패기로 시작했던 헤어살롱의 운영 경험이 큰 바탕이 된 것 같습니다. 소규모 살롱의 애로 사항을 누구보다 잘 이해하고 있지 않았나 싶습니다."라며 "시흥은계점, 구로항동점, 장현점 3개 지점을 한 분이 경영하시는데 시흥은계점의 경우 오픈 6개월 만에 1억원의 매출을 올렸습니다. 그 분은 '플랜에이치'로 100평 이상대의 살롱 3개 지점을 1년 만에 이뤄내셨습니다."라고 자랑스러워했다.

소소한 시작,
그리고 아카데미 오픈까지

'컬쳐앤네이처' 퇴사 후 2015년에 '플랜유'를 압구정로데오에 오픈했다. 그런데 '플랜유'라는 이름을 화장품업체에서 사용하는 바람에 상표권 등록 허가가 나지 않았다. 이름을 바꿔 '플랜에이치'로 상표권 등록을 했다. 그리고 교육 강사로 활동하다가 친분을 맺은 동갑내기 원장이 자신도 '플랜에이치'를 내고 싶다고 제안했다. 그렇게 '플랜에이치' 2호점이 시작됐다. 그 후 특별한 홍보 없이 입소문을 타고 체인점은 늘어났다.

"체인점은 경제적인 영역을 넘어 저에게 소중한 경험을 가져다줍니다. 현역으로 일하는 실무자로서 로열티를 받으려면 인적 구성과 체계적 시스템을 마련해야 하는데 그것이 저에겐 오히려 부담이 되었고, 서로 상생하자는 의미의 체인점이 되었습니다."

프랜차이즈 미용실의 경우 재방문의 결정은 담당 디자이너의 역량이 좌우한다. 그래서 첫 방문 시 그 프랜차이즈에 대한 신뢰

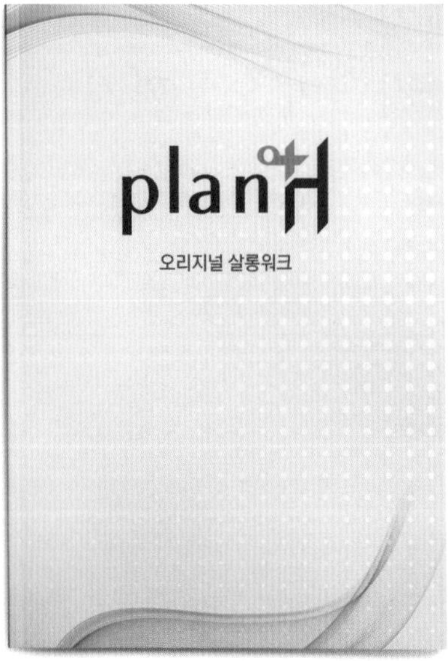

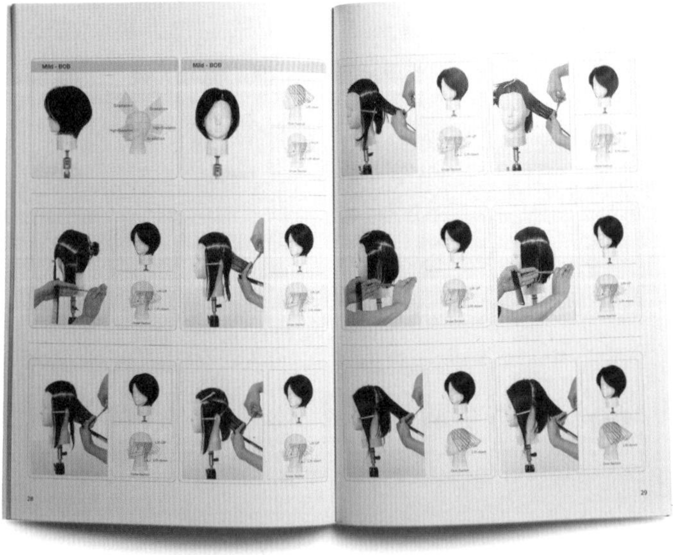

커트의 기초 원리를 담은 책 〈플랜에이치 오리지널 살롱워크〉

를 고객에게 심어주는 것이 재방문의 관건이 된다. 반면에 프랜차이즈에 대한 기대감과 신뢰가 깨어졌을 경우, 그 고객은 그 브랜드를 찾지 않을 수 있다. 한번 고객의 머릿속에 박힌 '잘 못하는 프랜차이즈'의 이미지는 모든 가맹점에 적용되기 때문이다.

그는 이러한 문제점을 보완하고자 올해 1월 아카데미를 오픈했다. 프랜차이즈의 일관성 있고 수준 차 없는 기술을 위해서다. '플랜에이치' 구성원은 물론 외부 교육생도 아카데미의 교육을 받을 수 있다. '플랜에이치 아카데미'는 '플랜에이치' 잠실새내점 김기홍 원장과 함께 한다. 그는 열펌 전문가로 잦은 염색과 펌으로 서구화되고 있는 우리나라 사람들의 머리에도 펌이 잘 되는 국내 최초 소수성 펌제를 개발하기도 한 실력자다. 강정모 원장은 김기홍 원장이 네이버 카페를 운영하며 재교육을 원하는 미용인들과 함께하고 있다며 상생의 이유를 밝혔다.

"원장님이나 디자이너들을 대상으로 하는 교육 프로그램은 주3일에 3시간 반씩 트렌디한 스타일을 강의합니다. 스태프인 파트너를 대상으로 한 교육은 6개월에 12회 3시간씩 교육을 합니다." 아카데미의 강사로는 강정모 원장과 김기홍 원장을 주축으로 국내 내로라하는 톱디자이너들인 외부교육 강사로 풍성한 교육프로그램이 갖춰져 있다.

"콴이사, 구현이사, 원진영 원장 등 커트와 컬러 전문가의 강의와 7개의 살롱을 운영하는 아톰원장이 경영과 마케팅을 교육합니다."

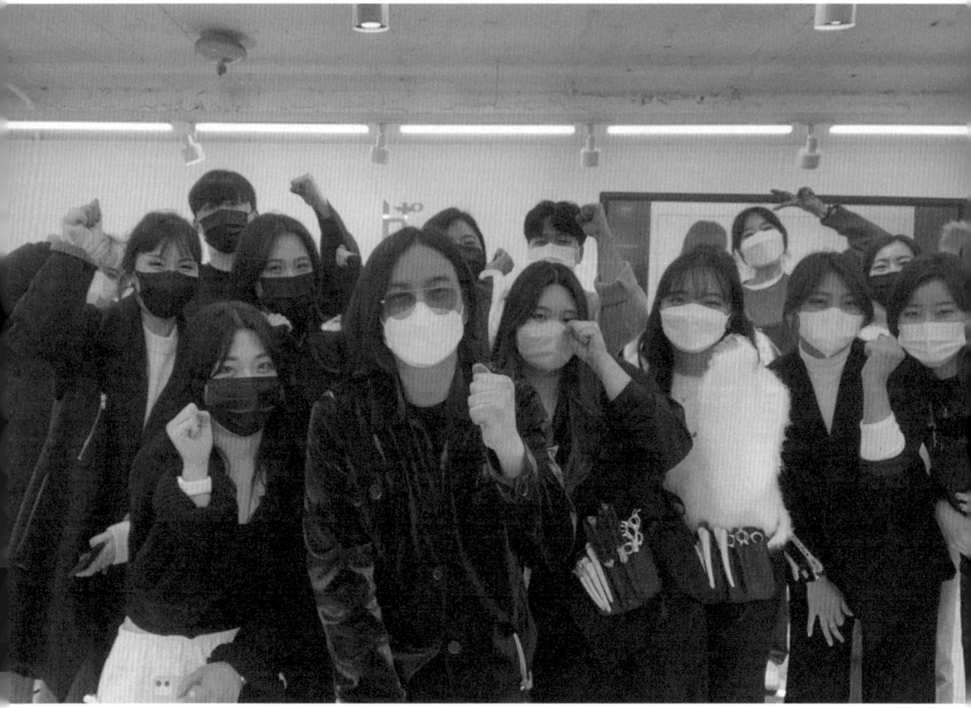

교육생과 함께

세심하게 숙고하여 교육생의 마음을 읽는 그는 마케팅 분야까지 교육 프로그램에 개설했다. 기술은 기본이고 마케팅, 경영은 필수가 된 '시대의 미용'에 걸맞은 프로그램을 구성한 것이다.

그는 프랜차이즈를 시작한 지 7년 차다. 전국 '플랜에이치'의 원장들과 디자이너들의 이야기 하나하나에 귀 기울이고 있는

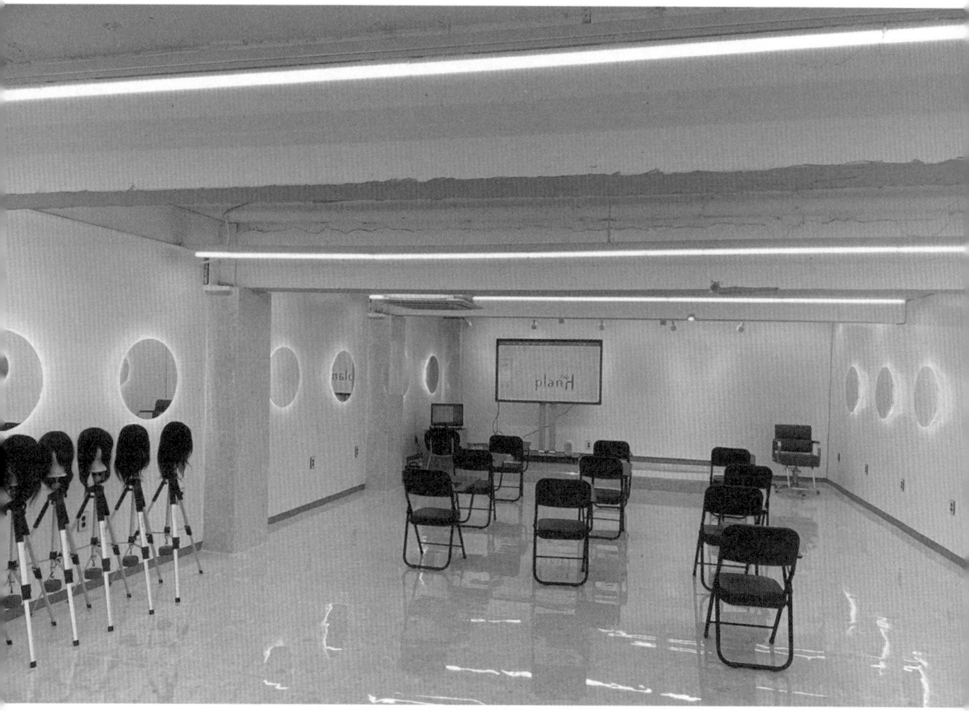

플랜에이치 아카데미 교육 공간

그. 이를 바탕으로 2-3년 내에 새로운 비즈니스 모델을 제시할 계획이라고 한다.

살롱, 아카데미, 연습이 전부인 실력자

그는 직영점으로 강남과 건대를 택했다. 유동 인구가 전혀 없고 디자이너 개인이 홍보를 해야 하는 청담동보다 유동 인구가 있는 곳을 계획적으로 선택했다. '플랜에이치'의 브랜드 대중화와 매출 확보를 위한 전략이다. 건대직영점은 디자이너 5명과 인턴 4명이, 강정모 원장이 일을 하는 강남직영점은 디자이너 7명과 인턴 5명이 함께 한다. 강남역점이 자리 잡히는 대로 청담동에 다시 살롱을 오픈할 계획을 갖고 있다. 자택에서 강만 건너면 되는 교통의 편리성과 오랜 고객들의 접근성을 높이기 위함이다.

그의 일상은 그냥 '미용'이다. 1주일의 스케줄을 듣다 보니 미용이 취미고 즐거움이구나라는 생각이 든다. 목요일부터 일요일은 강남역점에서 고객 시술을 한다. '말로만 쉬는 날'인 월요일부터 수요일까지는 저녁에 아카데미에서 교육을 한다. 그 중 하루는 건대점에 나와 살롱을 챙긴다. 쉬는 날이 없는데 어떻게 취미 생활이나 개인 시간을 갖느냐는 질문에 그는 이렇게 대답한다.

“45세까지 월 1회 휴무를 하며 30-40세는 월 5회 이상 교육을 했고, 45-48세는 주 2회, 49세는 주 3회 휴무를 하고 있습니다. 사람을 못 만나는 건 사실이지만 습관처럼 일과 가족에 집중합니다.”

그는 연습 벌레다.

“한 달에 8-10회를 교육했습니다. 아웃풋이 많다 보니 현실자각타임이 오더군요. 트렌드는 빨리 바뀌고, 많은 교육을 하며 비게 된 제 안을 무엇인가로 채워야 했는데 역시나 연습밖에 없었습니다. 청담동에 20년을 있었지만 그곳은 연예인 스타일과 웨딩 메이크업에 특화된 살롱이 많다는 것입니다. 오히려 외곽 쪽에 실력 있는 고수 원장님들이 계십니다. 그들의 스타일을 통해 공부를 많이 합니다.”

인터뷰 하는 동안에도 강정모 원장의 핸드폰은 쉬지 않는다. 고객들의 예약전화다. 그는 개인폰으로 예약을 직접 받으며, 고객과의 유대감을 형성한다. 예약을 위한 비즈니스 전용 폰을 쓰지 않는 이유다.

“고객이 예약 전화를 할 때 인턴이 아닌 제 목소리로 반갑게 통화를 하면 좀 더 가까워지고 보다 많은 신뢰를 쌓을 수 있다고 생각합니다. 저 또한 고객들의 목소리를 통해 그들의 안부를 묻고 목소리 톤을 짐작하며 인사를 건넬 수 있어 좋습니다.”

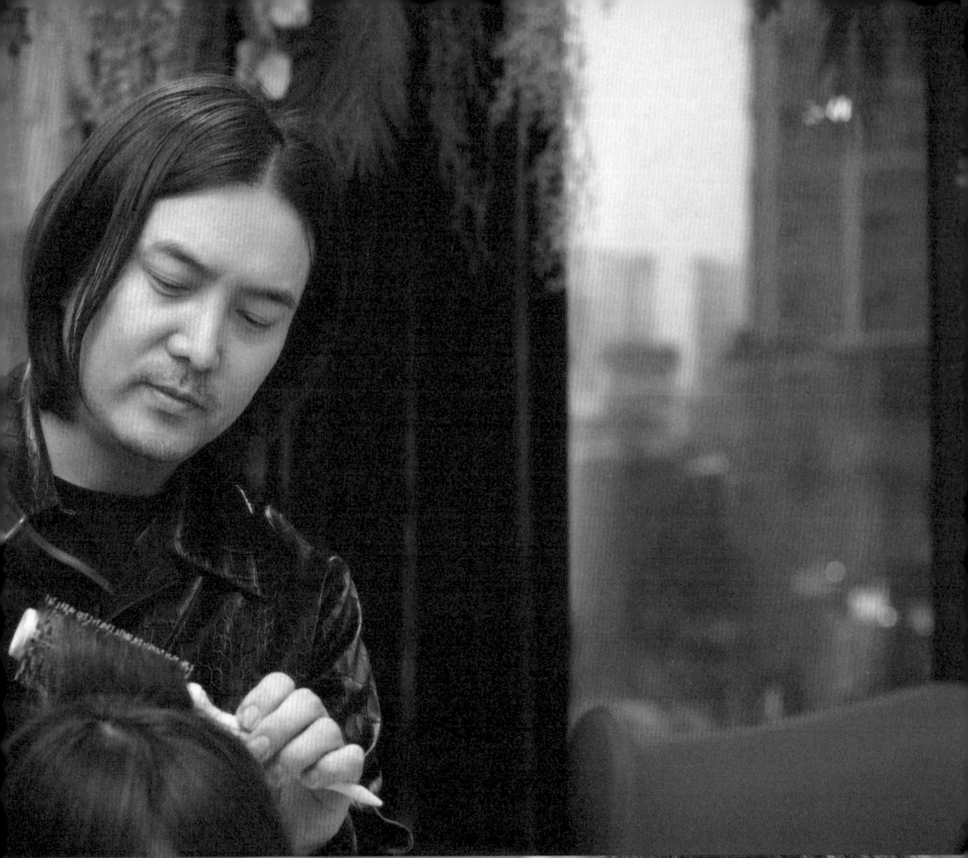

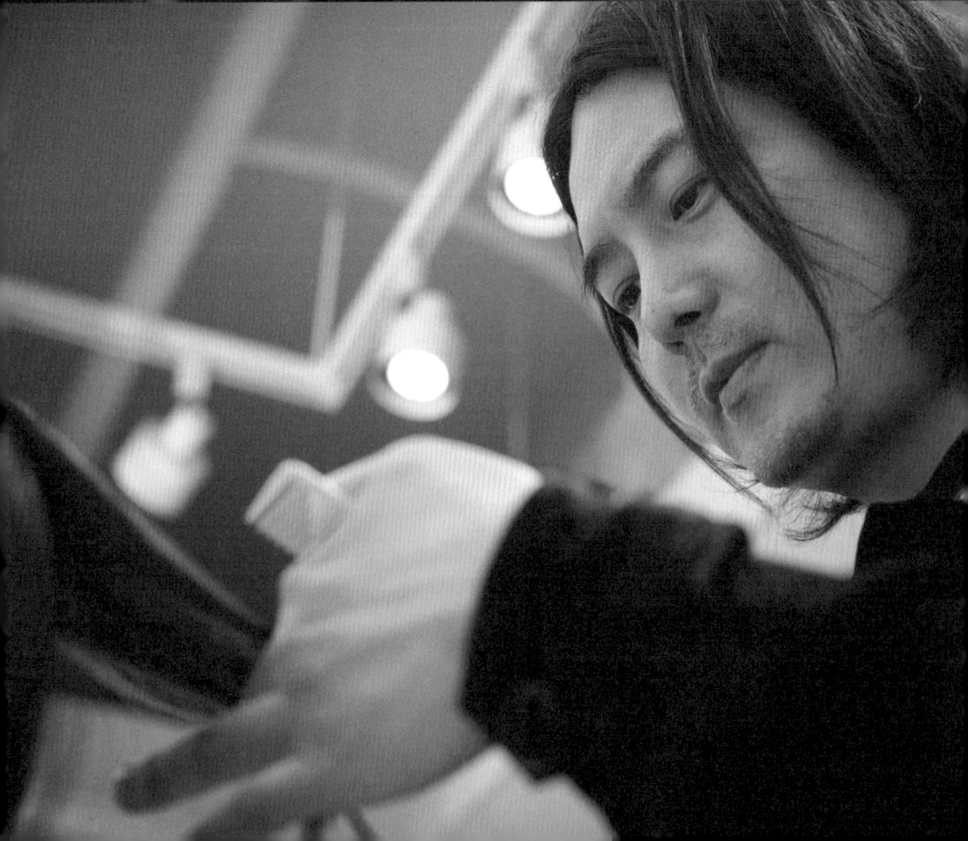

미용인들이 20-30년간 일을 하다 보면 팔, 어깨, 허리 등 몸에서 가장 약한 부위로 건강이 악화된다. 높은 월 매출을 달성하던 그. 그만큼 많은 고객들을 만나다 보면 몸의 무리는 더 빠르고 쉽게 오게 되어 있다. 그는 눈으로 왔다. 8년 전 알레르기성 안구건조증이 온 것이다. 이 병은 먼지, 꽃가루는 물론 작은 환경 변화에도 피로도가 높아지는 병이다.

고객을 시술할 때에는 안경 없이 하지만 교육생들에게 강의할 때에는 보안경 역할을 하는 선글라스를 낍니다.

아픈 눈을 하고도 묵묵히 어제의 일을 오늘도 하는 그.

“제 꿈은 지금보다 발전된 브랜드로 성장하는 것입니다. 올해 아카데미 오픈을 기점으로 이제부터가 진짜 시작인 것 같습니다. 무조건 열심히 기술을 발전시켜 나가려고 합니다. 물론 구성원들의 참여가 전제되어야 합니다. 체계화된 무형의 지식을 공유하는 것이 쉬운 일은 아닙니다. 하지만 자발적인 참여를 독려하기 위해서는 제가 기술의 중심이어야 한다는 생각은 변함이 없습니다. 여러 매장 중엔 열심히 해도 못 따라오는 매장이 있습니다. 하지만 따라오는 지점들을 위해 최고의 기술력을 확보하고 고객이 원하는 유행 패턴의 기술적인 부분을 적시에 제공해야 합니다. 흐름이 자주 바뀌다보니 더 빠른 호흡으로 노력해야 합니다. 지점들의 성장과 발전에 있어서 무엇보다도 중요한 것은 대표 원장인 제가 기술 향상에 초점을 두고 매진해야 한다는 것입니다. 열심히 하다보면 분명히 새로운 것이 생깁니다.”

책임감과 무게감 그리고 내 식구가 된 지점이 잘 되기를 바라는 마음을 담아 그는 아카데미에서 사용할 책을 출간했다. 자신만의 노하우를 중점적으로 담아 교육생에게 도움이 되는 책을 만드는 게 목표였다.

"<플랜에이치 오리지널 살롱워크>는 커트의 기초 원리인 섹션 분류, 그라데이션, 레이어, 리프트 원리를 상세하게 담고 있습니다. 또한 길이에 따른 롱, 보브, 숏, 남자 머리 등 섹션과 가발커트 사진을 함께 게재해 보기 편하도록 했습니다."

악보를 보는 방법까지 섬세하게 안내한 듯한 이 책은 피아노의 기초 바이블 '바이엘'과 같은 역할을 하기를 그는 기대한다.

곧 '플랜에이치' 강남역점과 건대점에 이어 직영점을 오픈한다. 이곳은 강정모 원장이 가르치고 키워온 신입 디자이너들로 구성될 계획이다. '플랜에이치'의 색깔을 공고히 하는 살롱의 시발점이 되는 것이다.

"건대점은 청담동에서 오신 디자이너들이 많습니다. 저와 인턴 시절부터 함께 한 데이실장이 인턴 2년 과정을 거친 후 오픈 멤버로 참여해 1년 만에 월 2천만 원의 매출을 올리고 있습니다. 이러한 성공 사례를 보며 새로운 인적 시스템을 직영 살롱에 적용할 계획입니다."

인터뷰를 마치자 아카데미 홍보 영상 촬영을 위해 모델에게 다가가는 강정모 원장. 미용이 취미이자 미용이 벗인 미용밖에 모르는 그에게서 조선시대 여성의 절개를 본다.

23년 차 고객이 말하는 우리 원장님은요

홍숙경 고객

원장님의 커트는 샴푸 후 그냥 말리기만 해도 멋진 스타일이 되지요. 머리 손질이 참 편합니다. 늘 연구하시고 공부하시는 원장님의 헤어스타일은 세월이 흘러도 언제나 새롭습니다. 23년이 넘도록 온 가족과 지인들이 원장님께 다니는 이유가 또 있습니다. 그 분의 한결같은 마음과 정성스러움입니다.

09 민영민

3

제니하우스 민영민 원장

매출과 소통으로 귀감이 되다

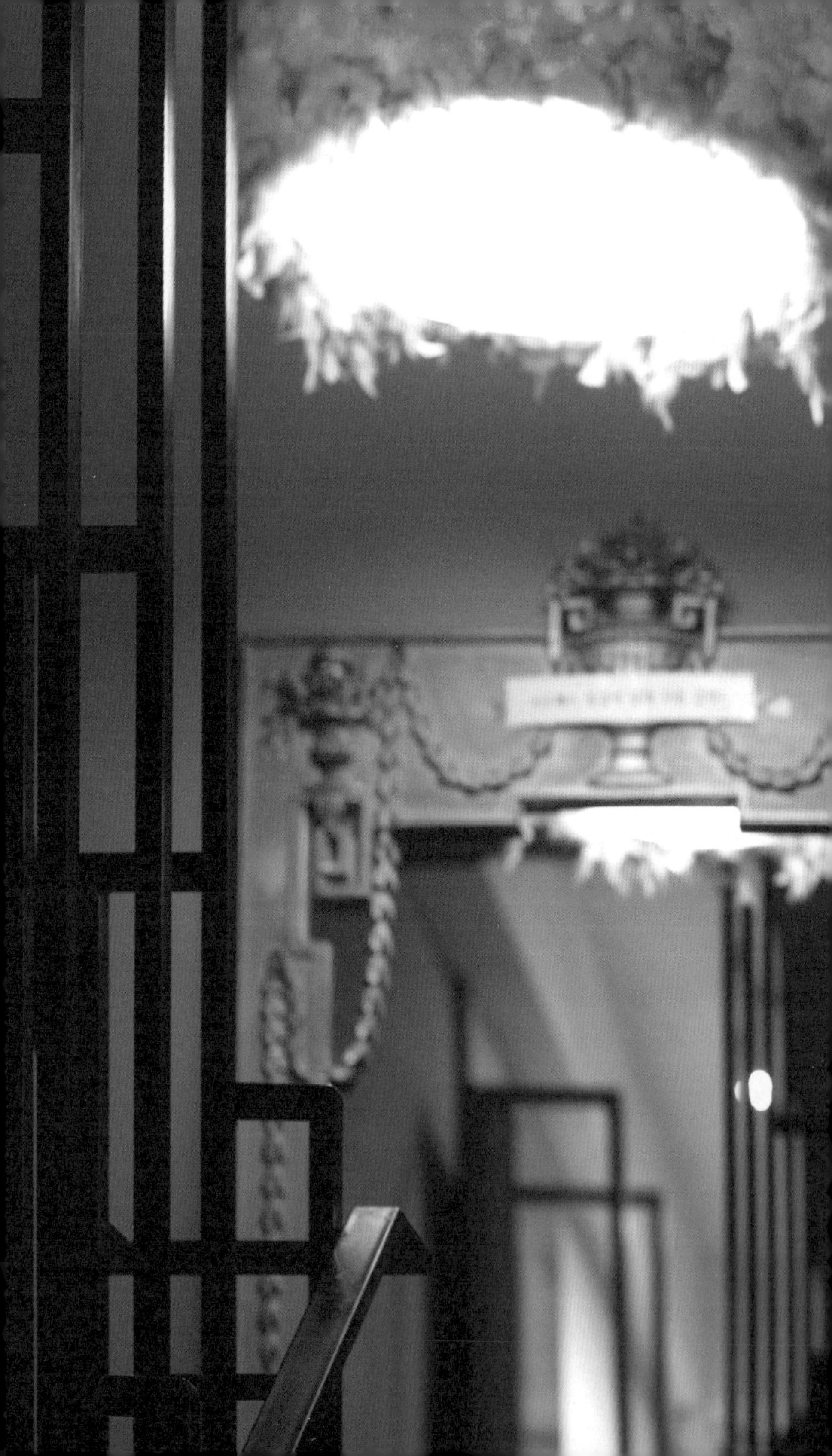

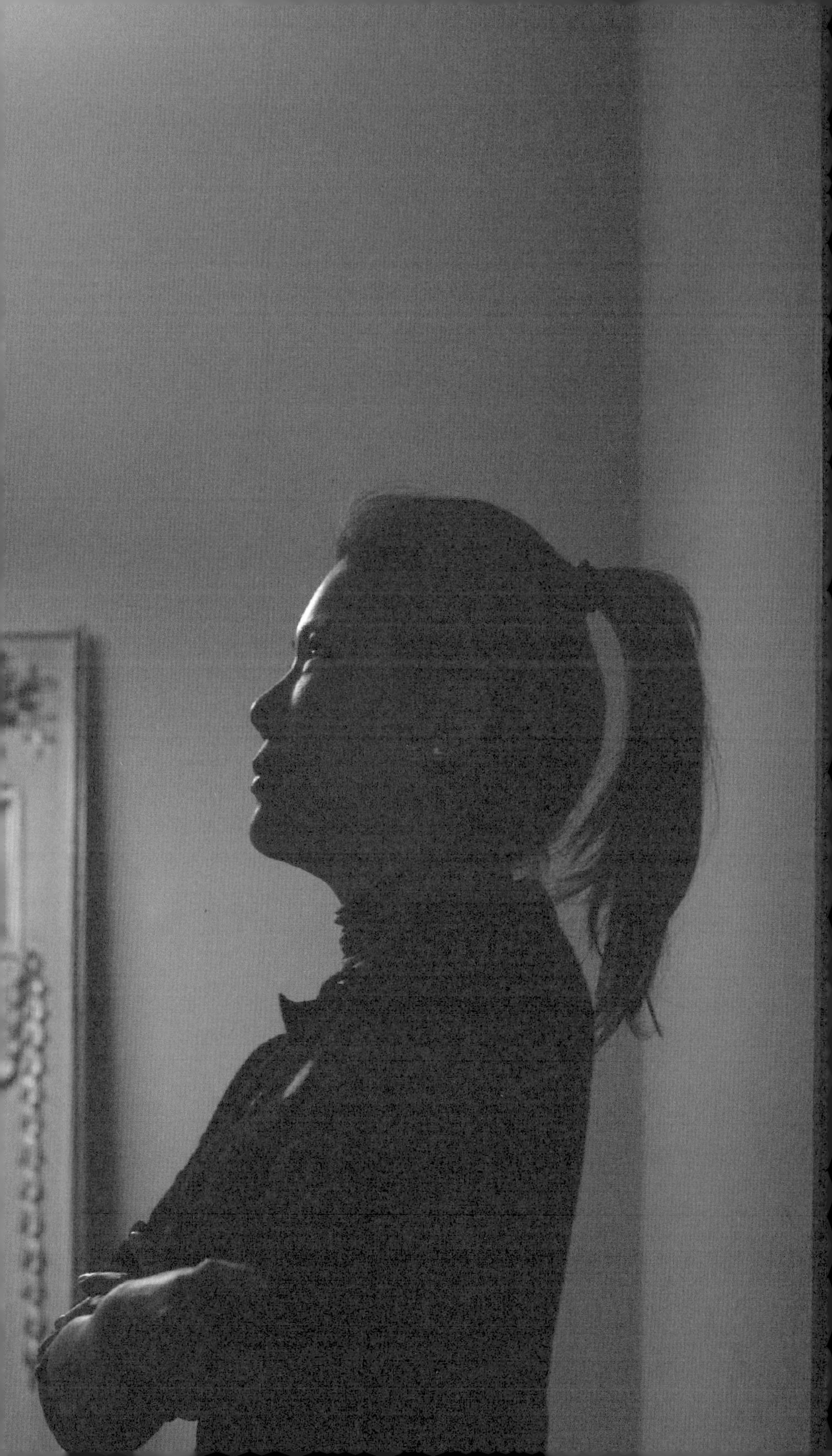

첫 스승과 함께 하는
100년의 꿈은 진행형

인연을 오래 유지한다는 것은 참 아름답다. 서로의 거리를 존중하고 그 거리의 경계가 살짝 무너져도 서로의 마음속 민낯을 알기에 그 관계는 견고하다. 이 책을 다시 쓰기로 하고 제일 먼저 한 것이 원장님들께 전화를 하는 일이었다. 인터뷰를 하시겠냐는 물음. 민영민 원장에게 전화를 걸기 전, '제니하우스' 홈페이지에 들어갔다. 대표원장이 되어 있었다. 첫 스승과 함께 하는 100년의 꿈은 진행형이었다.

제니하우스 구성원 중 헤어 매출 1위

•

•

"고객 한분 한분께 사랑하는 사람을 대하는 것 같은 마음가짐이 생깁니다. 저희는 손으로 하는 일이라 손끝에서 감정이 전달됩니다. 스태프나 디자이너들에게도 샴푸할 때에도 그러한 마음을 가지라고 꾸준히 얘기합니다. 그것이 내면화되고 체화되면 그 마음이 항상 행동으로 나옵니다."

민영민 원장은 '제니하우스' 75명의 디자이너 중에서 매출 1위의 디자이너다. 감각과 연륜 그리고 고객을 대하는 남다른 자세가 이 같은 비결이다. 소규모의 살롱들이 외부의 살롱과 경쟁을 하듯 '제니하우스'에는 30여명의 헤어 디자이너가 선의의 경쟁자일 수밖에 없다. 후배들의 젊은 감각과 열정이 때론 에너지가 될 수 있지만 한편으로는 무게감으로 다가 올 수도 있다. 하지만 두려움이 없다고 한다. 코로나로 일하는 시간이 짧아졌다. 그럼 매출이 줄지 않았냐는 질문에 그는 한결같다고 답한다. 30여

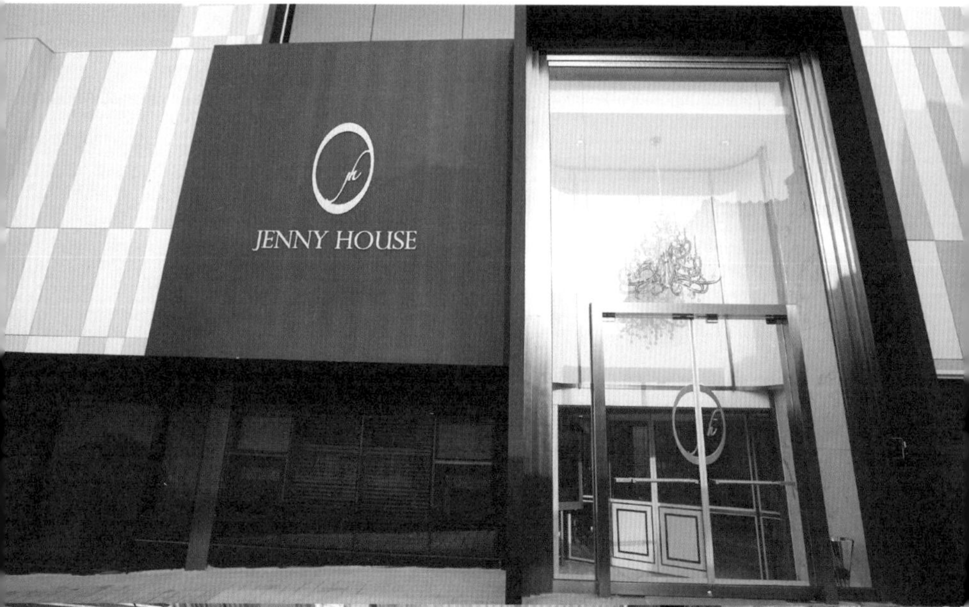

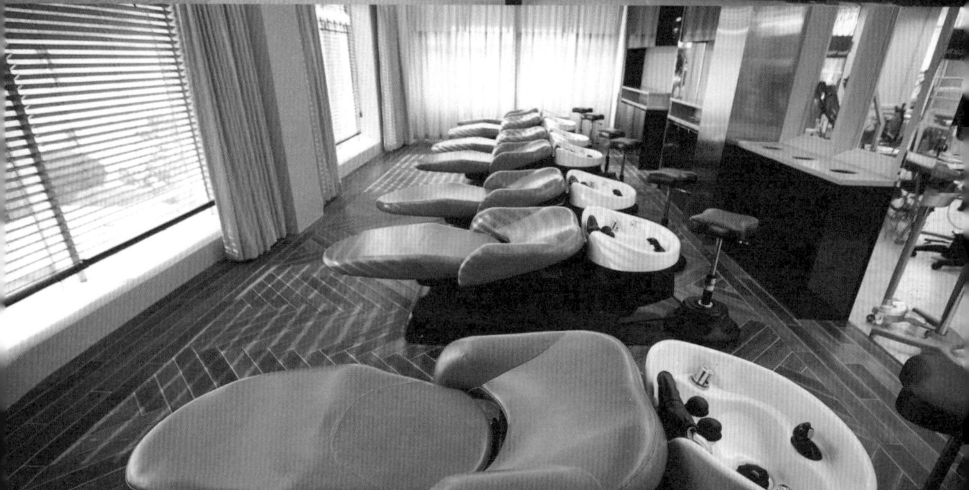

제니하우스 청담힐

민영민 | 매출과 소통으로 귀감이 되다

년의 구력답게 오랜 단골손님으로 매출의 기복도 없다. SNS에서 숨은 고수로 알려진 그를 찾아오는 신규 손님도 상당하다.

"손님들이 자신의 스타일을 찾아 미용실 유목민이 됩니다. 지쳐서 오는 손님들께 만족스러운 스타일을 제공해 드리면 신뢰가 쌓이고 곧바로 단골손님이 됩니다. 저는 손님들이 무엇을 원하는지에 대해 많은 대화를 합니다. 히피 스타일을 원하는지, 청담동 며느리 스타일을 원하는지, 청순한 스타일을 원하는지 말이죠."

그의 스타일링에 포인트는 '이미지'다. 손님들이 찾아오면 이미지를 찾아준다. 욕구 해결이 안 되는 고객에게 그 고객 특유의 이미지를 찾아 주는 것에서 보람을 느낀다. 본인이 정확히 뭘 원하는지 알 때는 문제가 없다. 자기가 뭘 원하는지 모를 때 고객의 마음을 헤아리려 노력한다. 어떻게 보이고 싶은지에 대해서 말이다.

'제니하우스'는 매출 1천만 원 당 한 명의 스태프를 배정한다. 민영민 원장은 5명의 스태프와 함께 한다. 그는 6개의 경대와 인적 구성원을 효율적으로 활용해 매출을 올린다. 자신이 갖추고 있는 시스템에 대한 효용의 극대화를 통해 커트, 펌, 염색 등의 살롱 메뉴 중 케어 서비스를 적극 추천한다.

"커트나 펌, 염색은 제가 직접 관리해야 하는 영역이지만 케어 서비스의 경우 디자이너가 직접 관여하지 않고 스태프들만으로도 관리가 가능합니다. 그렇다보니 제가 가진 물리적 시스템을 최대한 활용해 높은 매출을 올리는 것이 가능한 것입니다."

'제니하우스'는 매년 여름 3개월간 '썸머힐링케어' 프로모션을

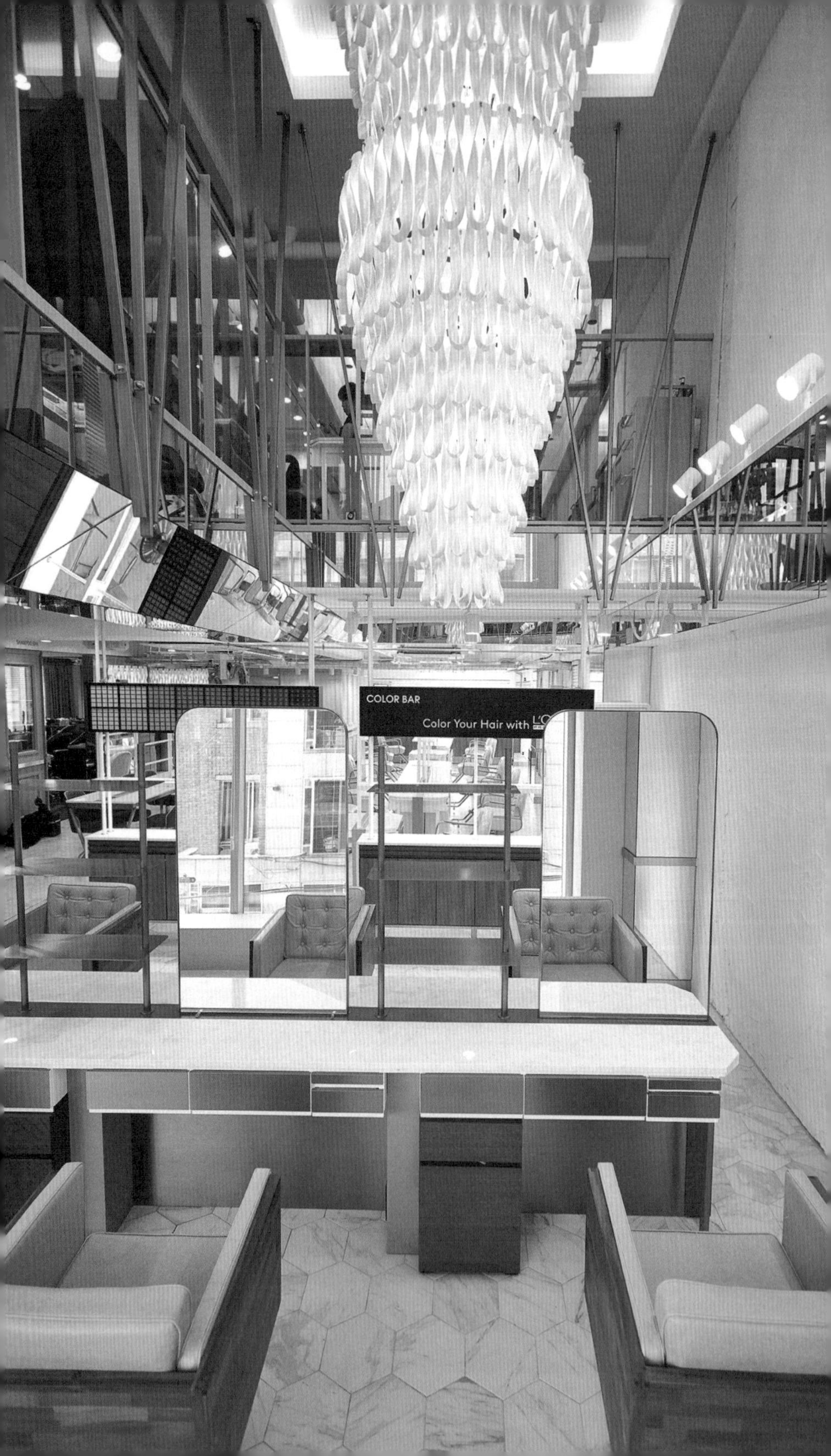
COLOR BAR
Color Your Hair with

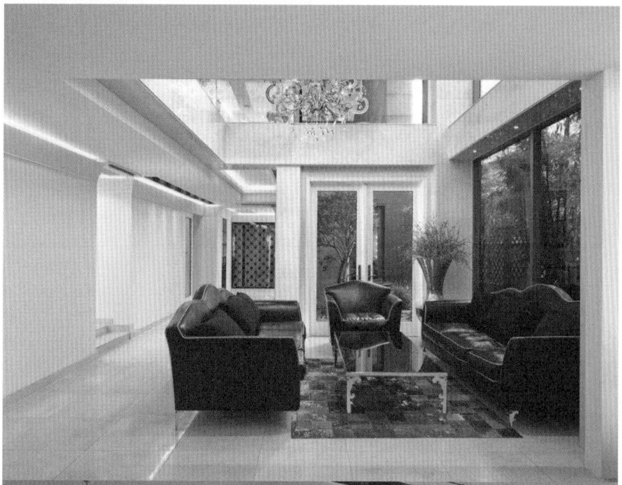
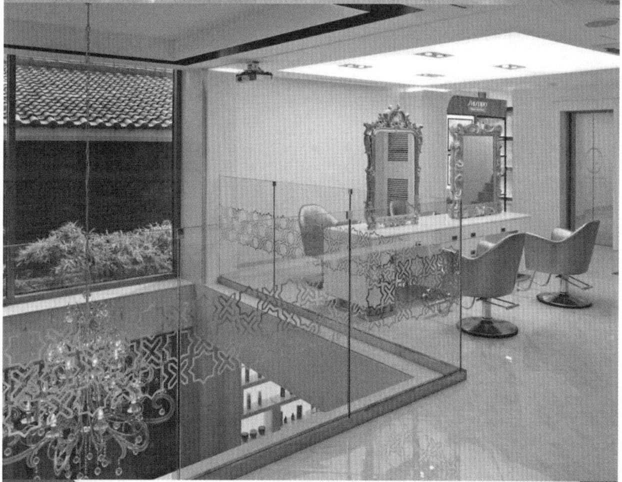
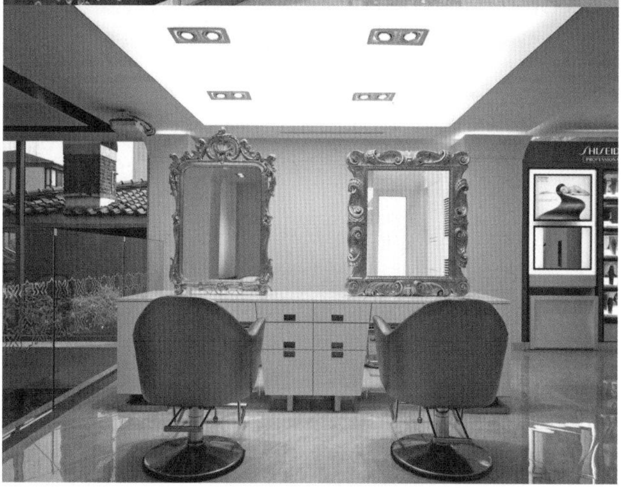

한다. '답답하고 지친 일상에서 마음 놓고 휴가를 가기도 어려운 현실을 고려해 단 30분만 투자함으로써 힐링과 모발 건강의 일석이조를 챙길 수 있는 경험을 제공'하자는 것이 기획 의도다. 할인율이 높은 이 프로모션에서 그는 1천 2백만 원 상당의 두피모발 케어 상품으로 1억 원의 매출을 올린다.

"모발의 백모화, 가늘어짐, 탄력 저하와 같은 안티에이징 케어가 필요하거나 잦은 헤어 시술과 세팅기 사용으로 인한 극손상모발, 탈모가 걱정되는 분들에게 추천하고 있습니다. 케라스타즈와 시세이도의 고기능성 라인으로 꾸준히 관리를 받으면 모발과 두피를 빠르게 회복시켜 줍니다. 저는 10년 전부터 고객들에게 꾸준히 모발과 두피 관리의 중요성을 강조했습니다."

민영민 원장의 고객들은 대부분 10년 이상의 단골이다. 그의 매출은 디자인과 서비스에 대한 만족도가 디자이너에 대한 신뢰도로 연결된다는 것을 잘 보여준다.

"남자 고객의 경우 1주일 단위에서 4주 단위로 옵니다. 1주 단위로 오는 고객은 주로 케어를 받으시는데 모발이나 두피 관리를 통해 효과를 본 고객들이 스스로 판단해 올 수 있도록 하고 있습니다. 커트 고객들 또한 일정 기간이 지나면 지저분할 수 있다고 얘기하죠. 그러면 규칙적으로 살롱을 방문하게 됩니다. 1주일에 한 번씩 오는 고객은 고등학교 2학년 때 '이경민 헤어&메이크업'에 일할 당시 저를 찾아왔어요. 지금은 40대가 된 그 고객은 세쌍둥이의 아빠가 되었고 그때의 인연을 시작으로 고객의

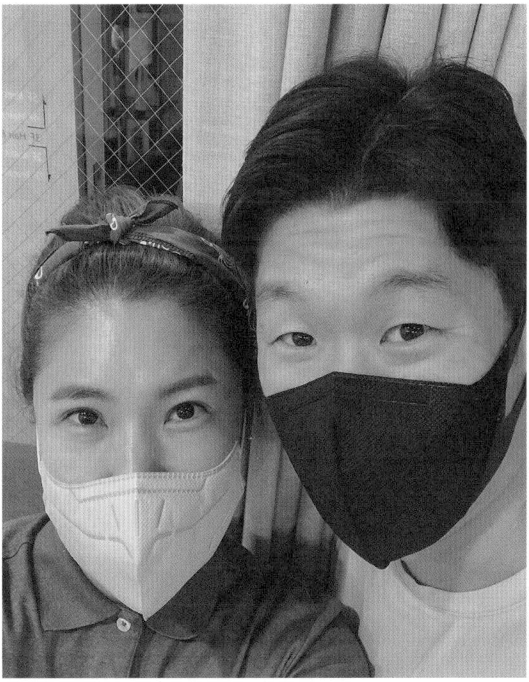

축구스타 박지성과 함께

가족은 물론 여동생, 그의 남편, 아이 등이 함께 오고 있습니다."

임신한 엄마를 따라 뱃속에서부터 '제니하우스'를 다녀갔던 아이들은 신기하게도 머리를 자를 때 울지 않는다고 한다. 아마도 자신의 목소리가 익숙해서인지 낯설어 하지 않는 것 같다고 한다. 고객의 삶과 함께하는 그는 이러한 상황들이 신기하고 즐겁다고 한다.

가족 전문 톱디자이너

• •

"'제니하우스'를 '내 것'으로 생각합니다. 주인 의식은 갖고 있되, 든든한 울타리 안에서 자유롭습니다. 그래서 편안합니다. 경영이나 시스템을 주도적으로 신경 쓰지 않아도 되고, 디자이너의 수급 문제에 대해서도 전혀 걱정이 없습니다. 저는 그저 고객에게 최선을 다하면 되는 구조에서 일하고 있습니다."

민영민 원장이 느끼는 '제니하우스'라는 울타리가 주는 안락함은 '제니하우스'의 구성원들도 공통적으로 느끼는 정서다. 그래서 이 정서는 구성원들간의 단단한 결속력을 만들어 내는 구심점이 된다.

"5년 전부터 대표님과 메이크업 대표 원장님과 함께 김장을 200포기씩 해요. 함께 하길 원하는 직원들도 같이 김장을 담그고, 나눠 먹어요. 75명의 디자이너 중 30여명이 10년 이상을 '제

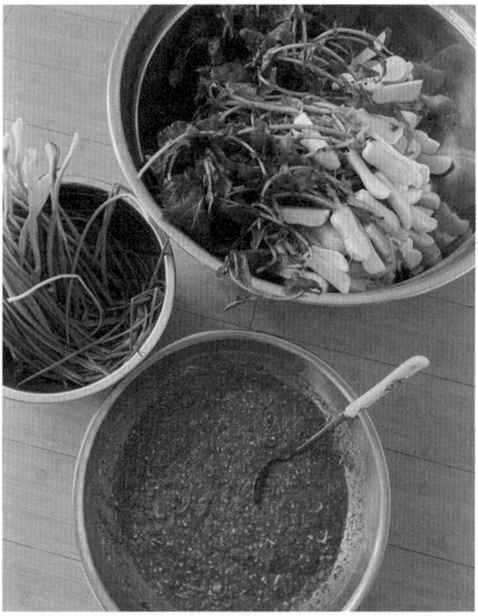

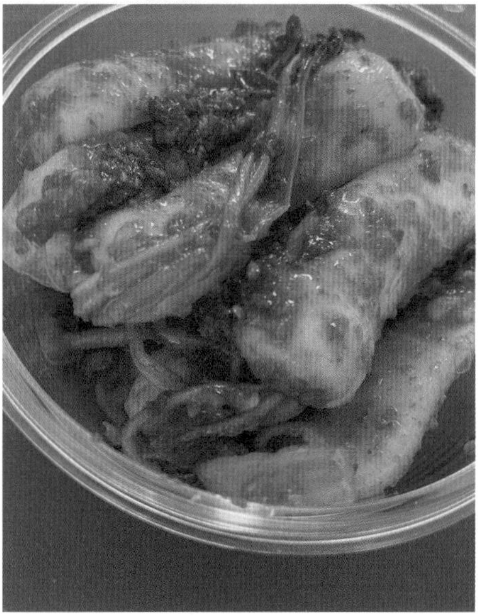

"드라마 <동백 꽃 필 무렵>에서

공효진이 심란한 상황인데

김치를 담그는 장면이 나오는 거예요.

저도 한 번 김치를 담가서

후배들에게 나눠 줬어요.

제 마음이 치유되듯이

너무 기분이 좋아지는 거예요."

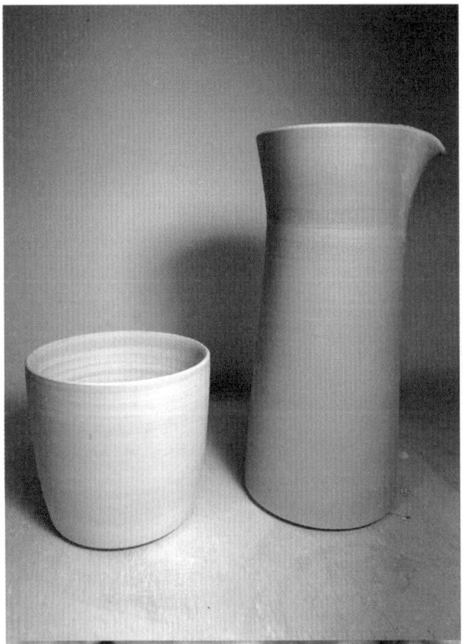

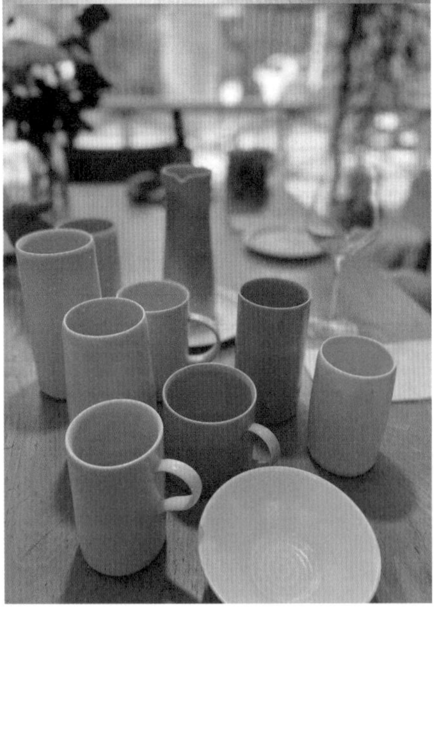

"손으로 하는 것에 집중하면

마음이 풀리는데

그 중 하나가 도예예요"

니하우스'에서 같이 하고 있어요. 18세부터 물질적인 것이든 정신적인 것이든 제니 대표에게 받은 것을 저 또한 후배들에게 나누고자 합니다."

제니 대표의 경영 철학과 신념은 대표원장인 그에게 전수되고 있다. 그는 정신적으로 컨디션 난조에 부딪히면 김치를 담근다. 그리고 나눈다. 후배들이 맛있게 먹었다는 그 한마디에 활력을 되찾는다.

"드라마 <동백 꽃 필 무렵>에서 공효진이 심란한 상황인데 김치를 담그는 장면이 나오는 거예요. 저도 한번 김치를 담가서 후배들에게 나눠 줬어요. 제 마음이 치유되듯이 너무 기분이 좋아지는 거예요." 총각김치를 좋아한다고 말하자 그는 거침없이 "총각김치는 제철 재료로 절이는 것이 중요합니다. 그래서 소금도 좋은 것을 써야 해요. 손으로 하는 것에 집중하면 마음이 풀리는데 김치를 종류별로 담그는 것이 취미가 되었어요."

그는 손으로 하는 또 다른 취미로 도예를 한다. 이 밖에도 골프, 필라테스 등 그는 취미 부자다. 월요일은 무조건 운동을 한다. 어린 나이에 시작한 미용인인 만큼 그는 건강을 빨리 소진했다. 4년 전에 많이 아팠다. 디스크 수술을 받고 2년 동안 고생했다. 아침과 저녁에 2시간씩 걸으면서 극복했다. 요즘은 오른쪽 팔이 아프다. 그의 목표는 65세까지 일하는 것이다. 그렇게 하기 위해서는 건강관리가 필수다.

"제가 하루에 쓸 수 있는 에너지를 꽉 채워 일하는 편이에요.

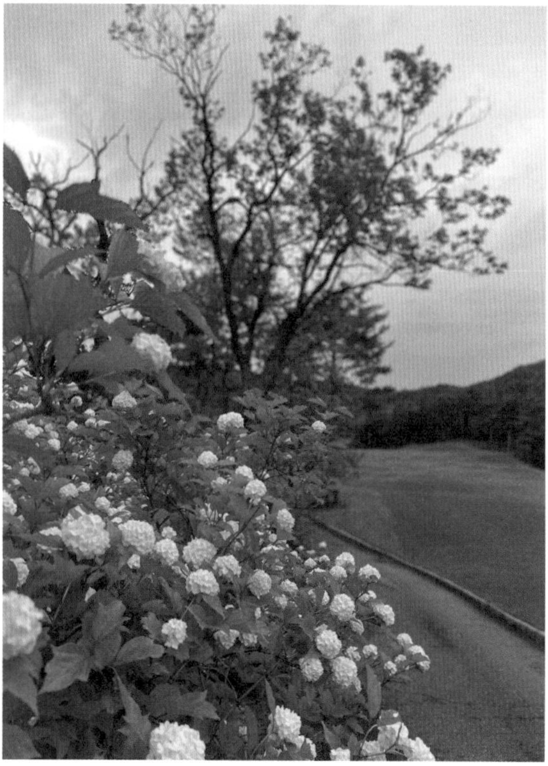

민영민 원장은 정화된 마음을 되찾아 주는 아름다운 자연을 사진으로 담아 향유한다.

건강을 잘 챙기고 외형적인 것도 관리하며 나이가 들어도 멋있고 싶습니다. 체력적인 소모가 많은 직업의 특성상 기초체력이 중요합니다. 그래서 쌓인 피로감을 해소하고 건강을 위해 골프와 필라테스를 하고 있습니다. 또한 여행을 통해 자연에서 정화된 마음을 되찾습니다. 그리고 다시 고객 한명 한명에게 집중하여 좋은 디자인을 만드는 데 사용하고 있습니다."

후배들에게 엄마 원장인 민영민 원장

•
•

10년의 세월이 흐르며 가장 많이 변화한 것이 무엇인지 물었다.

"손님의 마음을 읽는 거, 사람을 대하는 거에 대한 여유가 생겼습니다. 예전보다 더 많이 고객들과 대화하고 친근하게 다가갑니다. 나이가 들어가면서 점점 더 꽉 채워지는 느낌이 들어서 편안합니다. 저를 떠났다 다시 찾아온 고객들도 반갑다는 생각을 합니다. 그전에는 그런 감정이 없었거든요. 아이들도 무지 예쁩니다. 이것도 그전에는 없었던 감정이지요."

민영민 원장은 어린 후배들뿐 아니라 수많은 젊은 스태프들과의 소통을 위해 그는 지난해 말 인스타그램을 시작했다. 주로 일상을 담아 놓는 용도로 사용하고 있다는 그는 20대 스태프들이랑 소통의 어려움을 느꼈다고 한다. 몇 해 전부터 '왜 나만 힘들까'라는고민 끝에 자신이 변화해야 함을 깨달았다. 그 변화 중 하

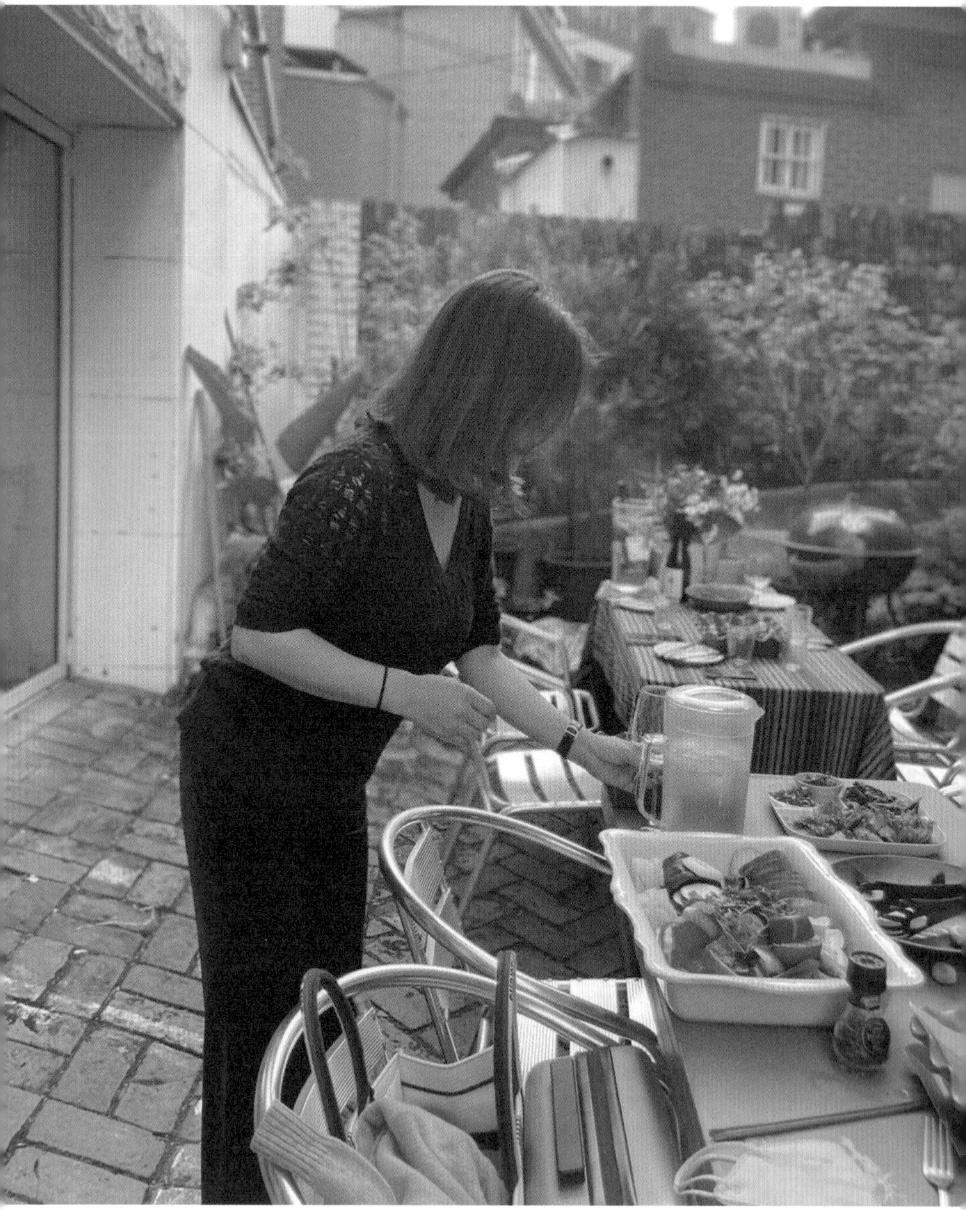

민영민 | 매출과 소통으로 귀감이 되다

나가 그들의 대표적인 소통 매체인 인스타그램을 하는 것이었다.

"그들이 사용하는 매체의 소통 방법, 소통 내용, 감성 등을 이해하고 싶었어요. 저희가 미용을 할 때는 디자이너 선생님이 저희 기분이나 감정 따위 신경 쓰지 않았습니다. 이제는 젊은 친구들의 감정이나 기분을 잘 살펴야 합니다. 그들과 잘 소통하기 위한 하나의 방법이니까요."

여러 명의 스태프와 팀워크를 이뤄야 하는 디자이너로서 수십 명의 디자이너를 이끄는 대표원장으로서 가장 중요시 하는 것은 '먼저 많이 듣고 입장을 이해'하려고 한다는 것이다. 그리고 '공감'이다. 공감에는 식구처럼 같이 하는 식사 자리를 빼놓을 수 없다. 식구가 된다는 것은 한 집에 살면서 끼니를 함께하는 사람을 의미하기 때문이다. 친화력을 갖추기 위해서는 밥을 먹고 술을 마시며 관계를 형성한다. 여기에는 제니 대표의 지원도 한몫을 한다. 대표의 카드가 든든한 지원군이다.

민영민 원장은 '제니하우스'에서 '엄마 원장'으로 통한다. 같은 길을 걷는 후배 디자이너들의 고민 상담과 인생 상담을 따뜻하지만 날카롭게 해준다. 같은 맥락에서 그는 '제니하우스' 내에서 어떠한 선배의 모습으로 기억되고 싶은지에 대해 말한다.

"꼭 필요한 선배이자 모범이 되는 좋은 사람으로 기억되고 싶습니다. 인정받는 사람이요."

성년이 된 제니하우스의 건강한 성장

•
•

2002년 토털 뷰티 살롱으로 시작한 '제니하우스'는 올해로 스무 살이 됐다. 그 동안 '제니하우스'는 한소희, 손예진, 박신혜, 수지, 이성경 등 1천여 명의 셀럽들의 스타일을 만드는 곳이자 삶에서 가장 예쁘고 멋지고 싶은 웨딩의 헤어&메이크업을 책임지는 곳이라는 고급스러움과 높은 인지도의 브랜드 정체성을 이뤄냈다. 이처럼 견고한 브랜드 이미지는 '브랜드 수단화'로 이어지고 있다. 고객들은 '제니하우스'를 고급스러움과 연결시키고 '제니하우스'는 브랜드의 확장성을 넓히고 있다. 따라서 '제니하우스'의 역사는 발전과 성장으로 귀결된다. 2013년에는 '제니하우스' 출신의 디자이너들에게 서래마을점과 정자점을 프랜차이즈로 오픈시켰다. 작년부터는 '제니하우스'의 신개념 세컨드브랜드 프랜차이즈 '제니스튜디오'를 출시해 고객들을 만나고 있다. '제니스튜디오'는 기장 추가 없는 합리적인 가격으

〈제이스타일〉 매거진 3호 표지 촬영

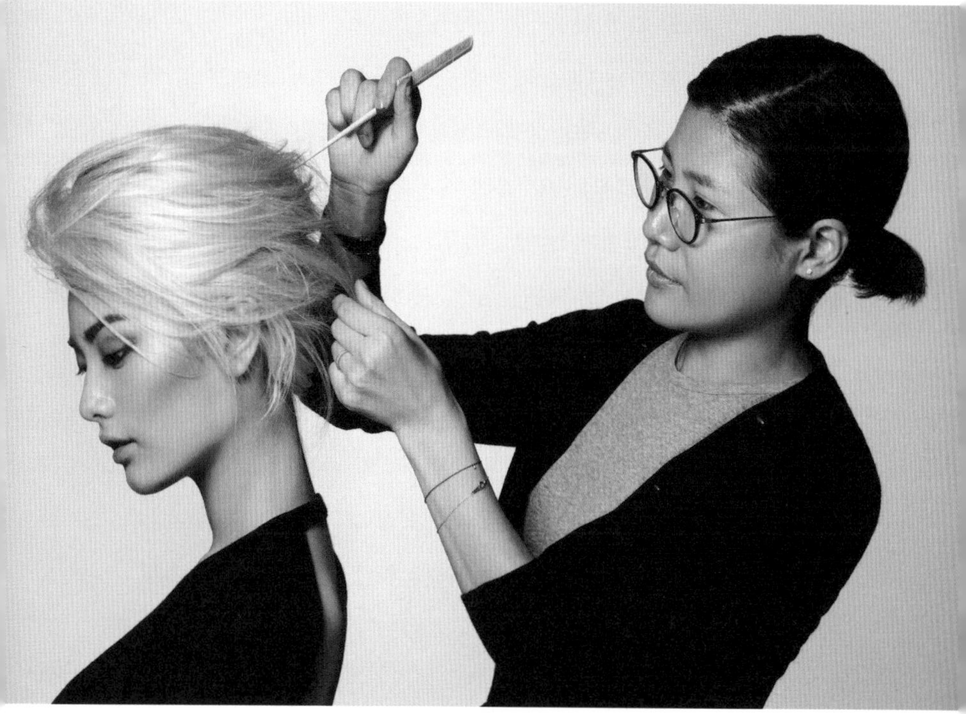

로 제시하는 정찰제 뷰티살롱이다. 중저가 살롱으로 가족이 함께 손잡고 올 수 있는 살롱을 지향한다. 별내점, 구리역점, 반포점, 판교점, 송도점 등 10호점이 오픈한 상태다. 6개월 만에 10억 매출을 달성했다.

"올해 '제니스튜디오'는 40호점을 목표로 하고 있습니다. '제니하우스'의 20년이 된 청담동 노하우를 바탕으로 '제니스튜디오'를 통해 제니의 뷰티를 전국에서 만날 수 있습니다. 고객들이 근거리에서 제니하우스의 감성을 만날 수 있는 공간입니다. 낮은 자본금으로도 디자이너 수급과 본사 차원의 홍보 마케팅을 통한 합리적 운영을 할 수 있다는 점이 특징입니다."

민영민 원장은 제니 대표 다음으로 최대주주다. 그는 주인 의식을 갖고 '제니하우스'의 경영에서부터 제품 테스트까지 섬세하게 챙긴다. '제니하우스'의 헤어 제품은 꼭 먼저 사용해 보고 출시 전 수정을 거칠 수 있도록 조언한다. 그런 이유에서 염색 시장의 후발주자임에도 불구하고 좋은 품질로 소비자에게 인정받고 있다. '제니하우스' 염색제의 경우 2022년 1월 발표한 한국기업평판연구소가 빅데이터로 한 염색약 평판분석에서 38개 브랜드 중 3위를 차지했다.

'제니하우스'는 기존의 브랜드 정체성을 기반으로 한 새로운 브랜드 이미지를 선보이고자 한다. 새로운 소비자층이자 트렌드를 주도하는 MZ세대를 위한 '힙한' 이미지를 모색하고 있는 것이다.

제자가 말하는 우리 원장님은요

제니하우스 홍다 부원장

스태프 시절 매출 1위의 원장님과 함께 할 수 있었던 것이 영광이었습니다. 단골 고객 많으신데, 카리스마로 고객들을 사로잡으십니다. 그 바탕은 기술적인 면과 인간적인 면을 모두 겸비한 자신감이라고 생각합니다. 손도 빠르십니다. 고객 응대와 인생살이까지 엄마같은 존재로 같은 길을 가는 인생 선배가 있다는 것이 참으로 든든합니다.

0
9

씰

4

커커아카데미& 마끼에 본점 씰원장

오늘도 세계적인 디자이너로 도약을 향하다

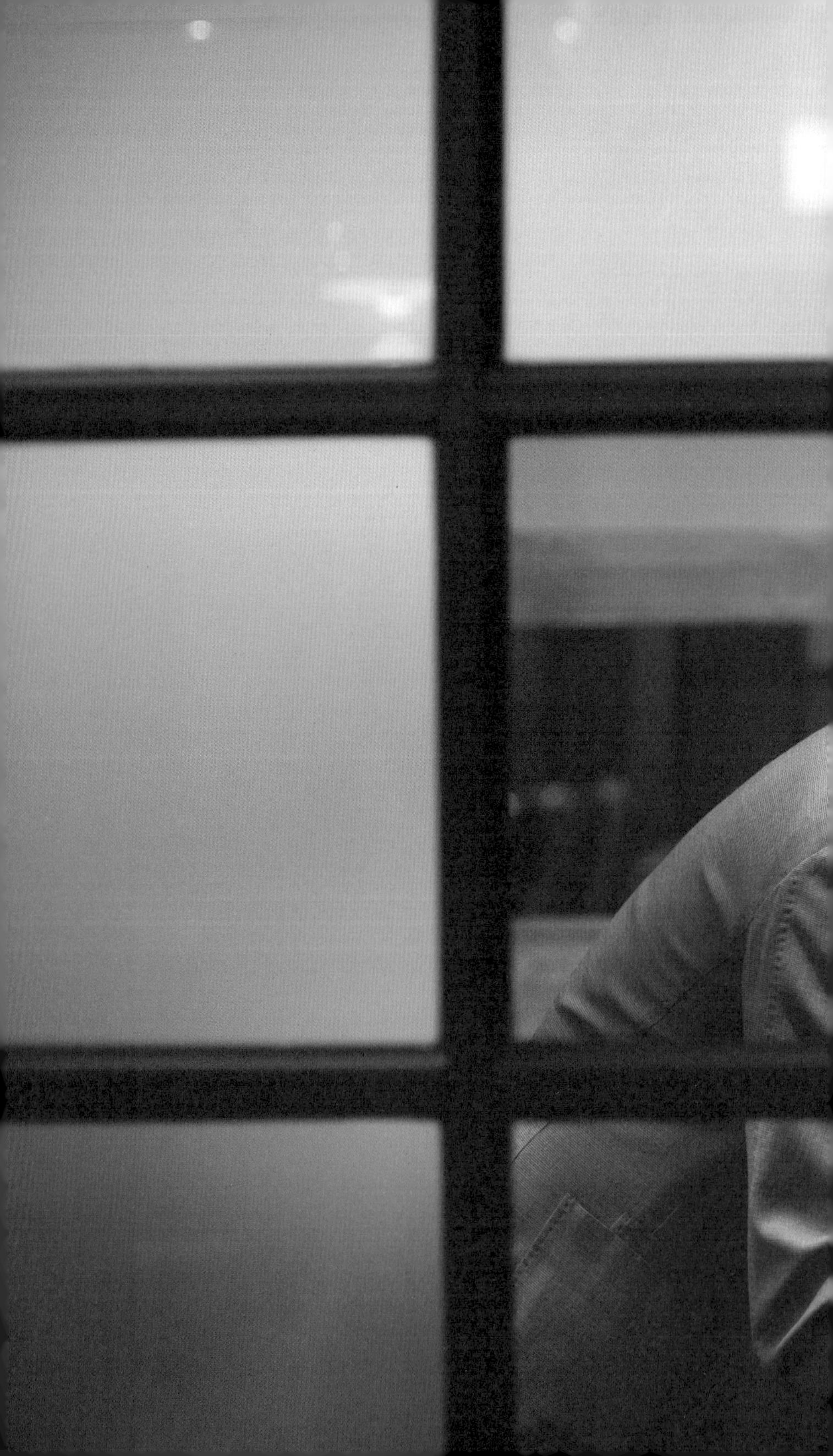

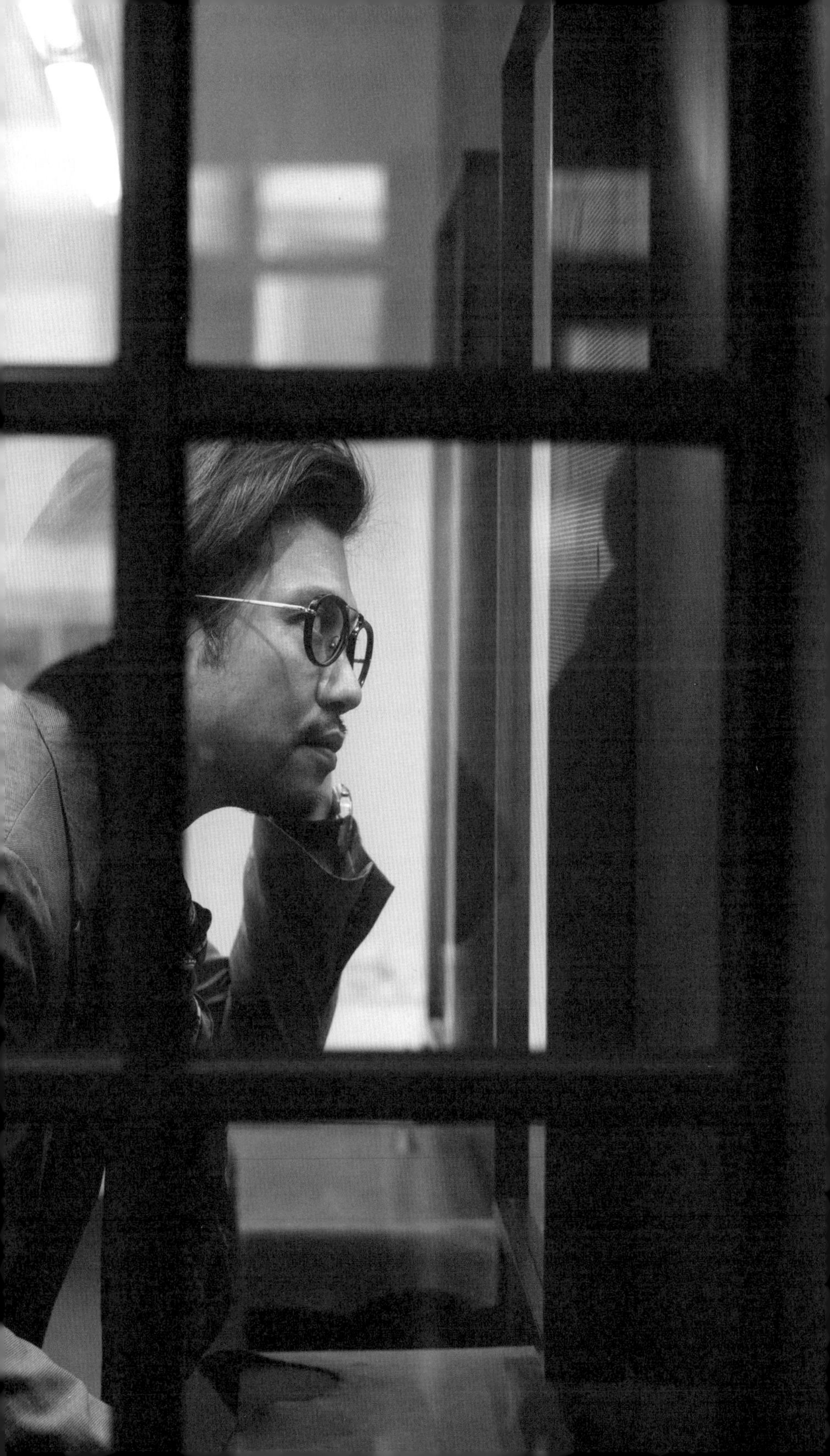

가위질의
아름다운 울림

아름다운 가위질은 울림을 준다. 연주자가 자신만의 곡 해석을 통해 한음 한음을 연주하는 듯한 그의 가위질. 그리고 연주를 마친 후의 감동과 같이 완성된 그의 스타일에서 나오는 울림까지. 그 여운은 오래도록 마음속과 더불어 시각적인 즐거움으로 남는다.

비옥한 토양,
커커에서의 새로운 출발

그의 직함은 '커커아카데미'와 '마끼에' 본점인 청담점의 대표원장이다. 그는 '커커'의 브랜드인 '이철헤어커커'와 '라브리지', '마끼에' 등 300여개가 넘는 살롱의 트렌드 제공과 교육, 그리고 디자이너의 성장 프로젝트를 진행하고 있다.

"비옥한 토양에 농사만 지으면 됩니다. 제가 얼마나 하느냐에 따라 달라집니다. 지금 '커커'의 스펙트럼을 넓히는 것이 저의 역할입니다."

그가 요즘 공을 들이고 있는 프로젝트는 디자이너 성장 프로젝트이다. 300여개의 매장 중 5개의 살롱을 선정해 '성장의 솔루션'을 제공한다.

"1에서부터 10까지가 아닌 1에서부터 50까지를 챙깁니다. 쓰레기통의 위치에서부터 창문의 먼지까지요. 샴푸실에서 고객과의 대화까지 매뉴얼화합니다. 기술적인 피드백은 물론이고 디자이너의 개인 고객관리부터 헤어스타일과 옷차림 등 자기 관리까지가 대상이 됩니다. 인스타그램의 피드에 작품을 올리는 것은 필수이고요."

이렇듯 그의 교육은 파편화되지 않고 종합적이고 총체적으로 진행된다. 자신을 성찰하고, 자신이 가진 기술력을 최고의 가치로 재탄생할 수 있게 홍보 및 마케팅과 연결시킨다. 교육은 디자이너의 역량을 최대한 끌어올려 매출 상승으로 이어지도록 하는 분명한 방향성을 지닌다.

그는 디자이너가 자신을 홍보할 수 있는 가장 경제적이고 효율적인 수단으로 인스타그램을 꼽았다. 올릴 작품에 대해 디자이너는 최고의 퀄리티를 위해 노력하게 될 것이고, 이런 이유로 자신을 홍보할 수 있는 최적의 수단이 된다는 것이다.

"소개받고 오는 고객들도 인스타그램을 통해 그 디자이너를 검증합니다. 양질의 콘텐츠가 있어야 고객을 설득하게 되고 그 디자이너의 콘텐츠를 자연스럽게 샘플로 활용하게 됩니다."

그는 디자인 메이킹 작업의 전문가다. 콘텐츠 개발에서부터 매체가 가진 특성까지 완벽하게 파악해 자신의 작품을 아름답게 표현하는 방법까지 알려준다. 얼마 전에는 '커커' 소속 매장의 신입 디자이너를 5등급으로 나누고 그 중 가장 좋은 성적을 가진 디자이너를 선발해 세 그룹으로 나눠 디자인 메이킹 작업을 했다. 킬러콘텐츠, 영상구성, 보정 등에 대한 교육프로그램을 실시한 것, 1인 1피드를 통해 포트폴리오를 만드는 것이었다. 그의 이러한 마케팅 교육은 입소문을 타고 '어쩌다 마케팅'이란 이름으로 외부 강의로 이어졌다. 〈BoB〉주최로 개최된 이 교육은 첫 회의 뜨거운 반응에 힘입어 지난 4월에도 강의가 진행됐다.

그는 제품과 미용기기를 이용해 자신의 작품을 최대한 효과적으로 표현하는 방법과 그 표현된 것을 아름답게 보이는 영상으로 담는 방법까지 섬세하게 알려준다. 그의 인스타그램 작품과 콘텐츠를 보면 마케팅 역량을 알 수 있다. 현자들의 명언, 시, 자신만의 철학을 담은 다양한 글들이 영상과 어우러져 조화롭고 매력적이다. 특히 그의 인스타그램은 많은 독서량을 짐작하게 한다.

"기술 서적은 저의 가방에 담겨 매일 식사를 하듯이 읽습니다. 자기계발서, 마케팅관련 서적, 돈 버는 노하우에 대한 책은 한 달에 3권 이상 읽으려고 노력합니다."

새벽에 산에 오르면서 그는 시간 활용을 하기 위해 오디오북을 자주 듣는다. 아카데미에 대한 운영과 기획, 그리고 작품에 대한 아이디어를 그는 대부분 활자에서 많이 얻는다.

"영풍문고에서 〈신비오〉를 주문하는 유일한 사람이 저랍니다. 그래서 신비오 거래를 끊지 못하고 있다고 하더라고요. 책의 내용도 보지만 구성과 스타일 등 편집자의 시선으로 그 콘텐츠를 분석하여 제 것으로 폭넓게 흡수하고 있습니다. 남다르고 빠른 디자인과 콘텐츠로 앞서 나가기 위해서는 노력을 게을리 하지 않아야 한다는 것이 그의 지론이다. 새벽에 가발을 자르면서 얻

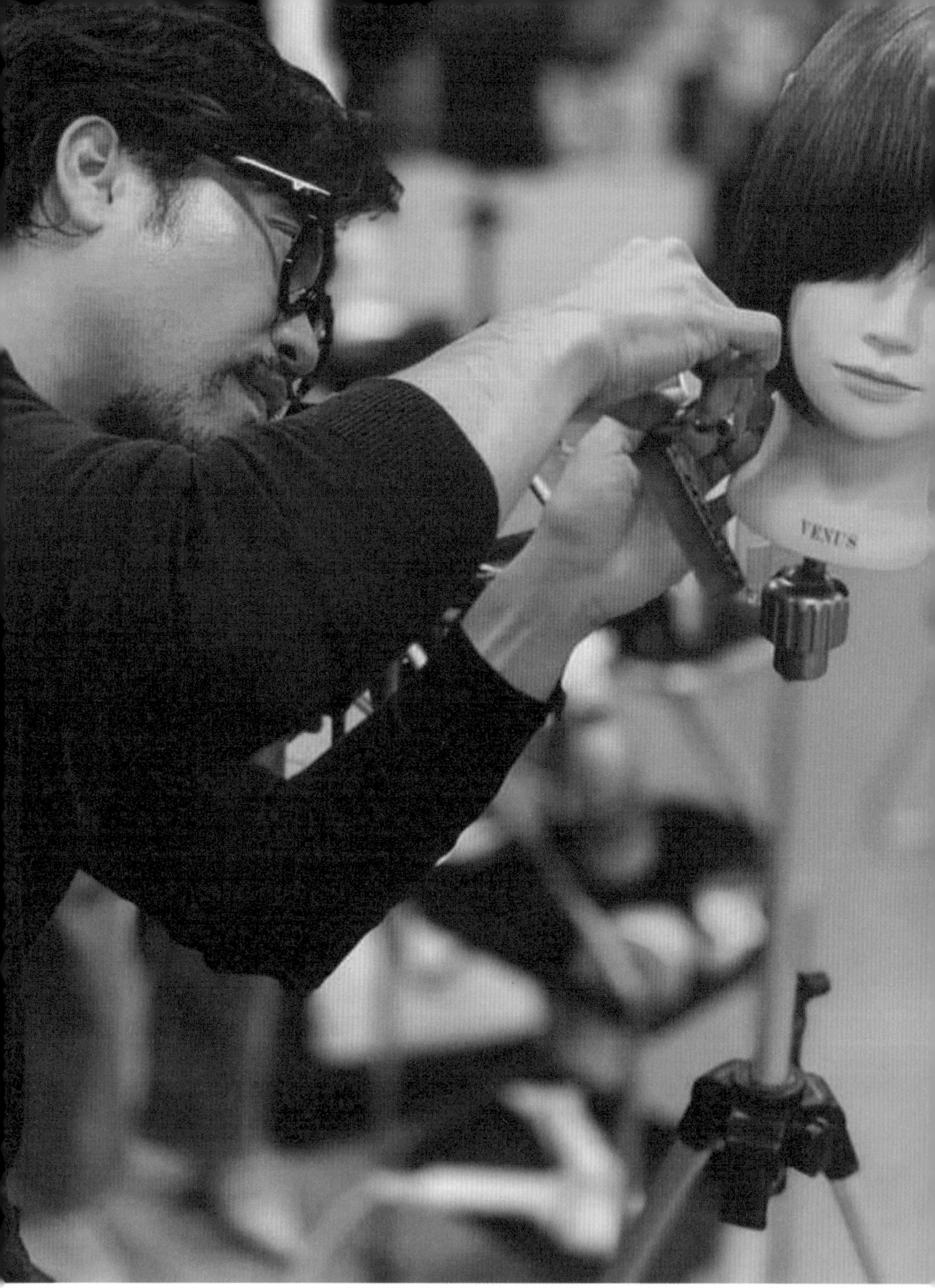
VENUS

는 아이디어 못지않게 활자가 주는 힘에 대해서도 중요성을 강조한다.

“활자를 보고 생각하고 나의 감성에 대입하면 나만의 아웃풋이 됩니다. 타인의 작품, 책, 잡지는 공부하기 좋은 수단입니다. 남의 것을 내 것으로 소화시켜 잘 전달하는 것 또한 교육자의 몫이라 생각합니다.”

활자는 그의 삶의 전반에 영향을 주고 있다. 〈절제의 성공학〉을 통해 밀가루 단식을 한지 2년째인 그는 술도 절제 중이다.

“1일 1라면을 즐겨했습니다. 〈절제의 성공학〉을 읽고 절제를 하게 됐습니다. 저자는 미즈노 남보쿠라는 일본의 제일가는 부자이자 관상가인데 18세에 감옥을 갔습니다. 어떤 관상가가 출소한 그를 보고 1년 안에 칼 맞아 죽을 관상이라며 그 길로 절에 가서 출가를 하라고 권유했죠. 절에 간 그에게 주지 스님은 1년 동안 보리와 흰 콩으로만 식사하고 오면 받아주겠다는 약속을 했고 그 약속을 지키기 위해 절제를 실천했답니다. 관상가는 그가 1년 만에 완전히 관상이 바뀌었다고 했어요. 절제는 사람과 삶을 바꿔줍니다.”

그에게 절제는 고객 시술에서도 적용된다. 삶의 절제는 헤어디자인의 절제로 이어져 씰스타일 작품의 완성도를 높여준다. ‘커트는 디자이너의 심장’이라는 그의 디자인은 트렌디함 속에서 클래식함을 잃지 않는다. 여기의 일등공신은 절제다.

뿐만 아니다. 독서는 그의 삶과 목표를 건강하고 풍요롭게 바

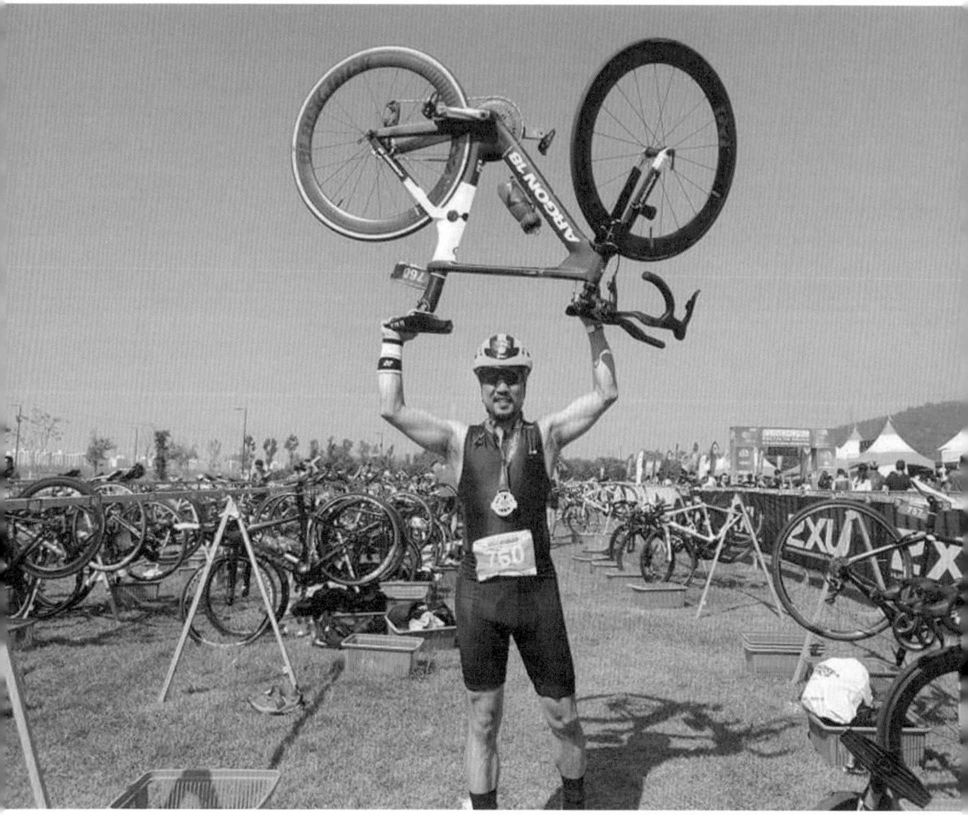

꾸어 놓고 있다. 그는 성공한 200명의 인터뷰가 담긴 〈타이탄의 도구들〉을 읽고 철인 3종 경기에 3회를 도전했으며, 〈세이노의 가르침〉을 읽고 부자가 되는 간접 경험을 통해 부자의 길을 가고자 한다.

본받고 싶은 선배와 함께 걷는 길

•

•

이철 대표와의 인연은 한 잡지 인터뷰에서 시작됐다. 본받고 싶은 미용업계 선배로 이철 대표를 꼽은 것.

"헤어디자이너 출신으로 미용계의 인재 양성에 힘쓰고 계시며, 2000년 중반에는 영국 장학생 제도 등을 만들어 유학을 보내주는 등 저에게 선망의 대상이었습니다. 한 후배가 이철 브랜드로 이동했는데 너무 좋다고 하더라고요. 그러면서 대표님께 제 얘기를 했다고 해요. 어느 날 와인을 마시는 자리에 초대를 받아 갔어요. 본사 사옥에 주방이 커다랗게 자리 잡고 있는데 부사장님이 파스타를 만들고 계셨고 음향이 좋은 스피커에서는 '할렐루야' 음악이 흐르고 있었어요. 음악을 들으며 파스타에 와인을 마시는데 여기는 디자이너들을 아끼는 곳이구나라는 마음이 들었죠. 또한 '커커엔젤'이란 프로젝트로 베트남 오지에 학교도 지어주고 우물도 파주는 등 기부하는 모습도 좋았습니다. 미용계

후배들이 대표님을 '대장님'이라고 부르는데, 저 또한 후배 미용인들을 아끼며 미용업계의 발전을 위한 대장님같은 삶을 살아야지 하는 생각이 들더라고요."

그 후 이철 대표와의 인연은 이철 대표가 '마끼에' 오픈을 계획하며 더 깊어졌다. 2013년 '마끼에'를 오픈하며 씰원장이 맡기로 약속했지만 계속 오픈이 지연되면서 개인 살롱을 차리게 됐다. 살롱을 차리고 5년차 되던 해, 건물주가 건물을 다시 세우겠다며 나가라고 했다. 개인 살롱에서도 승승장구하던 씰원장은 100평짜리 공간으로 이사하며 살롱을 확장했다. 헤어와 웨딩 총 30여 명으로 구성된 '아베크누'를 오픈한 것이다. 어떤 업종이든 개업을 하고 자리를 잡으려면 시간이 필요하다. 그리고 그 시간에는 여유자금이 필수다. 씰원장은 살롱이 자리를 잡는 시간이 1년이 넘자 버겁기 시작했다.

"인테리어를 모던하고 웅장하게 잘 했어요. 경대 사이의 간격도 넓혀 프라이빗한 편안함을 주도록 했습니다. 이철 대장님도 외국 손님을 모시고 '아베크누'로 왔어요. 경제적인 이유로 합병이 필요했어요. 그런데 합병도 여의치 않았고 중국인이 살롱을 인수하겠다고 했는데 그것도 녹록치 않게 됐어요. 그러다가 '쓰리스토리'와 합병을 하게 됐지요."

그는 이를 통해 돈도 많이 잃었다. '아베크누' 오픈 상황에 대해 '오만이 하늘을 찔렀다'고 회상하는 그는 "10년간 엉덩이를 들썩이지 않고 일을 했다면 30억을 벌었을 겁니다. 야망에 비례

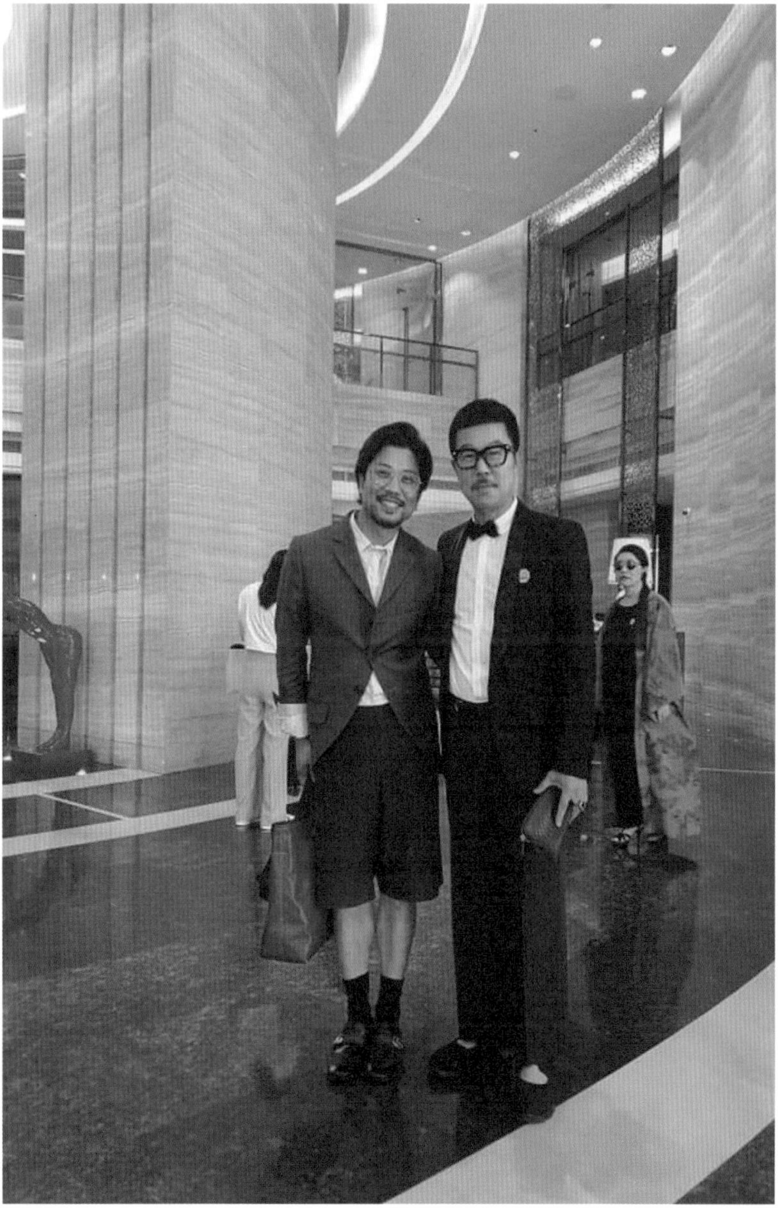

커커의 이철 대표와 함께

한 엉덩이 들썩거림으로 돈도 깨지고 실속도 없었던 10년이었던 것 같습니다."라고 자평했다.

협업을 준비하며 기존 디자이너가 나가게 되고, 협업이 무산되고 결국 혼자 남아 살롱을 지켰다. 그 모습을 보던 씰원장을 아끼는 이들은 마음이 아팠다. 그 중 하나인 배우 김혜수 씨는 씰원장에게 조언했다.

"밖에서 볼 때 안 좋아 보인다. 이제 그만 내려놓아라."

"알면서도 쉽게 놓지 못하는 상황에서 혜수 누나의 말을 통해 정리할 수 있었어요."

깨지고, 넘어지고, 찢어지는 가운데 태평성대도 있었다고 하는 그는 10년의 키워드를 협력, 배신, 패배, 성공이 공존한 시간으로 표현했다.

"그 시간은 값진 시간이었고 살아갈 시간을 대표합니다. 바닥을 쳤으니 채울 일만 남았습니다. 지금 돌아보면 제가 성숙하고 단단해지게 된 시간이기도 합니다. 스트레스 해결 방법도 찾게 됐고, 제 자신이 성숙해졌듯이 제 작품도 이전과 달리 더 예뻐졌습니다."

'아베크누'를 완전히 정리를 하는 과정에서 이철 대표가 마침 씰원장을 찾았다. '커커아카데미'를 맡아 달라는 것이었다. 그는 지난해 가을부터 '커커'에서 일하고 있다.

시련과 어려움을 극복한 그는 누구보다도 24시간을 알차게 활용한다. 새벽에는 운동이나 가발 연습, 살롱과 아카데미를 오

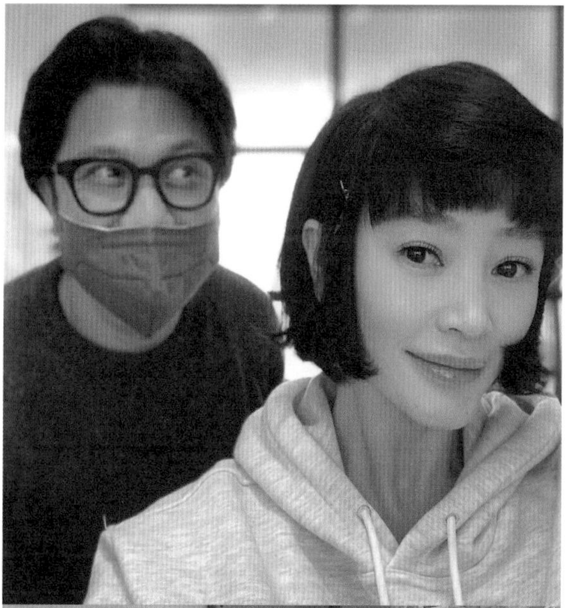

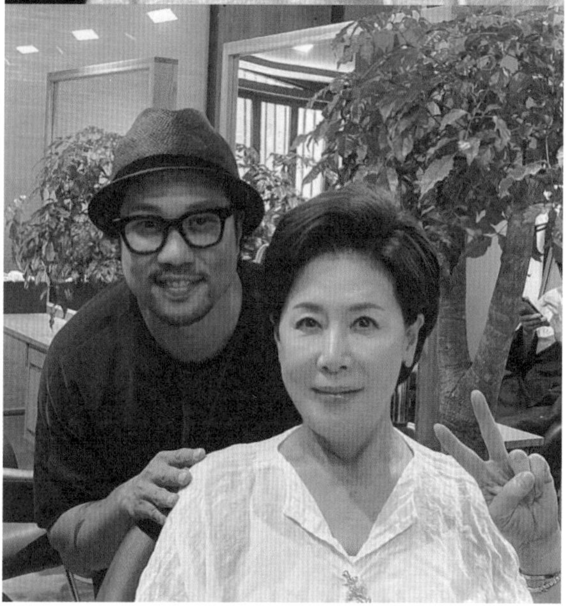

가며 고객 시술과 아카데미 운영을 위한 회의, 기획 등에 참여한다. 그리고 퇴근 시간엔 버스에서 자신의 작품을 인스타그램에 올리는 편집을 한다. 퇴근 후엔 다정한 아버지로 아이들의 잠자리를 도맡으며 함께 한다.

그의 일주일도 하루 못지않게 알차다. 매주 월요일 이른 아침에는 인스타그램 라이브 방송 '씰며든다'를 진행하고 있다. '씰며든다'의 주인공이 되는 살롱이 어느 지역이든 그는 새벽 6시에 도착해 방송 준비를 시작한다. 밤새 달려가야 하는 수고로움을 뒤로 하고 지방 살롱들의 업그레이드에 보다 적극적으로 임하고 있다. '씰며든다'는 '커커'의 프랜차이즈를 찾아가 백종원의 골목식당처럼 한 살롱에서 기술적인 커트 강의와 컬러 강의를 주로 방송에서 진행한다. 그리고 살롱의 문제점을 파악해서 멘토링을 해주고 있다.

"지방 살롱의 경우 특별한 이벤트가 없어요. 제가 함께 할 디자이너 한 분 정도를 말씀드리면 온 살롱의 구성원들이 새벽부터 나와 계세요. 어떤 경우에는 현수막까지 준비하셔서 저를 환대해 주시지요. 보다 지속적이고 유대적인 관계를 맺고 멘토링 서비스를 해드리려고 노력하고 있습니다."

'커커'의 기술 집약체, 팀커브의 탄생

'커커'의 크리에이티브하고 트렌디한 스타일을 연구하고 만들어 갈 팀 팀커브(Team KERVE)는 '커커아카데미' 대표원장인 씰원장을 주축으로 '커커아카데미' 강사진인 한나부원장, 원효강사, 승지강사, 연주강사, 은세강사, 충수강사와 '마끼에' 타임스페이스점 지나원장, '이철헤어커커' 반포자이점 민지팀장 등 총 9명으로 구성됐다.

씰원장을 포함한 9명은 매달 작품을 낸다. 씰원장이 팀원들에게 키워드를 주면 그 키워드에 맞는 트렌드를 조사한다. 그 후 팀원들 감성을 담아 가발에 표현한다. 그 작품 중 우수한 3작품을 선정해 모델 사진을 촬영한다. 선정된 작품들은 '커커'의 트렌드가 되고 자산이 된다. 바로 고객들이 쉽게 접근할 수 있는 살롱스타일과 '커커'의 크리에이티브하고 트렌디한 스타일로 대표성을 띄기 때문이다.

그는 국내에서 '커커'의 내실을 다지는 것 외에도 아시아 최고의 아카데미를 목표로 하고 있다. '커커아카데미'를 기술의 집약체로 만들고자 하는 것. 트렌드 발표는 인스타그램에 쌓이고 그것이 연결 고리가 되어 다시 K-뷰티의 문이 열리면 그간에 준비한 정점의 기술력을 선보이겠다는 것이다. 또한 '커커'의 외형적 성장을 위해 중국 시장이 아니더라도 싱가포르나 말레이시아로 진출해 보고 싶다고 강조한다.

"캐나다와 프랑스에서의 미용 문화 경험을 살린 아이디어를 많이 내고자 합니다. 제가 프랑스 '토니앤가이'에 있을 때에도 디자이너들이 꾸준히 작품 활동을 통해 성장하는 것을 보았습니다. 다양한 포퍼먼스로 미용 문화가 자리 잡도록 하고자 합니다. '토니앤가이'의 경우 파리의 클럽과 협업을 통해 이동 거울을 갖다 놓고 클럽에 온 손님을 대상으로 머리를 잘라주는 퍼포먼스를 했지요. 손님과 같이 마시고 춤추고 자유로운 분위기에서 헤어가 공존하는 것이 무척 인상적이었습니다."

그는 비옥한 토양에 자신이 가진 역량을 하나하나 펼칠 계획을 야무지게 세워 놓았다. 먼저 기술서적을 준비 중이다. '3G 3L'로 3가지의 그라데이션과 3가지의 레이어를 담을 계획이다. 이 6가지 기술의 변주로 다양한 스타일에 자신의 감성을 담아 고객을 시술할 수 있도록 하는 것이 책을 출간하는 궁극적인 목표다.

"디자이너들에게 롤모델이 되고 싶습니다. 배울 점이 있는 사람, 꼭 들어야 한다는 생각이 들 만큼의 교육을 하는 디자이너가 되는 것입니다. 또한 한국을 대표하는 디자이너이자 세계무대를 상대로 귀감이 되는 디자이너가 되고자 합니다."

그래서 교육자로서는 세계적인 트렌드를 재구성하는 대중적인 디자인 발표를, 세계적인 디자이너로서는 씰스타일의 독창적인 디자인을 선보이고자 한다. 그 무대는 세계적인 헤어쇼이다. 영국 '살롱 인터내셔널'과 '노이즈이벤트', 프랑스 '몽디알드 꾸아퓌르 로레알' 쇼 등 세계적인 무대에서 단독 헤어쇼를 목표로 하고 있다.

"준비는 다 끝났습니다. 쇼에 들어갈 작품 스타일에 대한 설계, 음악과 배경, 헤어쇼의 스토리보드 작업까지 모두 정리를 해 놓았습니다. 나이가 들면서 목표가 더 간소해졌습니다. 힘을 모아서 그 목표를 이루고 싶습니다."

그는 방송계 진출과 살롱 오픈도 계획 중이다. 방송계 진출은 세계적으로 미용에 대한 콘텐츠를 확산시킬 발판이 될 수 있다고 믿는다.

"제가 파리에 있을 당시 10개였던 한국 식당이 요즘 들어 500개가 됐다고 합니다. 싸이가 연 K-컬처의 문을 BTS가 확장하고 '오징어게임'이 폭발적으로 대중화시켰습니다. 헤어도 방송을 통해 K-뷰티의 문이 활짝 열렸으면 좋겠습니다."

또한 '아베크누'를 운영하며 경험한, 공간이 주는 힘이 실린 새로운 개념의 살롱을 오픈하고자 한다. 마지막으로 그의 개인적인 목표를 들어 봤다.

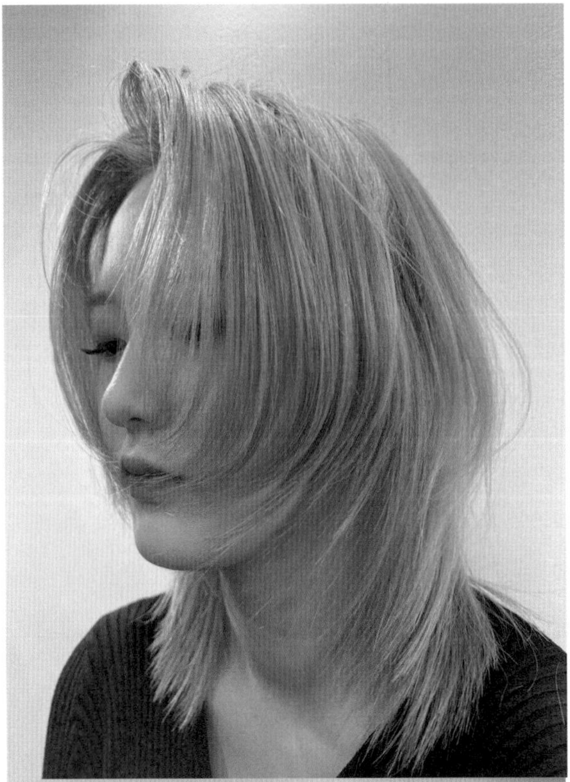

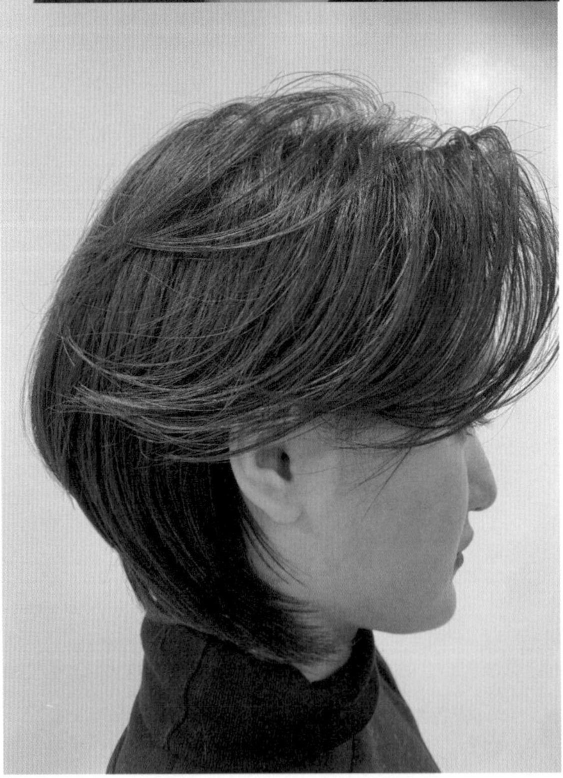

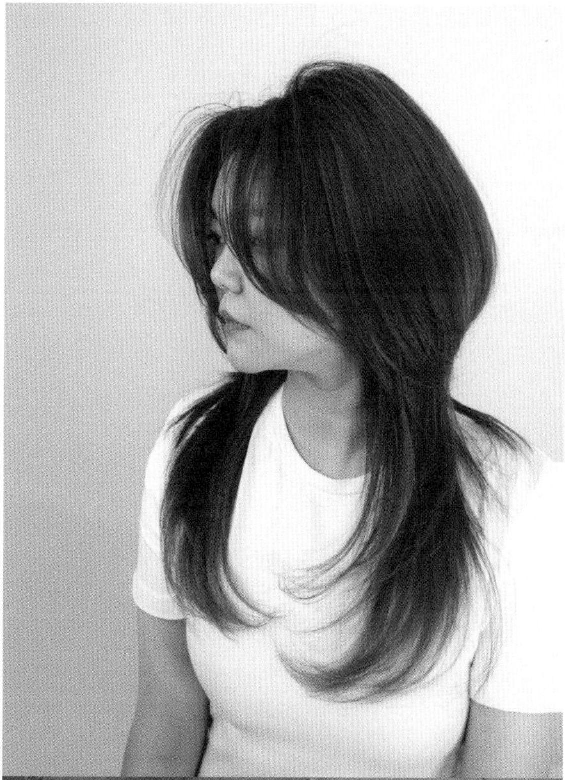

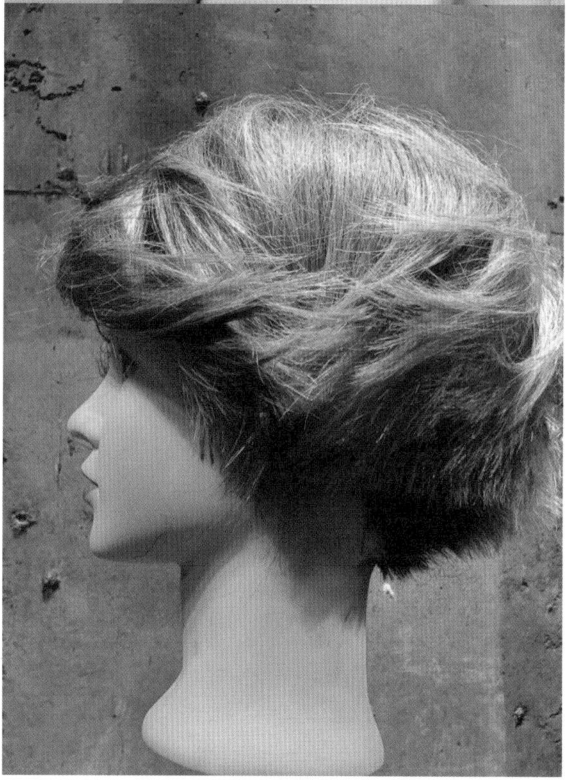

"부자가 되는 것입니다. 2030년까지 자산 100억원을 목표로 하고 있습니다. 경제적 자유로움을 통해 영혼의 자유로움을 추구하고 싶습니다. 이는 자유로운 작품 구현으로 이어질 것이라 믿습니다. 부자가 되기 위해서 허리띠를 졸라매고 돈을 모으고 있습니다. 경제적인 자유로움으로 좋은 교육자, 미용사, 남편, 아버지가 되고 싶습니다. 또 하나는 10개 살롱의 100명 하이퍼포머를 키우고자 합니다. 하이퍼포머는 1억 이상의 연봉을 받는 디자이너들입니다. 컨설팅을 통한 성공 사례를 만들어 이 툴을 적용하게 되면 어렵지 않게 '커커' 소속의 매장들이 성공할 수 있게 됩니다. 올해 12월까지 먼저 5개 매장을 성공시키고자 합니다."

그는 노력형이라고 한다. 뛰어나지 않아서 시간 투자를 많이 한단다. 하는 것에 따라 달라진다고 하는 그의 인스타그램을 자세히 보자. 가위질이 참 아름답다. 정성이 느껴지는 차분한 가위질에서 경쾌하지만 가볍지 않은 오보에의 선율이 흐르는 듯하다.

10년 차 고객이 말하는 우리 원장님은요

배우 윤여정

디자이너들은 고집스럽게 본인 스타일에 집착하지요. 그런데 씰원장님은 고쳐야 될 점을 받아들이고 시정하는 태도가 좋아요. 자만하지 않는 태도도 좋고 착하지요. 센스 넘치는 사람입니다. 나도 촬영할 때 감독 이야기를 최선으로 믿고 따라가요. 함께 일하는 사람들과의 관계를 사단이 나기 전까지 잘 안 바꿔요. 오래된 사람이 좋아요. 씰원장님이 그런 사람이에요.

김세호

09

5

바이어스컷 김세호 원장

헤어와 사진이란 두 언어의 근사한 변주

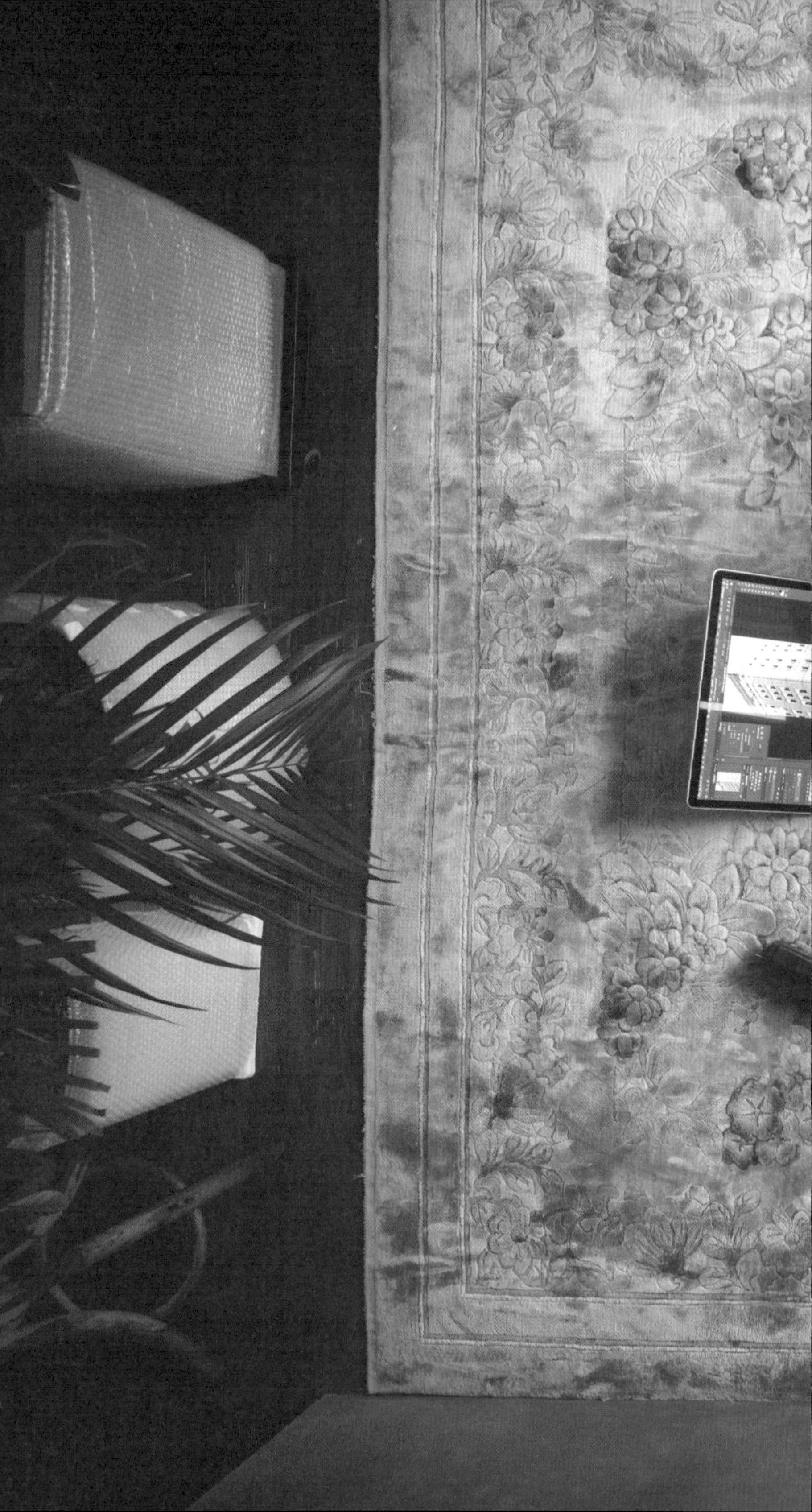

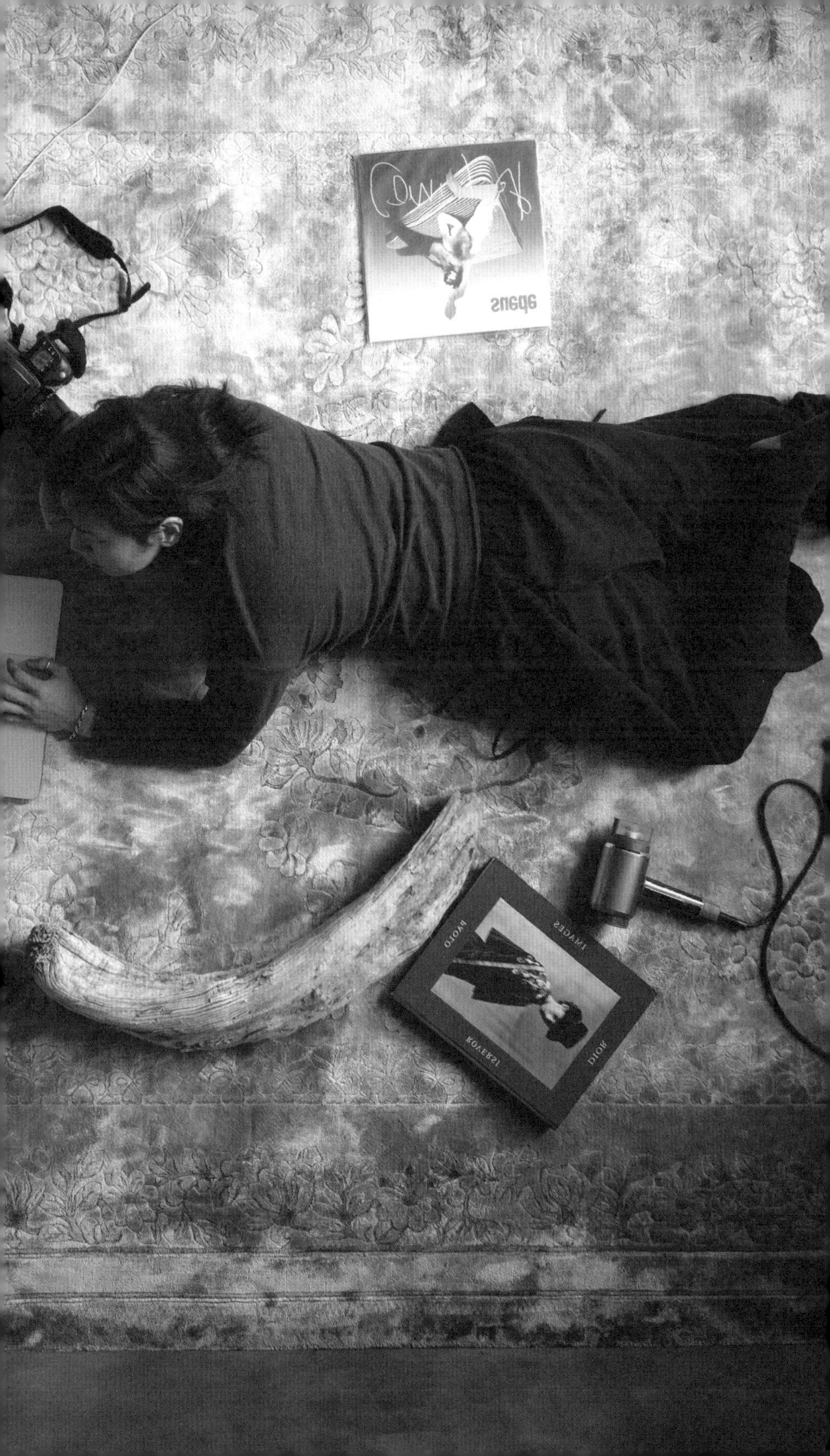
suede
KYOTO
IMAGES
DIOR

켜켜이 쌓은 감성에 헤어와 사진을 녹이다

사진 촬영을 위해 자신이 좋아하는 것들을 아틀리에 바닥에 펼쳐 놓는다. 그 중 하나인 스웨이드의 앨범을 챙긴다. 그리고 'Beautiful One's'를 튼다. 자신은 이 앨범을 들으면 영국 유학 시절의 그 '떨림'을 느낀다고 한다.

그의 말에서 '떨림의 소리'를 생각해 본다. 지금으로부터 25년 전. 밤새 마감한 활자가 생명을 얻는 소리를 처음 들었다. 언제나 윤전기 소리는 심장을 떨리게 한다. 그리고 열정이 너무 많아 슬프기도 했던 20대가 떠오른다. 스웨이드의 음악이 그에게 설레고 푸르던 20대의 시간 속으로 언제나 데려다 주는 것처럼.

프라이빗 부티크 살롱의 시작, 청와대

•

•

나무 가구와 은은한 조명, 각 공간에 어울리는 다양한 카페트, 여백을 채운 그의 작품들과 낮은 층고는 고풍스러우면서도 엄마 뱃속과 같은 안락함이 있다. 이곳이 바로 갤러리 감성의 살롱 '바이어스컷'이다. 하트 모양의 돌들, 버려진 나뭇가지, 낡고 때묻은 도마 등 그의 감성이 오롯이 녹아든 아틀리에. 헤어디자이너이자 포토그래퍼로서 대응되는 두 공간은 그의 직업적 특성과 감각을 잘 보여준다. 그래서 그에게 공간은 특별하다. 그의 삶이 스며있고 그 공간에서 김세호만의 크리에이티브함이 드러나기 때문이다.

"살롱 인테리어를 하며 삶의 기억들을 코드로 심어 놓는 작업을 했습니다. 우선 10년을 이어가는 공간을 목표로 했습니다. 또 이 공간에서 어떠한 일들이 생겨, 새로운 기억의 코드가 될지 기대됩니다. 그리고 그 일들을 만들어내는 데에 전력투구할 것을

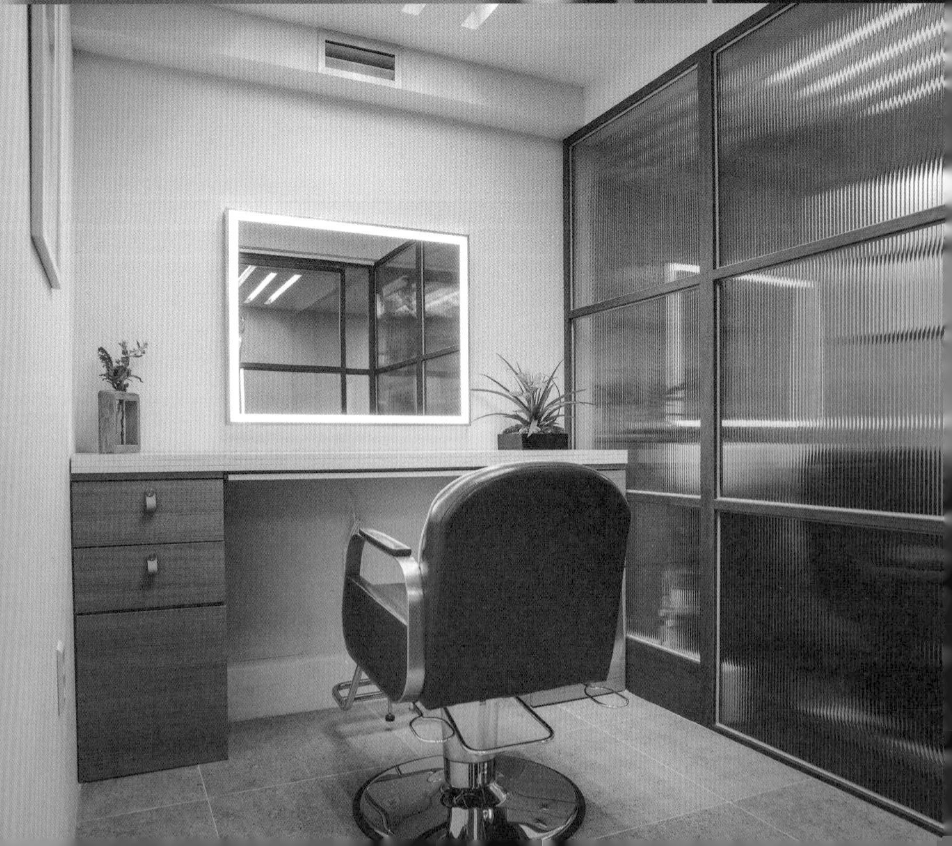

목표로 하고 있습니다."

2019년 5월 김세호 헤어디자이너는 오랜 조직 생활을 그만두고 '바이어스컷'을 오픈했다. 자신의 살롱에 인생의 기억을 코드로 심는다는 것은 그의 삶의 기억들을 고객과 나누고 자신만의 이야기로 공간을 채우겠다는 의미가 아닐까.

'바이어스컷'은 심미감을 고양시키는 1인 살롱인 '프라이빗 부티크' 살롱이다. 원래 계획은 디자이너 1명과 2명의 스태프로 시작하려 했다. 하지만 김세호 디자이너가 지향하는 살롱의 정체성을 함께 이어갈 구성원을 찾는 것이 쉽지 않았다. 식사라는 이름의 면접까지 포함하여 5번의 면접을 거친 스태프는 자존감이 높았다. 그 스태프와 1년을 함께했다. 정성스런 샴푸로, 샴푸를 받고 나면 '감사한 마음'이 들게 하는 스태프가 건강상의 문제로 퇴사하면서 본격적인 1인 살롱의 형태가 시작됐다.

덕분에 어시스턴트 시절 '샴푸의 왕자'로 불리던 그의 손놀림이 다시 발휘되었다. 고객들은 처음엔 부담스러웠다. 원장이 샴푸까지 책임지는 것이 낯설던 고객들은 처음부터 끝까지 자신을 위해 집중하는 그와의 시간에 빠져들고 만족했다.

"제가 미용인으로서 생명을 연장하는 계기가 되었습니다. 샴푸 전후로 고객의 두상을 살피고 디자인에 들어가지만 손으로 느끼는 두상과 모질은 눈으로 보는 것에 견줄 수가 없습니다."

그에게 샴푸는 미용인으로서 긍정적인 발전으로 작용을 했다.

"단순히 기술로써의 미용이 아닌 사진가로서의 시각은 그 사람을 피사체로 인식하고 그 사람의 라이프스타일을 이해하며 온전히 그 사람이 될 수 있도록 이미지화하는 미용을 추구하게 합니다. 이것이 저의 미용인 것 같습니다. 피사체의 본질을 찾아 그 사람을 기록하듯, 고객님의 본질을 찾아 그 사람에게 딱 맞는 옷을 입히듯, 머리를 해드립니다. 고객님들께서 한결같이 '다른 곳과 차별화 된다'라는 말씀을 해주시는 이유입니다. 그렇기 때문에 지금 형태의 살롱워크는 제가 지향하는 미용에 가장 적합한 형태가 아닌가 생각합니다."

그는 혼자서 고객을 받는 연습을 '청와대'에서 시작했다. 1인 살롱의 문을 청와대에서 먼저 연 것이다. 문재인 전 대통령의 대선 캠프 시절부터 함께한 김세호 디자이너는 혼자서 고객인 문재인 대통령과 김정숙 여사의 헤어디자인을 담당했다. 정책과 관련된 공부를 꾸준히 했고, 시의적절하게 짙은 회색에서 흐린 회색까지 컬러로 메시지를 담은 이미지 메이킹을 했다.

"제가 살롱에서 혼자 할 수 있었던 것은 청와대에서 몇 년 전부터 익숙하게 해 온 일이라 가능했습니다. 고객들이 그러하듯 손질이 편한 커트로 대통령이 직접 손질을 하시도록 하고 저는 보름에 한 번 가는 것으로 5년을 함께 했습니다."

한 나라의 대통령의 머리를 스타일링하는 디자이너란 정치적 성향과 관계없이 자랑스러운 일임에 부정할 수 없다. 미용이 이슈화된 지난 정권을 미루어 볼 때, 김세호 디자이너 입장에선 시스템 개선이 절실했다. 청와대 측은 그런 그의 요청을 수용했다.

그는 대통령이 퇴근 한 이후 저녁에 머리를 할 수 있었다.

"한 번은 영부인이 오찬에 제 아들 수민이와 함께 초대해 주셨어요. 고3인 수민이는 꿈이 제과제빵분야인데 호두파이를 만들어 가지고 갔습니다. 물론 반입이 안 될 수도 있다는 것을 아들에게 미리 알려주었어요. 오찬의 디저트로 아들의 호두파이가 나왔는데 너무 감격스러웠습니다."

아들이 느끼는 아빠에 대한 자부심은 어떠했을까. 두 말하면 잔소리다. 김세호 디자이너는 한 나라의 대통령의 머리와 함께 그를 담은 사진을 찍은 '최초의 미용인'이 되었다.

근래 들어 그는 혼자 사용하는 공간의 여유를 단기 렌트로 활용하고 있다. 그렇게 인연이 된 헤어디자이너가 김세호 디자이너에게 살롱 컨설팅을 의뢰했다. 전라남도 섬이 고향인 클라이언트의 자라온 환경과 그의 요구를 헤어살롱이라는 연결 고리로 묶어 지중해 풍의 살롱을 만들어 줬다. 살롱에서 흔히 쓰지 않는 바닥재로 돌을 사용했다. 바다를 연상할 수 있는 모래도 썼다. 이국적이고 고급스러운 지중해의 느낌을 살렸다. 한 공간에는 미싱을 좋아하는 디자이너의 취향에 맞게 실과 원단을 넣을 수 있는 수납공간도 마련했다.

"공간을 통한 헤어디자이너의 스토리텔링을 만들어 주는 역할을 하고 있습니다. 클라이언트가 그 전에는 우울감이 있었는데, 이제 아침이 좋다고 합니다. 그 공간에서 하루하루가 즐겁다고 합니다."

그는 단순히 예쁜 인테리어를 넘어 공간이 주는 긍정적인 힘을 살롱들이 적극적으로 활용해야 한다고 강조한다. 살롱의 정체성을 분명히 하기 위해서는 구성원들도 각 살롱의 공간 이해도가 높아야 한다는 것이다.

"예를 들면 우리 집에 손님이 오시면 각 공간을 적절하게 이해해 손님을 맞이하고 편안하게 있다가 갈 수 있도록 해야 하는데 요즘 살롱은 그것이 잘 안 되는 것이지요."

그의 공간인 '바이어스컷'은 일반적인 살롱과 달리 아티스트 플랫폼의 역할도 한다. 고객에게는 시술하는 공간이지만 헤어디자이너들에게는 헤어와 관련된 디딤돌과 같은 조력의 공간인 것이다.

K-뷰티의 기술 공백을 고민하다

그는 매년 슬로건을 만든다. 올해의 슬로건은 '리부팅'이다. 포스트코로나 시대를 준비하기 위한 마음가짐을 담았다. 다시 세계의 문이 열리고 글로벌한 환경에서 한국 미용인으로서 자부심을 갖기 위해서는 준비가 필요하다는 것이다.

"목적과 목표가 불분명할 때 얼마나 많은 시행착오를 겪겠습니까. 목적과 목표가 분명할 때 흔들림 없이 성취를 이룰 수 있습니다. 스태프 시절부터 지금까지 저를 돌아다보니 해외 유학, 연예인 헤어 및 촬영, 콘테스트 입상, 헤어쇼 디렉팅 등 모든 성취를 이뤄냈거나 이루고 있습니다. 그 동안 조직에 몸담고 있으며 사명감으로 제가 가진 능력을 공익에 썼다면, 이제는 하고 싶은 것을 하면서 살고자 한 것이 살롱을 오픈한 이유이기도 합니다."

그럼에도 불구하고 그는 '기성세대 미용인으로서 뭘 해야 할까' 고민한다. 자신 또한 스승이자 기성 세대였던 이철, 박준, 조성아 원장에게 꼭 필요한 자양분을 받았기에 그러하다.

"이철에서 미용을 시작해서 영국 유학을 다녀오고 박준 미장에서 5년을 일했습니다. 2000년대 초반 메이크업 원장님들이 주도한 살롱이 생기면서 저 또한 조성아 원장님과 함께 일하게 됐지요. 이분들과 일하면서 브랜드가 지향하는 가치, 오너의 마인드, 시스템 등 영향을 많이 받았습니다."

그 고민의 답은 '수준을 높이고 싶다'다. 세계 미용인들과 어깨를 나란히 하는 맨파워를 갖는 것이다. 그는 '스태프는 살롱의 자산이며 대한민국 미용인은 K-뷰티의 자산'이라고 한다. 그럼 K-뷰티의 자산인 디자이너가 갖춰야 할 것은 무엇일까. 후배들에게 미용과 알파를 강조한다.

"디자이너들이 '부가 캐릭터'를 가지라는 것입니다. 디자이너로서 실력을 갖추는 것은 기본이고, 제가 사진과 미용을 함께 했던 것처럼 영상, 음향, 편집 등을 배워서 함께 하라는 것입니다. 그 쓰임이 자신의 발전은 물론 조직의 발전도 가져올 수 있습니다. 그리고 그것이 개인 디자이너에게 경쟁력이 되고 국가 경쟁력으로 이어집니다."

역량의 확장이 미용 문화 콘텐츠를 즐기고 주도할 수 있는 에너지가 된다는 것이다. 그는 팬데믹으로 잠시 중단된 K-뷰티에 대해서도 자신의 생각을 얘기했다.

"코로나 전만 해도 많은 중국 미용인들이 국내 아카데미에 와서 우리나라의 기술과 트렌드 가져갔습니다. 우리나라의 기술은 자본이 없이 개개인의 노력으로 쌓은 것입니다. 이렇게 어렵게 쌓은 주옥같은 기술을 한꺼번에 팔고 나면 우린 더 이상의 K-뷰티가 없습니다. 중국은 이 기술을 단기간에 가져가 자국의 미용인들에게 전수하고 있습니다. 그리고 자본으로 중국의 미용 산업을 키우고 있습니다. 우리나라의 경우 열펌이 들어온 지 20년이 되었지만, 기구는 손에 꼽힙니다. 하지만 중국은 우리 열펌 기술을 가져가서 수십 가지의 기구를 만들고 산업을 키우고 있습니다. 이렇게 빠른 중국의 성장은 우리에게 테크닉 공백을 만들어 주고 미용 산업 발전의 걸림돌이 됩니다. 기술력의 역전을 생각해야 합니다. 쉽지 않겠지만 최신 기술이 아닌 기술을 전수하고 시간을 벌면서 우리도 무엇인가 준비해야 미용 산업의 미래가 있다고 생각합니다."

경쟁 사회에서 아카데미를 운영하다 보면 최신 기술로 중국 미용인을 유치하는 것이 시장 원리라고 할 수 있다. 하지만 K-뷰티의 미래를 고민하고, 거시적 차원의 논의가 필요한 시점인 것을 누구도 부정할 수 없는 사실이다.

헤어와 사진의 제3의 융합

헤어와 사진을 구심점으로 눈사람을 만들 듯 여러 분야에서 제3의 융합을 만들어 내는 김세호 디자이너. 헤어디자이너가 왜 사진을 공부해야 하는지 역설한다.

"헤어디자이너가 사진을 공부하면 조형적, 미적, 빛을 보는 안목이 생깁니다. 자연스럽게 염색에 대한 눈이 생기고, 커트 기술에서 볼륨을 어디에 넣어야 할지, 사진에 대한 눈을 가지면 디자인에 대한 눈도 달라집니다. 경험자들만이 실감합니다. 창의적인 눈을 만들어야 합니다."

그의 포토슈팅 강의는 헤어디자이너들에게 다양한 과제로 '안목의 발견'을 중심에 둔다.

개인 작업에서도 헤어와 사진은 관념적이든 물리적이든 그의 작품을 관통하는 맥락이 된다. 2019년 5월 개최된 'Wonder World'는 장미꽃과 그래픽 그리고 사람들이라는 소주제로 한 개

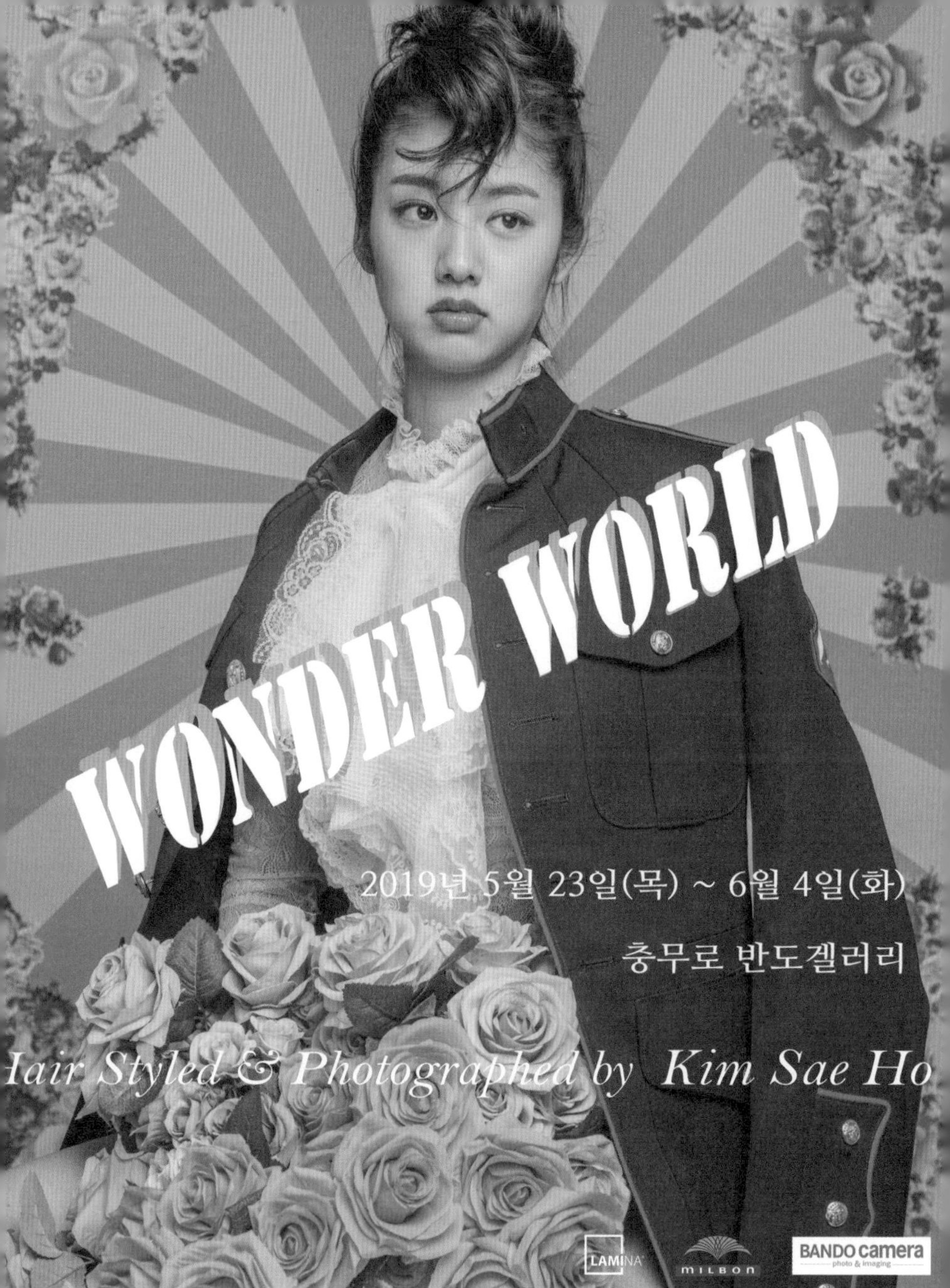
WONDER WORLD
2019년 5월 23일(목) ~ 6월 4일(화)
충무로 반도겔러리
Hair Styled & Photographed by Kim Sae Ho
LAMINA
milbon
BANDO camera
photo & imaging

인 전시다. 그래픽이 사용된 같은 배경과 장미꽃이라는 같은 소재 안에 다양한 캐릭터를 가진 사람들의 스타일링을 그만의 해석으로 표현했다. 생기발랄한 에너지가 느껴지는 작품들로 시선을 끌었다.

2020년 5월에 열린 개인 전시 'Green in Red'도 그렇다. "이 전시는 제가 걸어가는 두 갈래 길, 인생의 두 가지 업(業) 그리고 이 두 가지 선택의 상호보완 관계를 상징적으로 드러냈습니다."

빨강 바탕에 초록 식물들의 강렬한 대비. 왠지 두 색이 모두 강렬해 충돌하지 않을까라는 염려는 기우였다. 한편으론 두 색이 서로를 더욱 돋보이게 하며, 한편으로 강렬함의 하모니를 이뤘다.

앞으로 선보일 그의 작업 또한 헤어로 교감하는 사진으로의 기록이다. 작품 주제는 'RAW(:Trust)'. 60명 정도 남녀의 헤어와 몸이 담긴 사진이다. 그의 정체성을 잘 보여주는 이 작업은 잡지 〈GQ〉에 게재할 목적으로 진행되었다. 하지만 잡지사 사정으로 인해 무산되고, 김세호 디자이너의 개인 전시로 선보일 예정이다.

"헤어스타일리스트로서 그리고 사진가로서의 신뢰를 통한 날것에 대한 미학적 기록입니다. 모델들과 작업한 시간이 좀 지나다 보니 신인 모델이 세계적인 모델이 되고, 신인 배우가 유명해지기도 했습니다. 모델, 작가, 배우 등 다양한 인물의 헤어디자인과 가식 없는 표현의 누드를 사진으로 담고 있습니다."

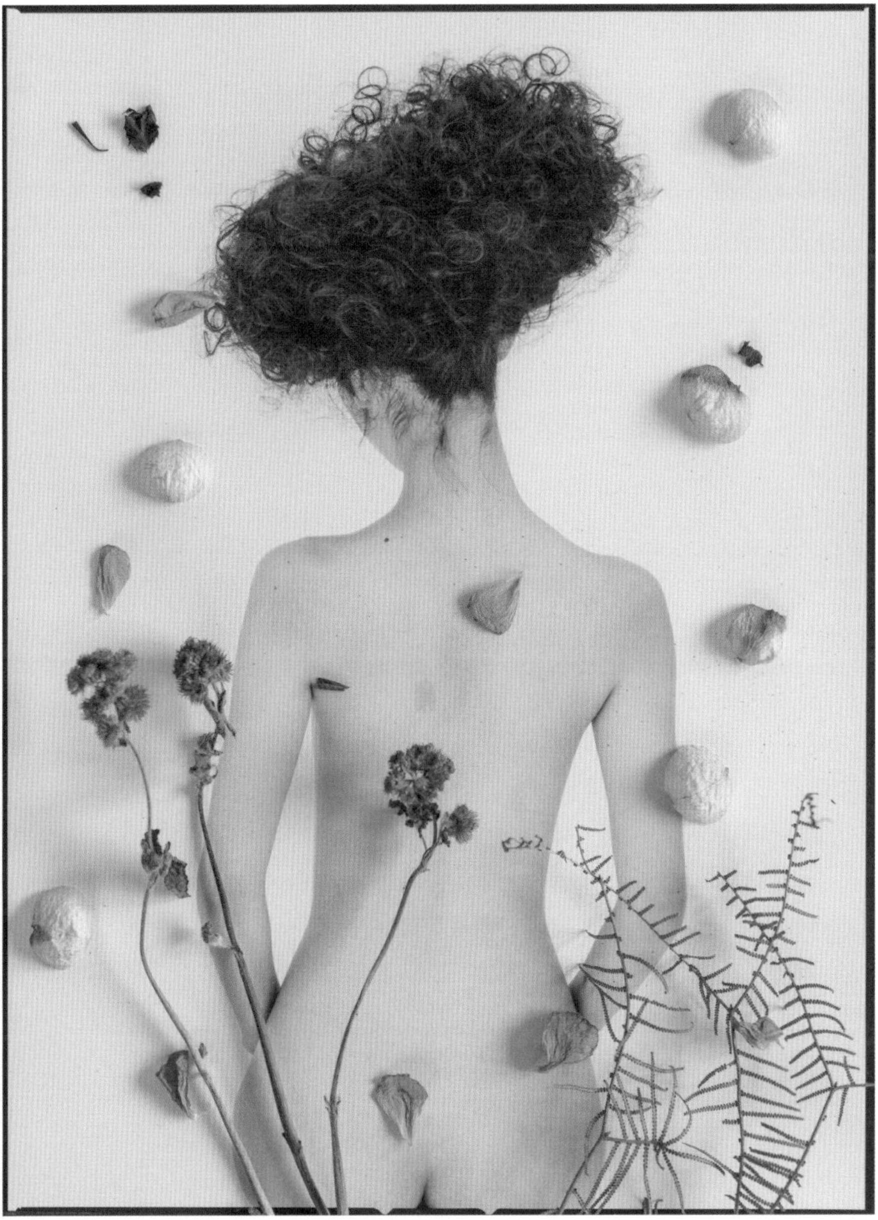

avant

그의 사진 작품은 일상생활에서 고객들과 함께 한다. 이 또한 그의 헤어디자인을 좋아하는 고객과 사진의 연결이다. 해마다 그의 작품이 달력으로 제작되고 있다. 고급스러운 종이에 인쇄된 2022년의 달력 콘셉트는 'HORIZEN'이다. 지평선, 수평선을 담은 사진은 액자에 넣어 소장할 수 있는 가치를 지녔다.

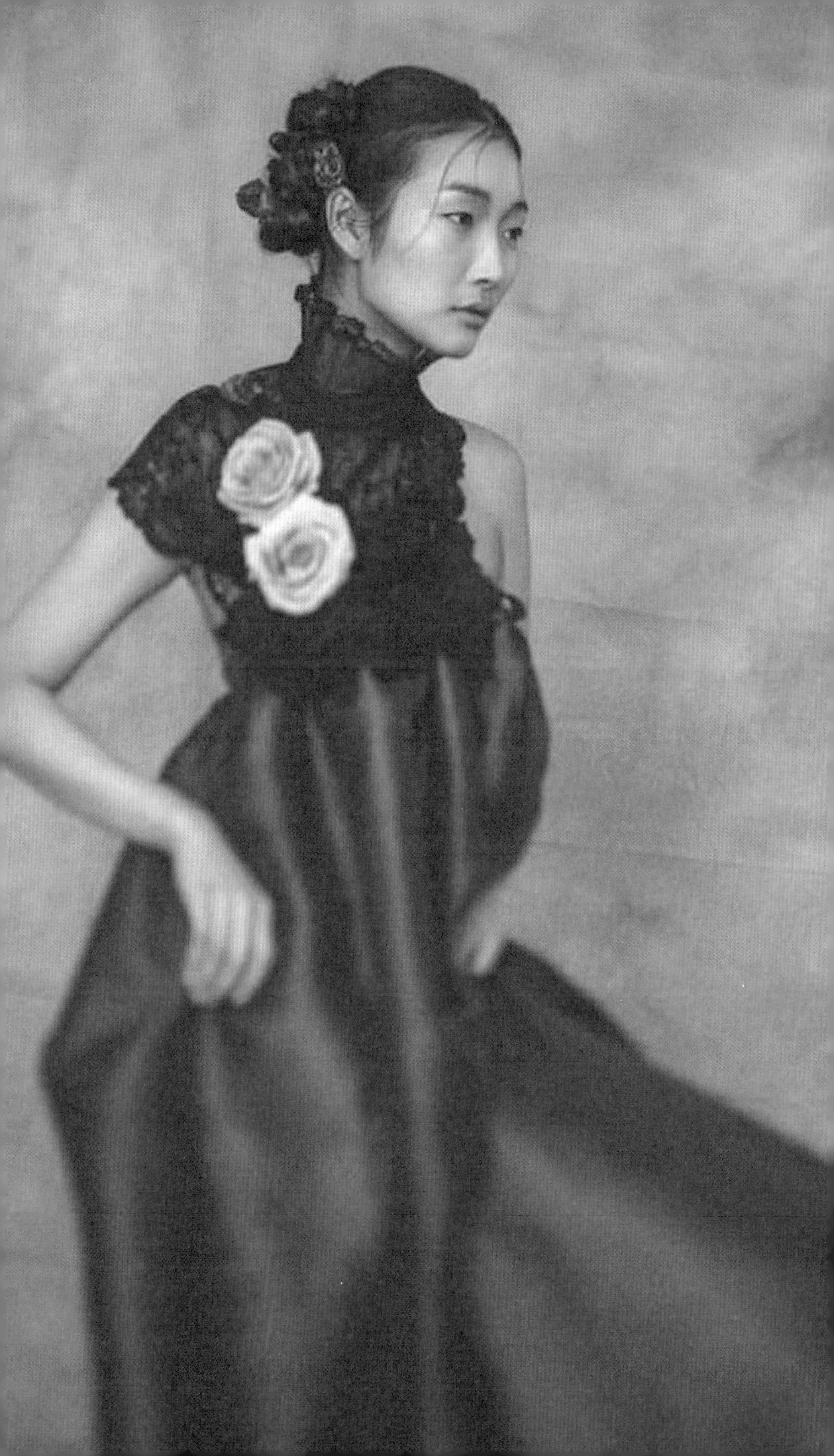

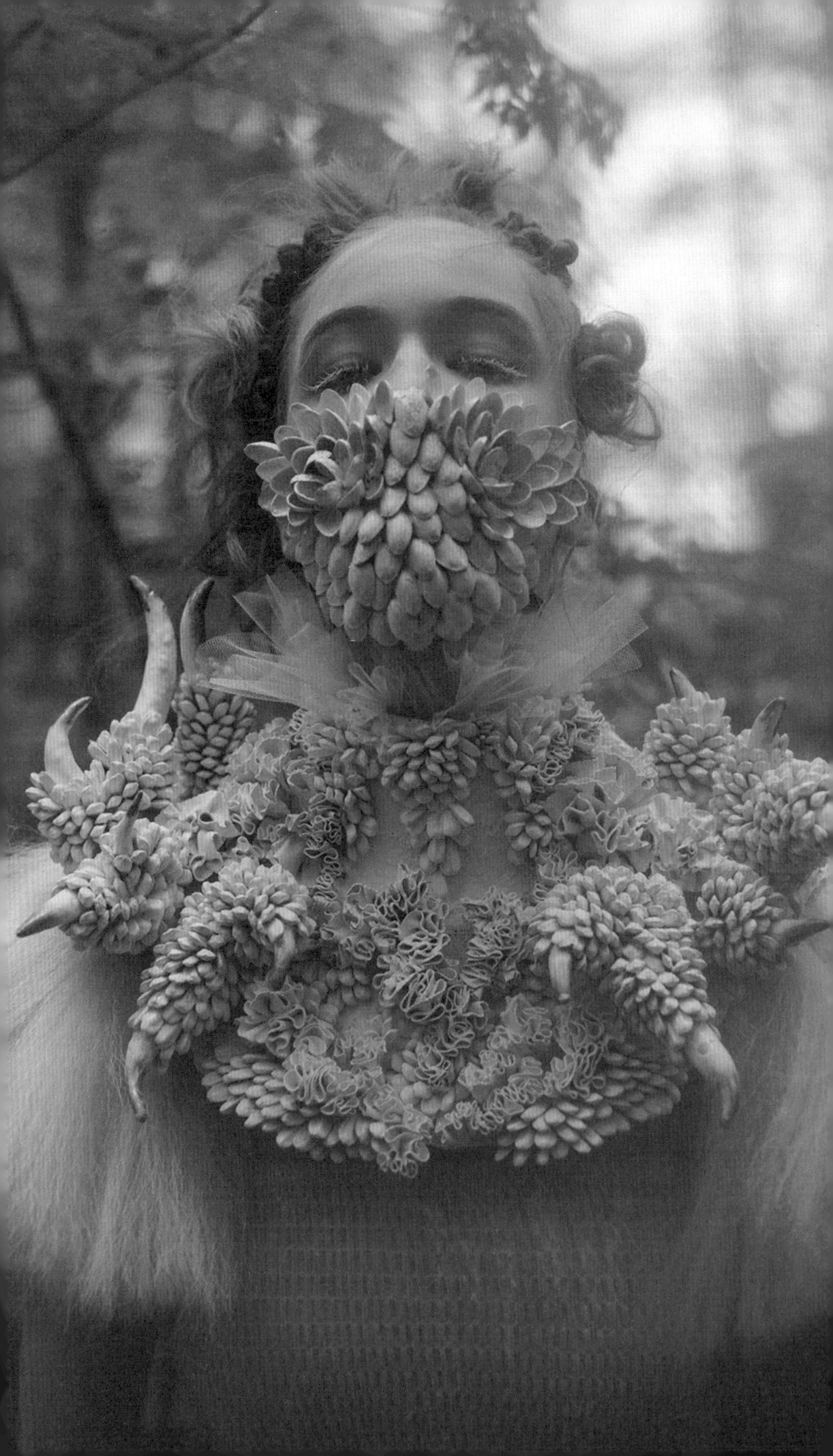

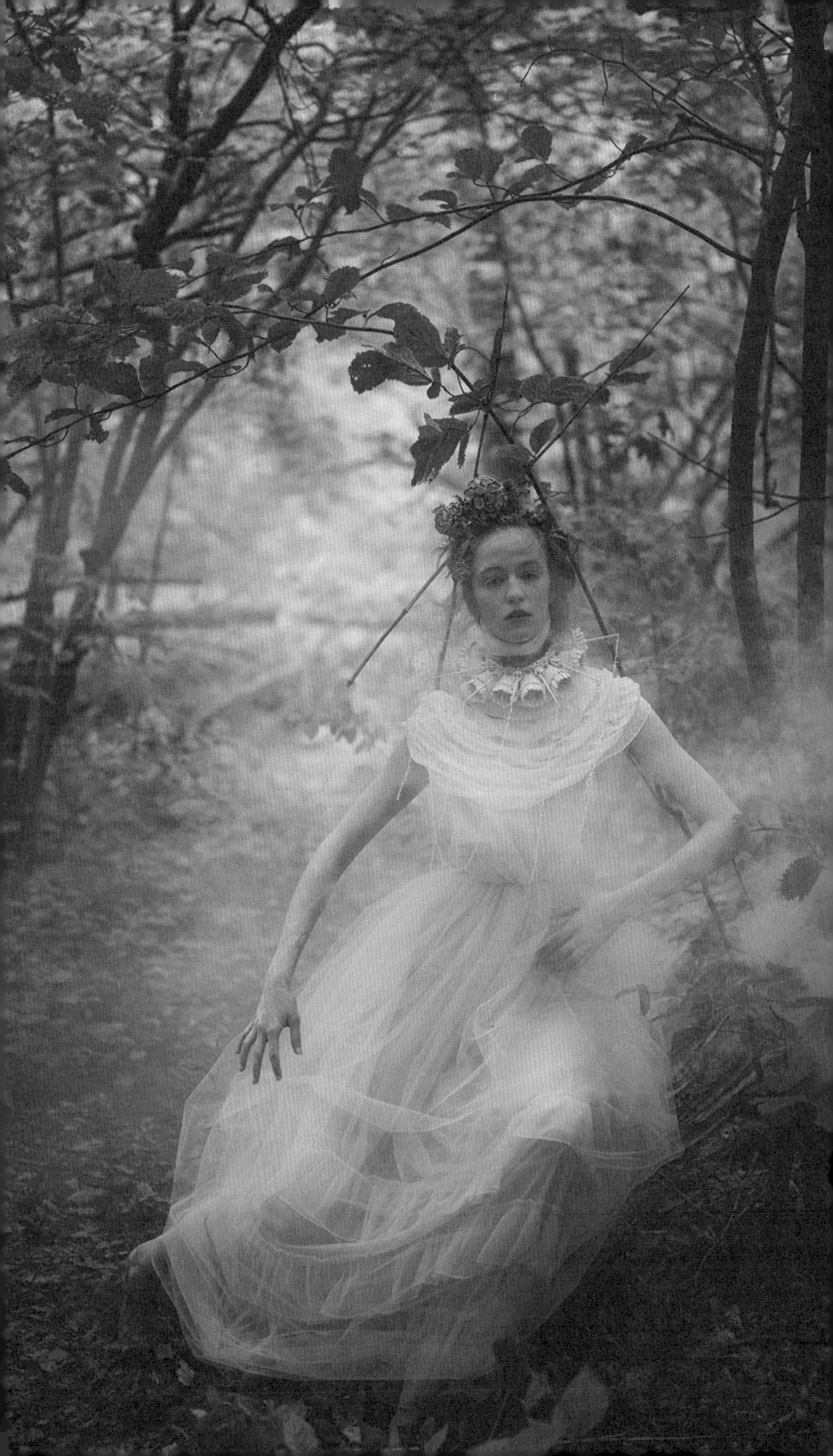

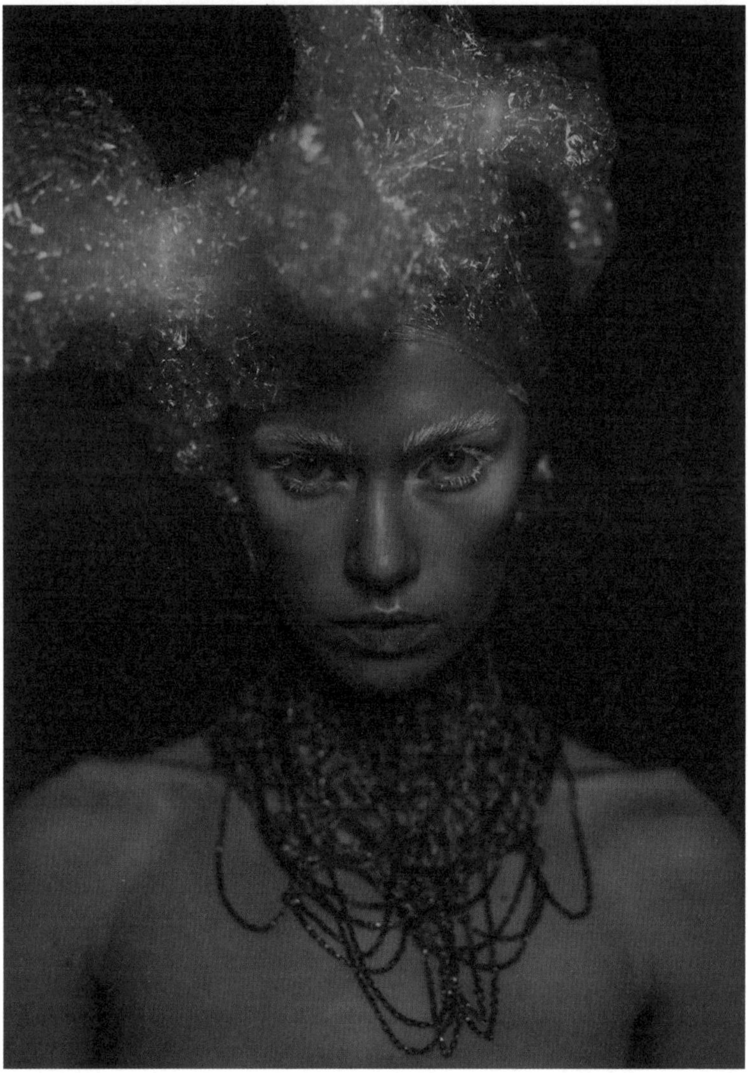

김세호 | 헤어와 사진이란 두 언어의 근사한 변주

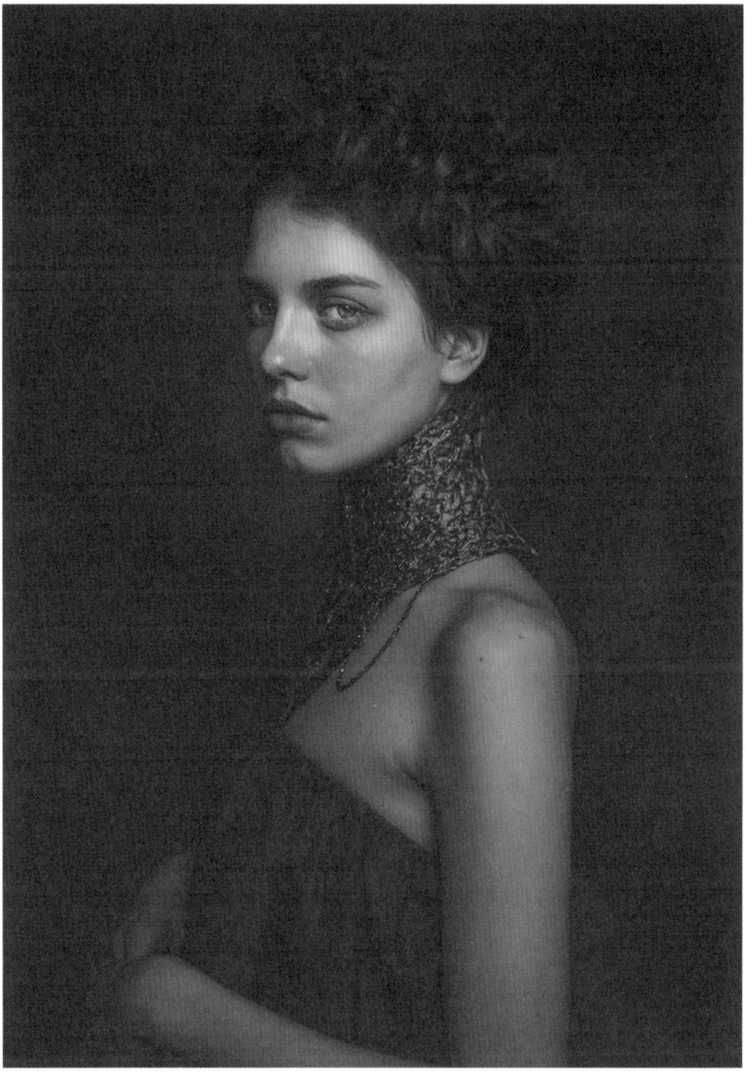

헤어디자이너의
또 다른 역량, 헤어쇼

"2017년 4월 가미쇼보 코리아 주최 '더쇼'의 '쓰리스토리' 디렉팅, 2018년 12월 '청담컬렉션'의 '꼼나나' 디렉팅과 2019년 7월 밀본 주최 '어딕시 시크릿 파티' 등을 디렉팅했습니다."

그의 디렉터로의 성장은 해외 헤어쇼의 참여에서 비롯된다. 그는 헤어쇼를 위해 만들어진 세계적인 글로벌 연합팀 '노이즈 이벤트'의 포토그래퍼다. 또한 김세호 디자이너는 일본 도쿄에서 개최하는 '오모테산도 헤어컬렉션'의 백스테이지를 10년 동안 함께 했다. 헤어쇼의 메커니즘과 그 기능과 역할의 중요성을 누구보다 먼저 알게 된 그는 국내에도 한국을 대표할 만한 쇼를 만들고 싶었다. 주최가 되는 한 기업에서 스폰서가 붙으면 지역을 대표하는 헤어쇼의 한계가 드러난다. 왜냐하면 주최가 되는 업체의 색깔이 적지 않게 입혀지기 때문이다. 그 아쉬움을 밑

천 삼아 김세호 디자이너의 40대 목표였던 빈티지 포르쉐 구입을 포기하고서라도 자비를 투자해 쇼를 펼치고자 했다. 해외의 글로벌한 팀의 헤어쇼를 국내에 소개하고, 해외의 헤어디자이너들에게 우리도 이렇게 훌륭한 디자이너가 있다는 것을 소개하고 싶었다.

세계적인 아티스트들과의 헤어쇼는 분명 우리나라 헤어쇼의 성장과 발전으로 이어질 것이라 믿었다. 그러나 쉽지 않았다.

"2019년 제가 소속되어 있는 '노이즈이벤트'팀의 해외 톱아티스트들과 국내 톱아티스트의 무대를 기획했습니다. 4팀의 해외 아티스트를 섭외하고 난 후 국내 아티스트를 섭외하는 과정에서 무산되었습니다."

그가 소속된 2012년 창설된 '노이즈이벤트'는 각 나라를 순회하며 헤어쇼를 펼친다. 2012년 영국을 시작으로 2016년 대만과 도쿄, 2017년 파리, 2018년 러시아 등에서 헤어쇼를 펼치며 각 나라의 색깔을 더한 퍼포먼스로 헤어디자이너들의 사랑을 받는다. 이 팀에는 세계적인 아티스트인 비달 사순의 디렉터 팀파트리가 소속되어 있다. '노이즈이벤트'의 콘셉트는 언더그라운드적이다. 실험적이고 전위적이라 그로테스크한 동화 속 주인공들의 모습을 본 듯하고 쉰베르크의 무조 음악을 듣는 듯하지만 이들의 쇼는 색다른 카타르시스를 느끼게 한다.

그가 국내 여러 헤어쇼를 디렉팅하며 가장 중심에 두는 것은 확장성이다. 한정된 비용으로 진행되는 기회가 많지 않은 쇼의 특성상 스태프나 디자이너가 참여하고 성장하길 바라는 마음에서다.

“제가 밀본의 헤어쇼를 기획하고 무대에 올리기까지 두 달이 걸렸습니다. ‘노이즈이벤트’는 이틀이면 쇼가 완성됩니다. 결국 많이 무대에 서 보고 해 보는 것이 실력이 되고 경쟁력이 됩니다. 우리도 가능합니다.”

쇼의 디렉터는 아티스트 선정에서 음향, 미디어, 조명, 영상, 의상은 물론 다른 예술 분야와의 퍼포먼스도 쇼의 주제와 연결해 진행해야 한다. 그가 디렉팅한 ‘어딕시 시크릿 파티’에서는 모어, 나나영롱킴, 빛하믹주 등 드래그 퀸의 포퍼먼스와 폴댄스 등이 어우러져 젊은 미용인들의 찬사를 받았다. 그리고 헤어쇼가 보고, 즐기고, 느끼며 문화 장르의 크로스오버 장으로 재탄생될 수 있는 가능성을 선보였다. 종합 예술인 헤어쇼의 디렉팅은 창의성과 다양한 분야의 소양과 문화에 대한 식견이 요구된다. 그는 그러한 작업을 위해 습관처럼 사소하고 낡고 버려진 것들에게도 애정을 갖고 생명력을 부여한다.

“디렉터는 브랜드 또는 주체가 되는 주제를 구성하고 기획하여 돋보이게 하는 일입니다. 그리고 그 결과치가 그 사람의 가치로 돌아오는 자리라 생각합니다.”

어른들에게 듣는 값진 경험

김세호 디자이너는 어른들을 좋아한다. 경험이 많은 나이든 분들과의 대화를 좋아한단다. 그 관계 속에서 인생을 배운다. 패션계의 큰 어른인 노라노 여사의 자서전을 읽었다. 그는 자서전 속에서 우리나라 패션과 연예계의 근현대사를 보았다.

"1950년대 처음 선보였던 패션쇼의 내용이 나왔습니다. 패션보다 뒤쳐진 미용의 역사지만 맞물려 있었습니다. 노라노 선생님을 만나 뵙고 싶어 연락드렸고, 제 달력을 하나 챙겨서 인사드리러 갔습니다. 아흔이 넘은 패션의 산 역사인 노라노 선생님은 일도 하시고 소름이 끼칠 정도로 에너지가 있으신 어른이셨습니다."

그는 노라노 선생의 사진을 찍어드렸다. 노라노 선생은 자신의 친필 사인을 담은 자서전을 선물해 주었다.

"노라노 선생님께서 일을 할 때 10%의 에너지를 남기라고 하셨습니다. 하루에 쓸 에너지를 다 소진하면 빨리 죽는다는 것입니다. 수명을 단축하지 않는 방법을 알려 주셨습니다."

김세호 디자이너는 어른뿐만 아니라 아이들과의 교감도 즐긴다. 아들이 중학생이던 때, 아들의 학교에서 명예 교사 수업을 했다. 진로체험의 주제인 수업에서 멀티로 최선을 다했을 때 '1+1이 2가 아닌 무한대의 가치'가 될 수 있다는 것을 심도 있게 알려주었다. 아들은 아빠를 무척 자랑스러워했다. 그의 역량은 그가 강의한 내용처럼 무한대를 향했다. 지금은 폐간된 잡지 〈그라피〉에서 글과 사진을 연재하기도 했다. '창조자의 손'이라는 주제로 세계적인 미용인들의 손을 직접 찍고 글을 썼다. 쉽게 접하기 어려운 세계적인 아티스트의 손을 같은 아티스트의 관점에서 펼쳐 보여 미용인들의 높은 관심과 주목을 받았다. 영국 톱 헤어디자이너 리차드 에시포스는 물론 브리티시 헤어드레서 어워즈 우승자 백승기의 손과 미용의 삶을 기사에 담았다.

많은 일을 했고 많은 일을 할 것 같은 김세호 디자이너에게 앞으로의 목표를 물었다.

"올해 하반기에 사진 전시회인 단체전과 개인전을 준비하고 있습니다. 개인전은 15년 전 'From the heart to the heart'의 연장선상에서 진행됩니다. 사진가와 헤어디자이너로서 힘과 영감을 준 사람들에 대한 기록과 에세이지요. 2023년 달력 또한 'Blossom'이라는 제목으로 준비하고 있습니다."라고 미시적인 목

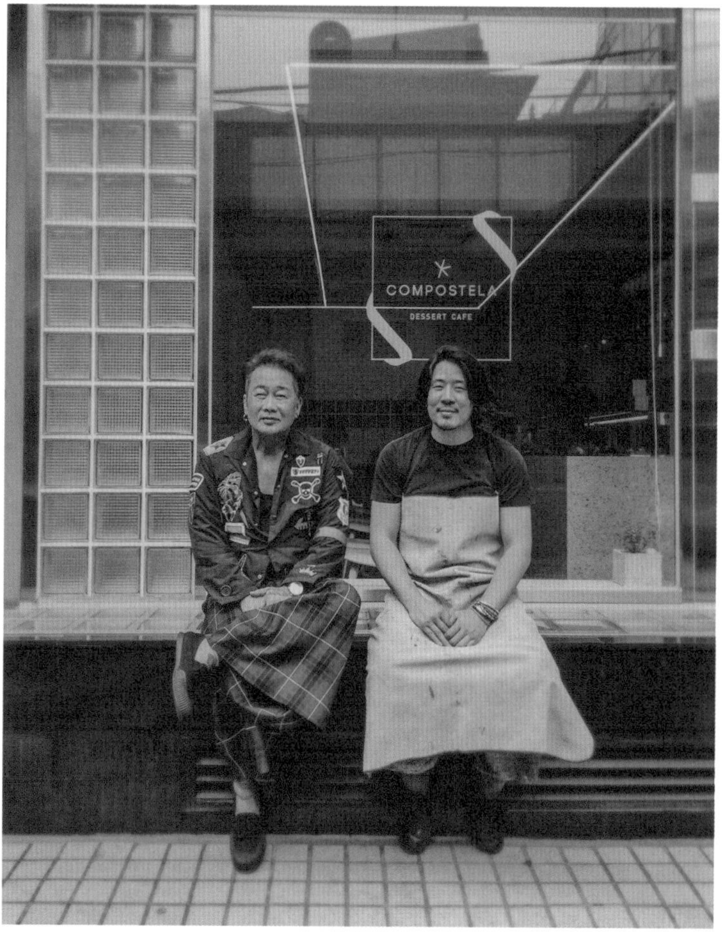

스승인 김중만 사진가와 함께

표를 그는 말했다. 더불어 "어르신들이 말씀하시는 공통점이 50대가 가장 좋다고 하십니다. 좋은 일만 남았습니다. 그래서 좋습니다. 헤어를 동반한 이벤트를 지속적으로 할 계획입니다. 미용문화를 접하고 역량을 발휘할 수 있는 쇼를 정기적으로 개최하는 것이지요. 저라는 한 사람의 다양한 경험이 담긴 책도 출간할 예정입니다. 미용과 사진은 물론 싱글 대디와 싱글 맘들이 공유할 수 있는 내용 등을 담을 계획입니다." 라고 거시적인 목표를 덧붙인다.

그럼 살롱은요? 라는 질문에 그는 "지금은 헤어와 사진을 5:5로 하고 있습니다만 제가 나이가 들어서도 찾아주는 고객들이 있다면 제 살롱만한 연금보험이 어디 있겠습니까."라고 미용인으로서 자부심에 찬 목소리로 대답한다. 미용인만이 할 수 있는 답이어서 정말, 정말, 부럽다.

고객이 말하는 우리 원장님은요

곽미리 인디비주얼 원장

헤어디자이너로서 가장 중요한 순간이란 내 브랜드를 만드는 게 아닐까 싶습니다. 그런 중요한 시기에 선물같이 만난 세호 원장님! 숍을 오픈하겠다고 결정을 내리고 난 후 가장 큰 고민은 나만의 개성을 살릴 수 있는 공간디자인이었습니다. 원장님 숍을 처음 방문 했을 때 굉장한 깊이감을 느꼈고 개성 있는 공간이란 생각을 했습니다. 공간디자인의 고민을 공감해 주셨고 살면서 가장 행복했던 순간과 공간을 떠올려 보라고 하셨습니다. 이러한 소통을 통해 내 삶의 화양연화가 담긴 '인디비주얼'이 탄생했습니다. '여기 오면 참 따듯하고 기분 좋아져요'라고 고객들이 공통적으로 말씀하세요. 저 역시 이 공간에서 위로받고 힐링합니다. 오픈 1년이 다 되어가는 지금도 김세호 원장님께 시시때때로 감사함을 느끼고 있는 중입니다.

허슬기

9

6

베이바이허슬기 허슬기 대표

7평에서 쏘아올린 푸른 성공

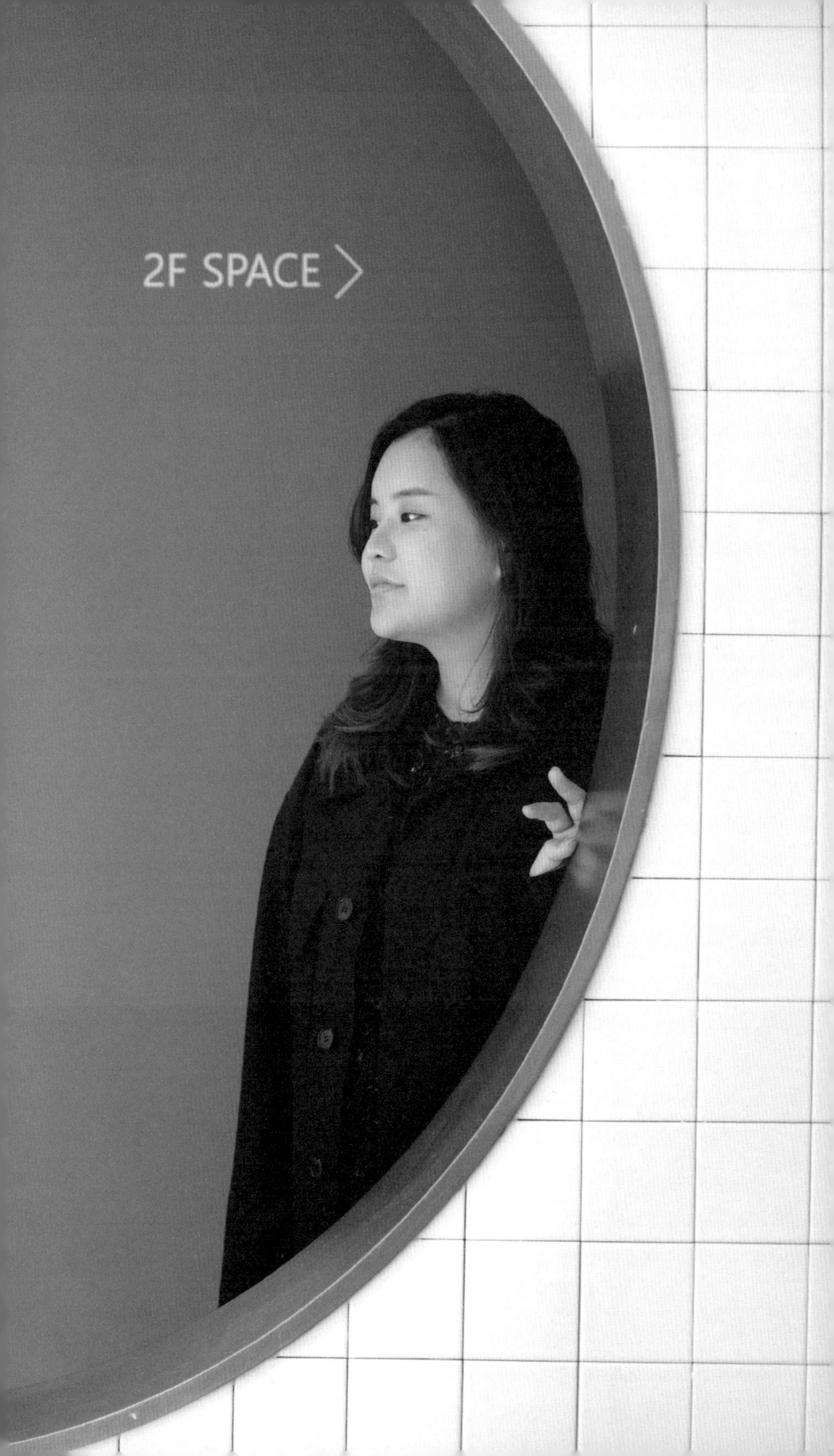
2F SPACE

17살 소녀의 미용연대기

중간 수준의 공부 실력을 가졌던 허슬기 대표는 고 1때 진지하게 진로에 대한 고민을 했다. '내가 평생 잘하고 즐겁게 할 수 있을 일이 무엇일까.' 그 일은 '미용'이었다. 강원도 홍천이 고향인 그는 어머니의 허락을 얻어 17살 겨울, 연고지가 없는 서울에 혼자 왔다. 미용고등학교 1학년에 재입학하였고 그는 대한민국의 내로라하는 미용인이 됐다.

MZ세대의 대표 미용인

•
•

상수동에서 7평으로 '베이바이허슬기'를 시작한 허슬기 대표의 목표는 하나였다. '잘 할 수 있는 일을 즐겁게 오래 하는 것.' 살롱을 오픈하기에 앞서 살롱 이름과 그 이름을 표현할 서체, 그리고 내외부의 인테리어까지 7평에 담을 자신만의 색깔에 대해 공부했다. 유동 인구가 많고 트렌드에 민감한 젊은 세대들이 많은 상권에 부합하는 살롱의 콘셉트를 찾아 갔다.

"살롱을 표현할 수 있는 디자인적 요소는 외국의 트렌디한 헤어숍, 바버숍을 많이 참고했습니다. 로고의 경우도 제가 원했던 지금의 감성을 표현할 수 있는 샘플을 많이 수집해서 '베이바이허슬기' 소속 웹디자이너와 상의 후 한글자 한글자 만들었습니다."

이렇게 2015년 1월 '베이바이허슬기'의 그린점이 설득력 있게 만들어졌다. 이 설득력은 외관 인테리어만 봐도 여기가 '베이바

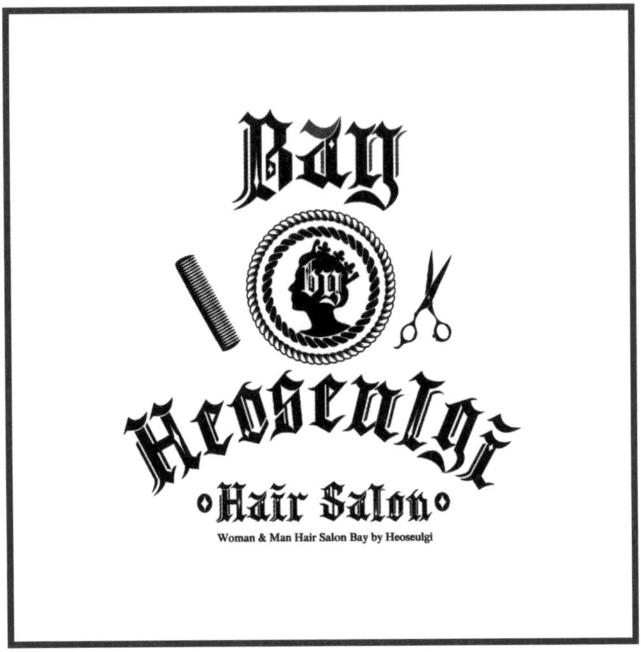

베이바이허슬기 로고디자인

이허슬기'임을 각인시키는 이정표가 됐다. 자신과 초보 디자이너 1명, 인턴 1명으로 시작한 살롱은 '잘' 됐다.

"기술도 중요하지만 고객이 다시 방문하게 하는 것은 디자이너의 힘이라고 생각합니다. 지금도 많은 이벤트를 하고 있지만 살롱 오픈 초기에도 많은 이벤트를 했습니다. 특히 고객을 1-2주 안에 다시 방문하게 하여 시술한 결과를 확인했습니다. 펌과

컬러는 클리닉서비스로, 커트는 스타일링 서비스로 고객을 다시 만났습니다. 디자이너에게는 이보다 더 좋은 공부가 없습니다. 제 몸이 바쁘더라도 고객의 불편함을 듣고, 일상에서 할 수 있는 스타일링에 대해 조언했습니다. 현실적으로 고객이 많아지면 이 서비스를 해드리기가 어려운데 저는 고객님들이 집에서 일주일 정도 손질을 직접 해본 후 후기를 듣고 교감하는 게 좋아 오랫동안 꾸준하게 했습니다. 이는 재방문을 통한 고정 고객 유지와 높은 만족도를 통한 컴플레인의 최소화를 만들었습니다."

그는 자신의 실력을 검증하고 그에 대해 확신하고 싶었다. 이벤트 서비스로 실력의 완성도를 높였고, 고객이 늘어나며 자신감까지 얻게 됐다. 고객과의 소통으로 시술 결과에 대한 피드백을 듣고 고객의 만족도를 높여 가며 최고의 디자이너로 성장할 수 있는 최적의 기회로 만들었다. 결국 이 서비스는 고정 고객을 만드는 것뿐만 아니라 자신에게는 좋은 공부 겸 마케팅이 됐다.

"3번 이상 만나면 고정 고객이 될 수 있는 확률이 높아진다고 해요. 저는 한 달 이내에 고객을 2번 만났고 고객들의 머리 정보를 꼼꼼하게 살펴서 다음 시술에 적용했습니다. 고객 한분 한분의 정보를 수정하며 업그레이드를 시켰습니다. 예를 들면 다음에는 펌을 할 때 로드의 호수를 바꿔야겠구나라고요."

이러한 노력과 열정으로 '베이바이허슬기' 그린점은 얼마 되지 않아 오렌지점인 동생을 갖게 됐다. 현재 '베이바이허슬기'는 7개의 직영점과 사옥을 갖은 '힙한' 살롱으로 자리매김했다.

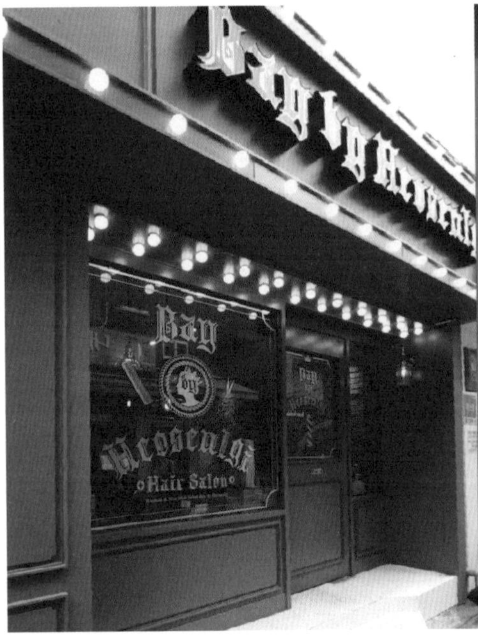

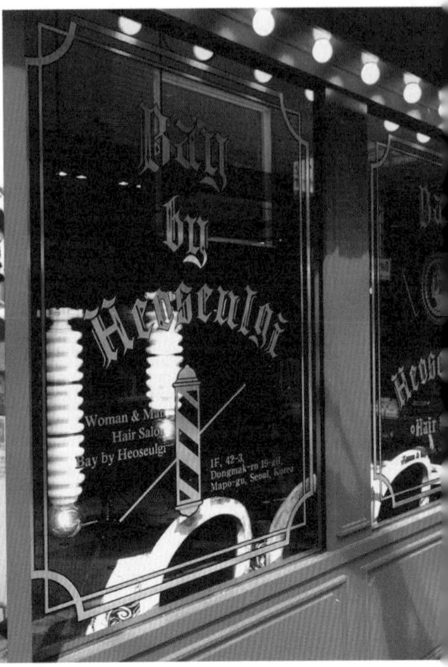

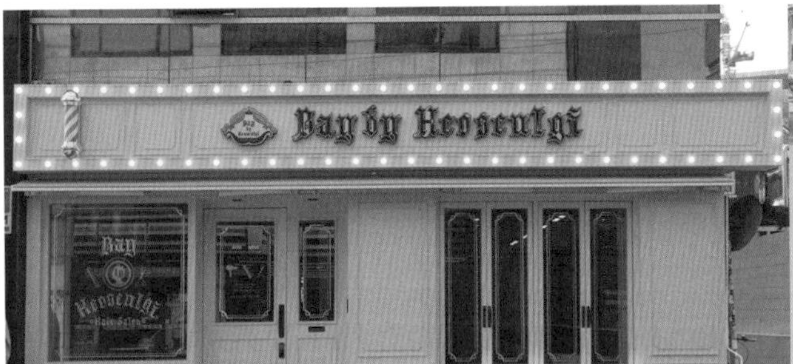

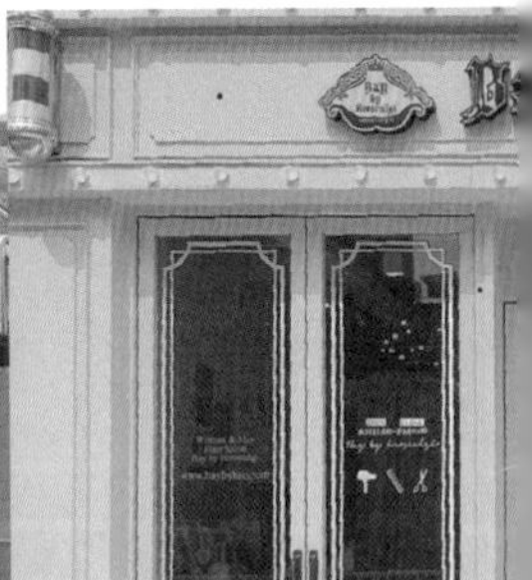

상단 왼쪽부터 그린점, 레드점, 라벤더점, 오렌지점

하단 왼쪽부터 레몬점과 민트점, 그리고 블랑점

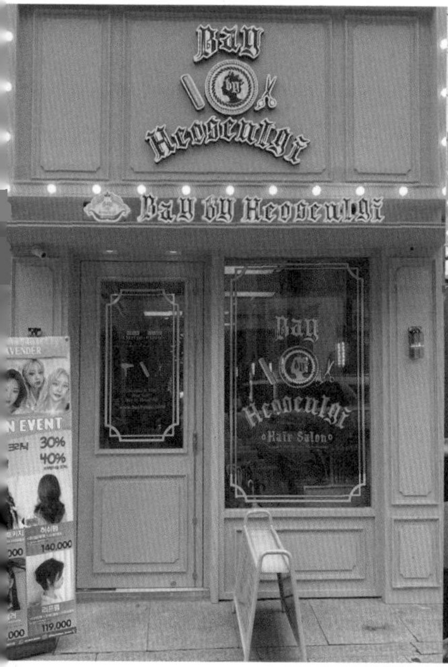
Bay by Heoseulgi
Hair Salon
EVENT
30%
40%
140,000
119,000

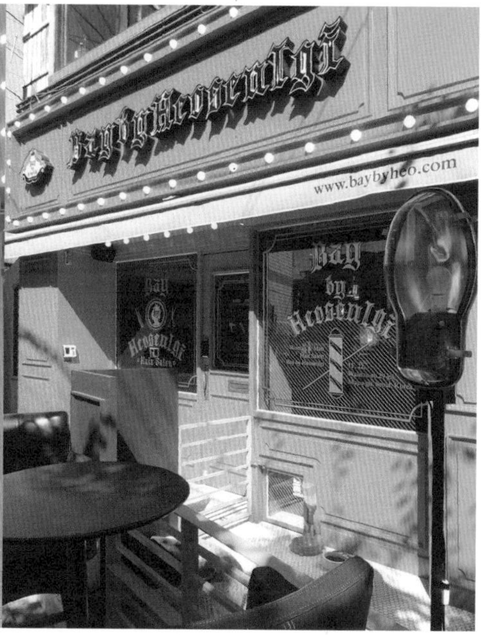
Bay by Heoseulgi
www.baybyheo.com
Hair Salon

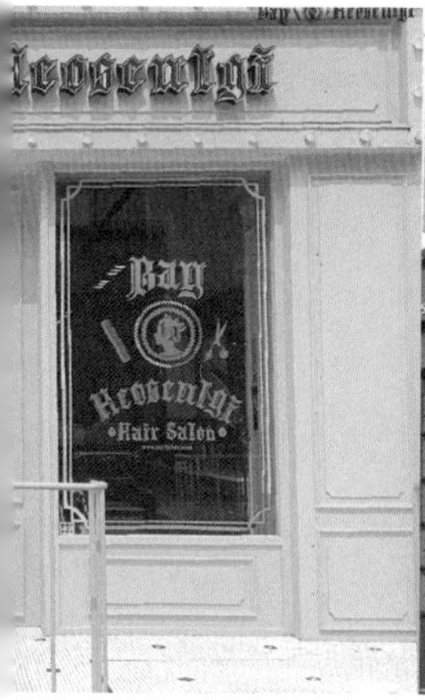
Heoseulgi
Bay
Heoseulgi
Hair Salon

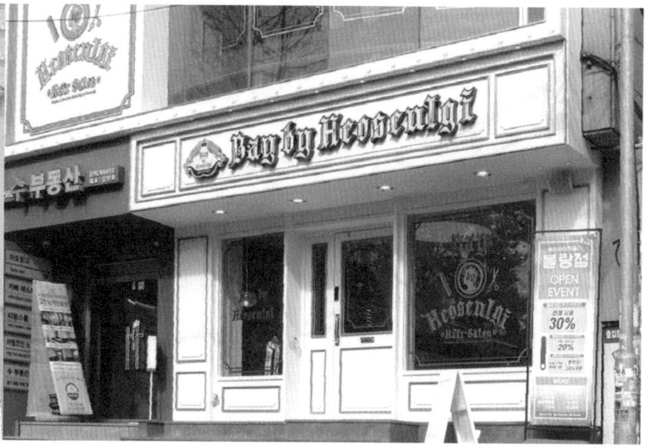
Heoseulgi
Hair Salon
Bay by Heoseulgi
수부동산
Heoseulgi
Hair Salon
불광점
OPEN EVENT
30%
20%

"홍대 상권에 위치한 오렌지점, 퍼플점, 민트점, 레몬점, 블랑점, 라벤더점과 사옥으로 사용될 오픈 준비 중인 성수점을 포함해 7개 지점이 있습니다. '베이바이허슬기'의 시작인 그린점과 같은 건물에 입점했던 레드점은 건물주가 바뀌면서, 새 건물을 짓는다고 해서 2021년 3월에 문을 닫게 됐지요. 디자이너 21명과 최근 입봉한 디자이너 8명 그리고 23명의 인턴이 있습니다. 지금은 6명의 인턴들을 충원 중입니다."

대부분 살롱의 오너들이 겪는 타자에 의한 살롱 이동을 허슬기 대표도 피할 수가 없었다. 그러나 별 문제가 되지 않았다. '베이바이허슬기'의 강렬한 시각적 정체성은 이미 고객들에게 머릿속에 깊숙이 남아 있기 때문이다.

7월에 오픈하는 성수동 살롱의 컬러가 궁금했다. 아직 미정이라고 한다. 주된 콘셉트는 바쁜 일상 속 트렌디한 공간에서의 '쉼표'라고 귀뜸해 주었다. 1층 카페테리아와 옥상 정원은 바쁜 일상에 쉼표를 찍을 수 있는 공간이란다. 미용실을 포함한 1,2,3층 어떤 공간에서도 사진이 예쁘게 나오는 '베이바이허슬기'의 포토존을 만들고, 옥상 정원에서는 고객들이 서울숲을 바라보며 차를 마시는 문화 생활을 누릴 수 있다.

허슬기 대표에게 미용은 어떤 존재일까. 내가 좋아하던 취미가 평생 할 수 있는 직업이 되어, 자신의 삶과 함께하는 사람들의 삶을 바꿔 놓은 그런 존재라고 답한다. 그는 20대 초반의 어린 예비 미용인들이 '베이바이허슬기'에 입사해 디자이너가 되어 빠른 성공을 통한 여유로운 삶을 누릴 수 있도록 돕고자 한다. 그에게 미용은 그러한 선한 영향력을 만들어 줌과 동시에 새로운 가족을 만나게 해준 매개체이다.

"제가 진짜 좋아한 손님이 있었습니다. 3년 이상 언니랑 동생이랑 같이 온 고객님인데 완벽하시고 너무 좋은 분이셨어요. 오래 만나다보면 단점이 보일 수 있는데 전혀 그런 게 없었어요. 항상 저에게 감사해 했고, 저도 덩달아 그 분의 예약이 잡히면 하루 종일 좋았어요. 이 고객님께 남자 친구가 있는지 여쭤보고 우리 오빠 별로인데 소개팅 한 번 하시겠냐고 제안했죠. 그 대신 소개팅이 잘 안 되더라도 머리는 저한테 꼭 와서 하시라고 당부했어요. 그 두 분이 잘 만나서 결혼까지 하셨어요. 아버지가 돌아가셨는데, 돌아가시기 전에 오빠가 결혼하는 것을 보고 가셨어요. 자식으로서 그 부분에 대해 감사해요. 미용은 저에게 그런 직업이에요." 그는 미용에 대한 자부심과 만족감을 드러냈다.

디자이너의 다양한 꿈을 존중하는 살롱

•

•

인스타그램의 인턴 모집 공고가 인상적이었다. 깔끔하게 디자인된 공고는 마치 미용 후배들에게 격식을 갖춰 초대장을 보낸 것 같은 느낌이 들었다고 그에게 말했다. 그러자 그는 "인턴을 뽑을 때 디자이너로 성장시킬 수 있다는 믿음으로 선발합니다. 비교적 오랜 시간 인턴 생활을 한 저는 어떻게 해야 디자이너 데뷔를 효율적으로 하는지 알고 있습니다. 저보다 더 빨리 성장하고 성공할 수 있도록 돕고 싶습니다. 제가 맛본 성공을 젊은 미용 후배들도 경험할 수 있도록 하고 싶습니다. 그 첫발이 모집 공고입니다."라고 답한다.

그는 인턴을 뽑을 때 인성을 우선순위에 둔다. 화합할 줄 알고 매장에서 분란을 일으키지 않으며 자신의 장점과 매력을 잘 표현하는 예비 디자이너를 선발한다.

"저희는 인턴들이 자신의 개성과 멋을 드러낼 수 있는 옷차림을 권장합니다. 복장 제약이나 유니폼 강요가 없습니다. 곧 디자이너가 될 친구들인데 자신을 가꿀 줄 알고 표현할 줄 알아야 고객들이 믿음을 갖고 찾아온다고 생각합니다. 인턴의 복장 자유는 자신의 스타일링을 찾는 시간이 되는 것이지요."

그렇다면 인턴들의 성공적인 디자이너 데뷔까지의 교육은 어떨까. 다각적이다. 인턴에서 디자이너가 되기까지 짧아진 시간의 공백을 메우기 위한 허슬기 대표의 노하우가 담겨 있는 것은 물론이다.

"인턴은 내부 교육과 외부 교육을 받습니다. 내부 교육은 음료를 고객들에게 접대하는 방법부터 샴푸, 머리말리기, 약터치로 시작해서 기술교육인 펌, 드라이, 컬러, 베이직커트, 남자커트,여자커트, 고객상담, 마케팅 교육을 받습니다. 외부 교육은 제가 살롱 오픈 전 교육을 맡기기 위해 다녔던 아카데미 중 하나인 '넘버원아카데미'에서 펌, 드라이, 커트 교육을 받습니다. 내부 교육은 살롱에서 사용하는 실전과 응용을 체계적인 과정으로 배운다면 외부교육은 기본적으로 올바른 자세부터 그에 따른 각도 등 말 그대로 기초와 기본기를 탄탄하게 다지는 교육이라 내부 교육과 외부 교육 두 가지를 동시에 받습니다. 저희 살롱은 내외부 교육 커리큘럼 외에도 로레알의 컬러키 교육과 디자인센터 커트 교육, 트렌드 컬러 교육을 이수해야 합니다. 또한 '베이바이허슬기' 디자이너들의 시그니처 커트스터디를 함께 이수합니다. 디자이너가 되기 전에 인턴들은 보통 3개 이상의 교육을 동시에 듣고 공부합니다. 레벨테스트가 2달에 한 번 있는데 승급심사가 있기 전 살롱은 늘 12시 넘어서까지 불이 켜져 있는 경우가 많습니다."

디자이너가 되기 위해선 포트폴리오도 필수다. 남녀 모델 60명의 헤어포트폴리오를 만들어야 한다. 이 조건이 충족되면 승급 심사를 받는다. 승급 심사의 심사위원은 '베이바이허슬기'의 디자이너들이다. 제일 높은 점수와 낮은 점수를 제외하고 평균을 내서 일정 점수 이상이면 디자이너가 될 수 있다.

인턴이 승급 심사에 통과하면 100% 디자이너가 된다. 인원이 많아져 일할 공간이 없다면 살롱을 하나 더 차리면 된다는 그. 승급 심사를 통과하면 인원수에 제한 없이 모두가 같은 기수의 디자이너 동기로서 서로의 성장과 발전을 응원해 주는 관계를 만들어 준다. '잘 할 수 있는 일을 즐겁게 오래 하는 것'에서 함께 일하는 사람들과의 관계는 매우 중요하다는 그만의 철학이 담겨 있다. 든든한 대표의 마인드가 그저 멋지다.

디자이너로 입봉하면 근로디자이너 과정을 거친다. 그 후 평균 3개월 이내에 프리랜서 디자이너로 전환한다. 인턴에서 디자이너로 새로운 출발을 시작한 1년은 허슬기 대표가 그들의 홀로서기를 돕기 위해 멘토로서 꼼꼼한 상담자를 자처한다. 짧은 시간 안에 타이트하게 스타디자이너로 성장하게 하는 허슬기 대표의 관리는 여기까지이다. 디자이너 1년차가 넘으면 디자이너가 원하는 만큼의 수준으로 그의 관리는 유연해진다.

"인턴에서 디자이너 1년차까지는 열심히 해야 합니다. 1년차가 되면 매출을 2천-3천만 원 정도 찍습니다. 한 디자이너가 일정 금액의 매출을 올리게 됐지만 일보다 자신의 삶에 더 충실하고 싶다고 하더군요. 내가 살아보니 쉼도 중요하더라, 미용이란 업을 평생 재밌게 오랫동안 할 거면 너의 속도와 강도를 조절하는 게 답이라고 했어요. 어떤 디자이너는 4천만 원의 매출을 올리더니 재미있다며 더 많은 매출을 올리고 싶다고 하더군요. 그래서 그 매출 달성을 위해 응원과 함께 할 수 있는 환경을 만들어 줬어요. '베이바이허슬기'는 디자이너들이 꿈꾸는 다양한 모습의 삶이 가능한 살롱입니다. 그래서 디자이너들의 방향성을 존중합니다. 매출을 통해 자신의 성취감을 더 올릴 것인지 아니면 워라벨의 삶을 살 것인지 디자이너들이 결정하면 거기에 맞는 지원을 합니다."

당찬 10대, 영민한 20대, 명쾌한 30대

17살 겨울, 서울에 온 그는 고시원, 원룸, 하숙집 등에서 기거했다. 미용학교로 전학이 되지 않아 일반 고등학교를 자퇴하고 꿈을 위해 연희미용고등학교에 재입학했다. 2년 6학기제인 이 학교에 늦게 지원하는 바람에 야간반에 들어갔다. 그는 전교 1등을 할 정도로 재미있게 공부했다. 수원여대 미용과를 졸업하고, 건국대학교 평생교육원에서 학점은행제를 통해 학사학위를 받았다.

청담동과 강남역, 홍대에서 인턴을 보낸 그는 강남역 '쿠헤어'의 반하늬 대표를 스승으로 꼽았다. 열펌의 실력자인 스승에게 펌기술과 서비스 마인드를 배웠고, 당시 주6일제였는데 반 대표의 배려로 주5일제로 근무하며 학사학위를 받을 수 있었다.

20대에 열심히 공부에 매진했던 그는 30대인 지금도 공부를 소홀히 하지 않는다. 올해 서경대 경영문화대학원 K뷰티경영융

합전공으로 입학한 것. 그는 5월이 출산이라 대학원 진학 공부를 어떻게 해야 할지 고민하고 있다고 전했다. 허슬기 대표는 살롱 오픈 당시에도 아카데미에 다니며 기술 교육도 열심히 했다. 기본기에 충실하기 위해서이다.

인턴 시절 허슬기 대표는 인간관계에 대한 회의감을 느꼈다. 서로 존중하고 배려하면 될 일을 위계화와 서열화로 상처받았고, 그 관계 속에서 자신도 모르게 물들어 가는 것이 두려웠다. 그의 경험은 살롱 경영 곳곳에 타산지석과 성찰을 통해 반영되어 있다.

"매장에서는 인턴과 디자이너 사이에서도 존댓말을 해야 합니다. 존중하는 문화를 만들어야 합니다. 디자이너들 또한 서로 도와주고 한 살롱 안의 구성원이 협력하며 일하는 시스템을 지향합니다."라고 강조한다.

매장 내 소모적이고 불필요한 경쟁을 지양한다. 한 매장 내 디자이너가 잘 될 경우 모두 잘 될 수 있는 확률이 높다는 이유에서다. '베이바이허슬기'는 매출에 따른 인턴 지원도 지양한다. 한 명을 위한 전담 인턴보단 서로 도와주는 문화를 중요시하기 때문이다.

협력, 화합, 존중의 문화를 강조하는 '베이바이허슬기'는 고객들과 구성원 간의 결속력의 원천을 다양한 이벤트로 삼는다. 연말에는 고객들에게 핀을, 여름에는 부채를 포함해 우산, 그립톡, 양말 등의 작은 선물을 한다. 이 선물은 카카오친구 맺기, 네이버

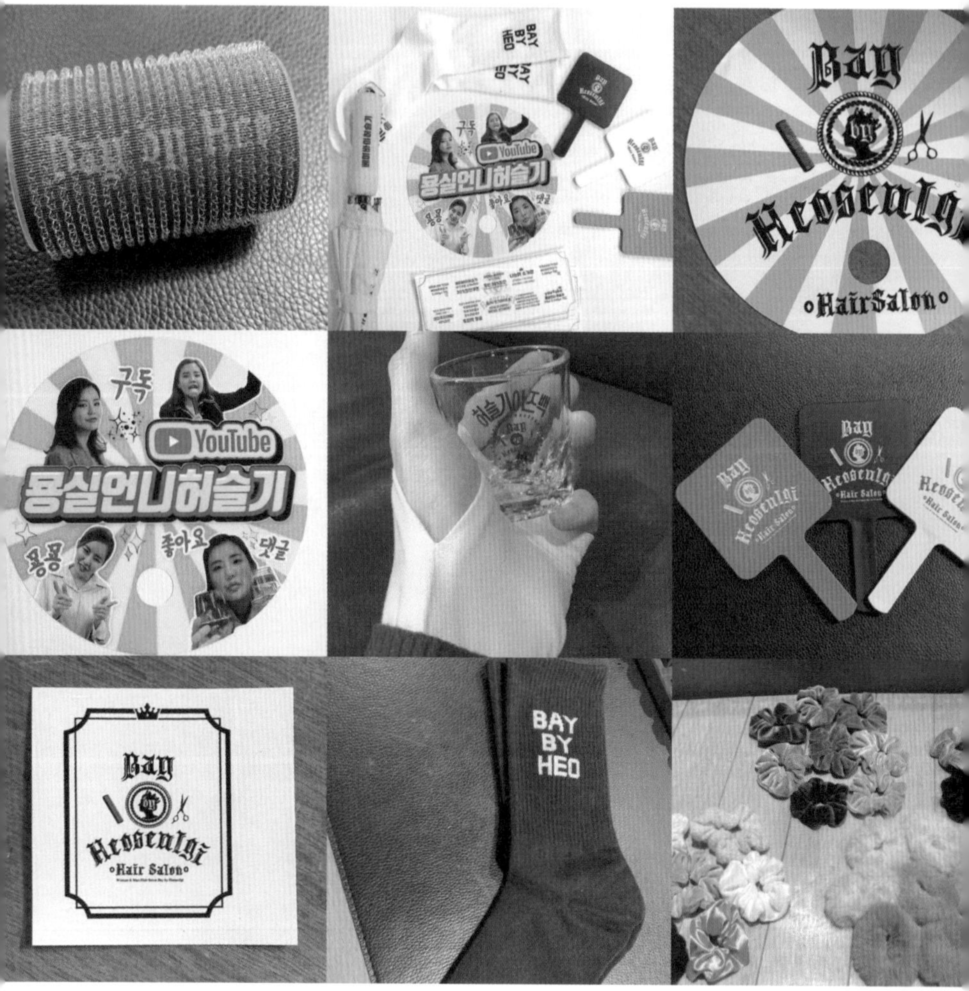
Bay
Heoseulgi
HairSalon
구독
YouTube
몽실언니허슬기
몽몽
좋아요
댓글
Bay
Heoseulgi
Hair Salon
BAY
BY
HEO

이벤트용 다양한 굿즈

블로거 리뷰 작성 등 이벤트의 참여 독려용이다. 현재는 열판 구르프를 선물하고 있다. '베이바이허슬기'의 성공 비결인 클리닉서비스, 스타일링서비스, 앞머리커트서비스 등 고객 재방문 쿠폰도 계속되고 있다.

구성원들을 위한 이벤트도 다양하다. 코로나로 인해 잠시 중단했지만 야유회, 할로윈 행사와 함께 인턴별 회식, 디자이너별 회식 등 회식의 종류도 많다. 그리고 구성원 동의 하에 전 지점의 매출이 공개되는 것도 이벤트 중 하나다.

"모든 식구들이 전 살롱의 문을 닫고 소풍을 나갔습니다. 버스를 대절하고 출장 뷔페를 불러 먹고 마시며 회포를 풀었습니다. 끼 많고 젊은 디자이너들의 장기자랑 시간을 가지며 신나게 놀았지요. 다이슨 드라이기와 같은 고가의 상품을 걸면 최선을 다해 장기자랑에 임했습니다." 상상만 해도 에너지 넘치는 모습이 그려진다. 노는 것을 좋아한다는 허 대표는 할로인 데이에는 진정성 있는 분장을 하고 가장 핫한 홍대의 술집에서 술을 마시며 그간의 노고를 해소했다고 한다.

8년차 대표의 오늘과 내일

•

•

허슬기 대표는 3개 이상 살롱이 만들어지면서 고객 시술을 줄였고, 지금은 매장 관리하기에 바쁘다. 1년 정도 살롱워크를 하지 않았다. 지금은 크리에이티브한 인재를 훌륭한 디자이너로 만드는 역할, 그리고 그들이 즐겁게 일하는 환경을 만드는 역할에 집중하고 있다. 디자이너가 아이디어를 내면 귀 기울여 들어주고 그것이 그만의 주력 상품으로 가치를 인정받도록 돕는다.

"트렌드를 분석 후 유행할 스타일을 디자이너가 재창조해 자신 있는 메뉴로 제시하면 관련 유튜브나 스타일링 사진을 카톡으로 보내주고 서로 소통하면서 그에 대한 디자인의 완성도를 높이고 홍보를 하고 메뉴 구성까지 지원합니다. 그 디자이너의 주력 상품이 될 수 있도록 도와주는 것입니다."

'베이바이허슬기'에서 자부하는 디자인이나 시술은 '컬러'다.

탈색에 대한 노하우가 쌓였고, 백금발은 독보적이다. 투톤 염색도 유행하기 전에 한발 앞서 선보였듯이 살짝 앞선 트렌드를 담은 디자인 디렉팅도 그의 업무다.

"유튜브를 통해 아이돌 음악 방송을 많이 봅니다. 특히 스타일을 많이 봅니다. 아이돌 스타일에서 아이디어를 얻거나 앞으로 유행할 컬러나 톤을 선택하면 회의를 거쳐 주력하는 디자인으로 만듭니다. 이렇게 만들어진 디자인은 디자이너 개개인의 감성이 담긴 포트폴리오로 재탄생됩니다. 고객의 선택 폭을 넓히는 것이 포트폴리오입니다. MZ세대는 경력이 중요하지 않습니다. 자신이 하고자 하는 스타일을 잘 하는 디자이너가 누구인가에 초점이 맞춰집니다. 아무것도 하지 않고 고객이 찾아오겠지라는 것은 어불성설, 이율배반적입니다. 자신의 감성과 스타일을 녹여낸 포트폴리오를 올린 SNS는 필수입니다."

그는 구성원들에게 연차를 만들고, 생일을 챙겨주고, 설 추석을 챙기며 소소한 복지를 제공하려고 노력한다. 승급한 디자이너에게 함께 모여 축하해 주고 꽃다발로 새로운 시작을 축복하듯 말이다. 그럼에도 불구하고 오너로서 그는 부족함을 얘기한다.

"놓치는 부분도 있습니다. 하고자 하는 것이 있다면 뚝심 있게 밀고 가야 합니다. 저희 살롱에서 만든 원칙이 있습니다. 하지만 구성원들이 원하는 것이 있다면 그 안에서 수용할 것은 수용합니다. 저도 처음에는 매출을 중요시했습니다. 하지만 한 명이 스타가 되어 독식하는 체제는 바람직하지 않습니다. 살롱을 장기

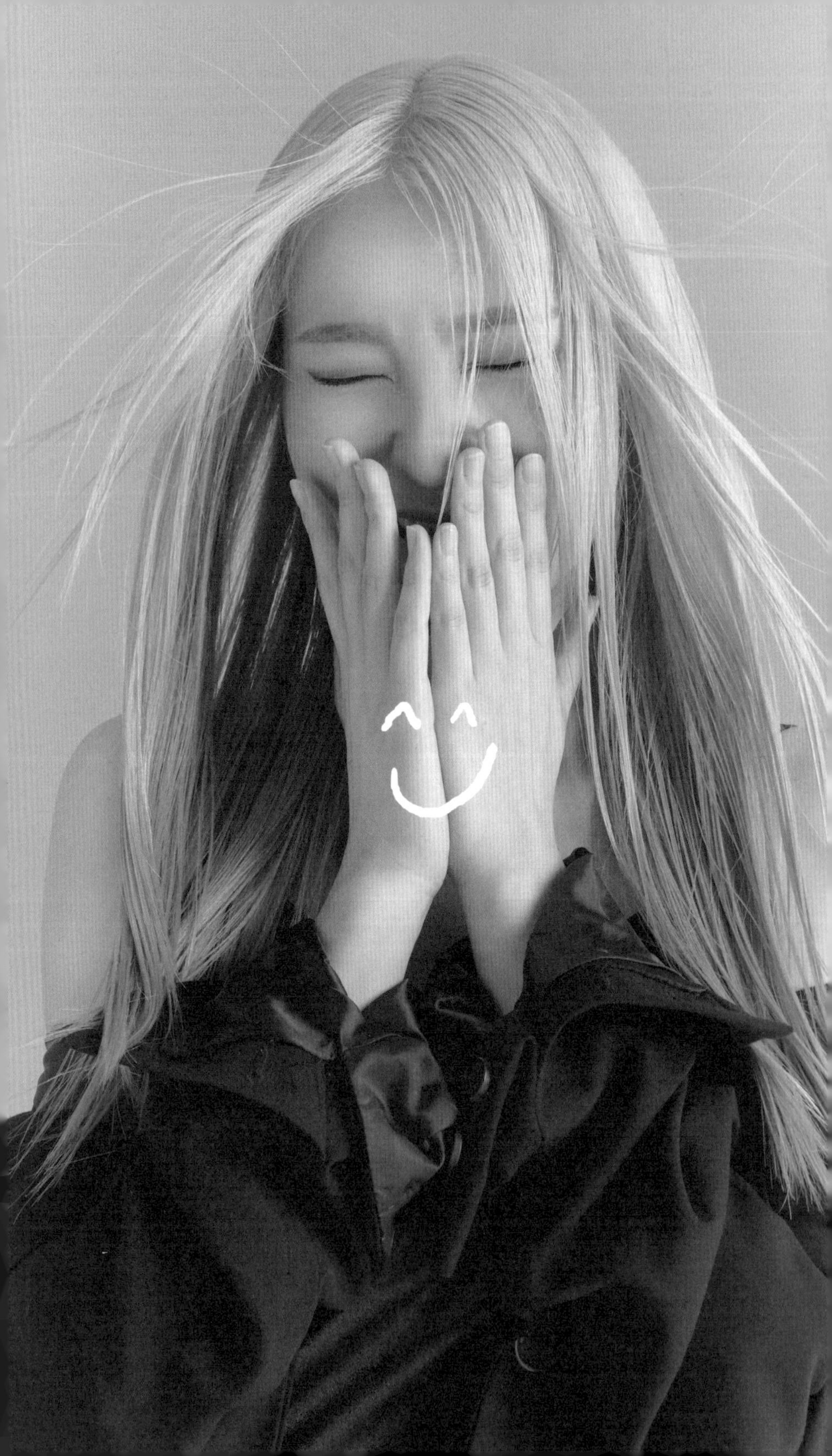

로레알과 콜라보한 작품들 사진

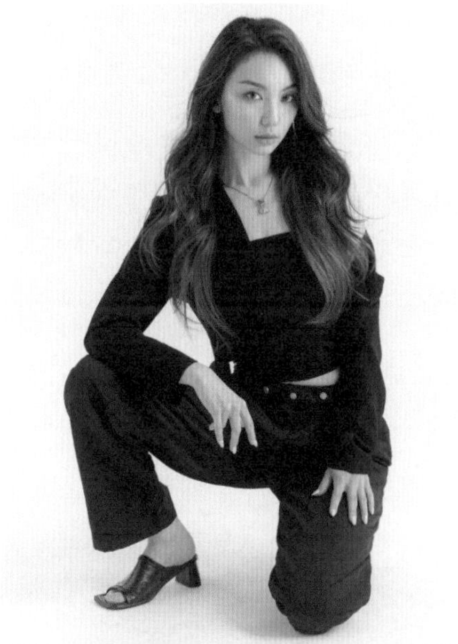

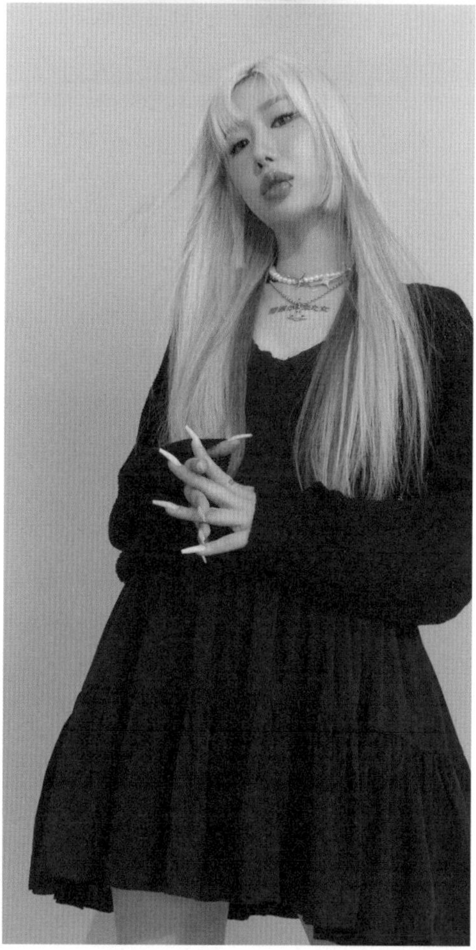

적으로 건강하게 운영하기 위해서는 같이 성장하는 환경이 되어야 합니다. 그래서 유대감을 갖고 선의의 경쟁을 합니다. 레시피, 교육, 기술 등을 자연스럽게 공유합니다."

살롱 경영과 관련해 어려움이 없는지 그리고 어떻게 극복하는지 물었다.

"살롱 경영과 관리에 대한 어려움은 있지만 재미있습니다. 항상 긍정적인 마음을 갖습니다. 사실은 버는 만큼 힘들지요. 힘든 문제를 해결하려면 매장을 접으면 간단히 해결됩니다. 어려움 안에서도 성취, 행복, 경제적 풍요로움 등 분명히 제가 받는 것이 더 큽니다. 사람 관리가 가장 어렵지만 배우는 것도 많습니다. 오너가 되고 초반에는 직원이 많이 바뀐 경험이 있습니다. 겪어보면 가치관이 정리됩니다. 노무와 세무 관계도 공부하고 문서화로 확실히 정리하며 체계적으로 공부하고 있습니다."

항상 최고의 오너이길 노력하는 허슬기 대표는 외부 활동에서도 역량을 발휘하고 있다. 그는 로레알 아이디아티스트로 활동 중이다. 로레알의 신제품 테스트나 룩북 작업 콜라보 등을 진행하고 있다.

앞으로 목표에 대해 "우리 식구들이 어린 나이에 돈 많이 버는 디자이너가 됐으면 좋겠습니다. 미용이라 가능합니다. 저 또한 노력할 것입니다. 매출이 골고루 잘 나오게 지원하며 행복하게 일 했으면 좋겠습니다. 그리고 직영점을 100개까지 내고 싶습니다. '베이바이허슬기'와 함께한 식구들이 다 같이 성공해서 노후에는 좋은 차타고 좋은 집에서 살며 모여서 골프도 치고 싶습니다. 미용을 통해 잘 먹고 잘 살았으면 좋겠습니다."

마지막으로 제2의 허슬기를 꿈꾸는 미용인들에게 조언을 부탁했다.

"첫 번째는 상권 분석이 중요합니다. 두 번째로는 본인 색깔을 잃지 말아야 합니다. 자기 브랜드이니까 자기만의 색깔이 있어야 롱런합니다."

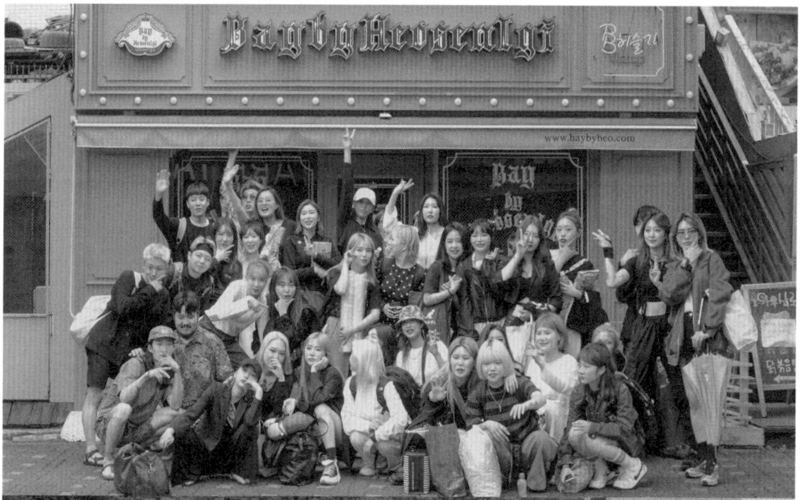

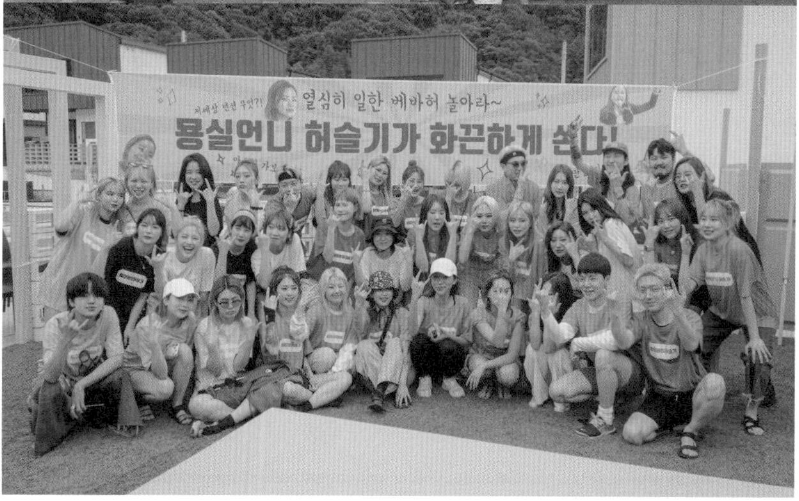

디자이너가 말하는 우리 대표님은요

베이바이허슬기 블랑점 뉴욕 원장

일반적으로 다른 관점을 가지고 있어 좀 더 창의적이며, 트렌드를 읽고 디자인으로 표현하는 감각이 뛰어납니다. 26살 1월 처음 매장을 오픈하며 기존 숍에서 선보이지 않은 로고, 인테리어, 이벤트, 소통 방법 등 많은 부분에서 새로운 '베이바이허슬기'라는 브랜드를 만들었습니다. 그렇게 '베이바이허슬기'는 하나의 미용 장르가 되었습니다. 허슬기 대표님이 7개의 지점을 만들어가는 과정을 옆에서 바라본 장본인으로 대표님의 기획력과 강한 추진력은 누구도 따라 할 수 없다고 생각합니다.
정이 많고 함께 만들고 함께 즐기자는 마인드가 되게 큽니다. 우리 모두 행복하게 오랫동안 미용할 수 있는 스타디자이너가 되자고 하시며, 함께 성장하자라는 마음을 보여 주십니다. 그래서 더 많은 시너지 효과가 나는 것 같아요. 대표님께 감사하게 생각하는 게 미팅이나 워크숍 때 항상 '베바허' 가족 모두가 원하는 목표를 하나씩 생각하게 하고, 그 꿈을 이룰 수 있게 도와주고 싶어 하십니다. 대표님의 이런 모습은 구성원들이 더 뚜렷한 목표를 갖게 합니다. 항상 한발 먼저 새로운 길을 열어 기회를 나눠주셔서 행복도가 높은 삶을 살 수 있게 됩니다. 항상 감사합니다. 대표님!

09

엄경옥

7

꾸아퍼스트 엄경옥 대표

화이불치(華而不侈)의 정점

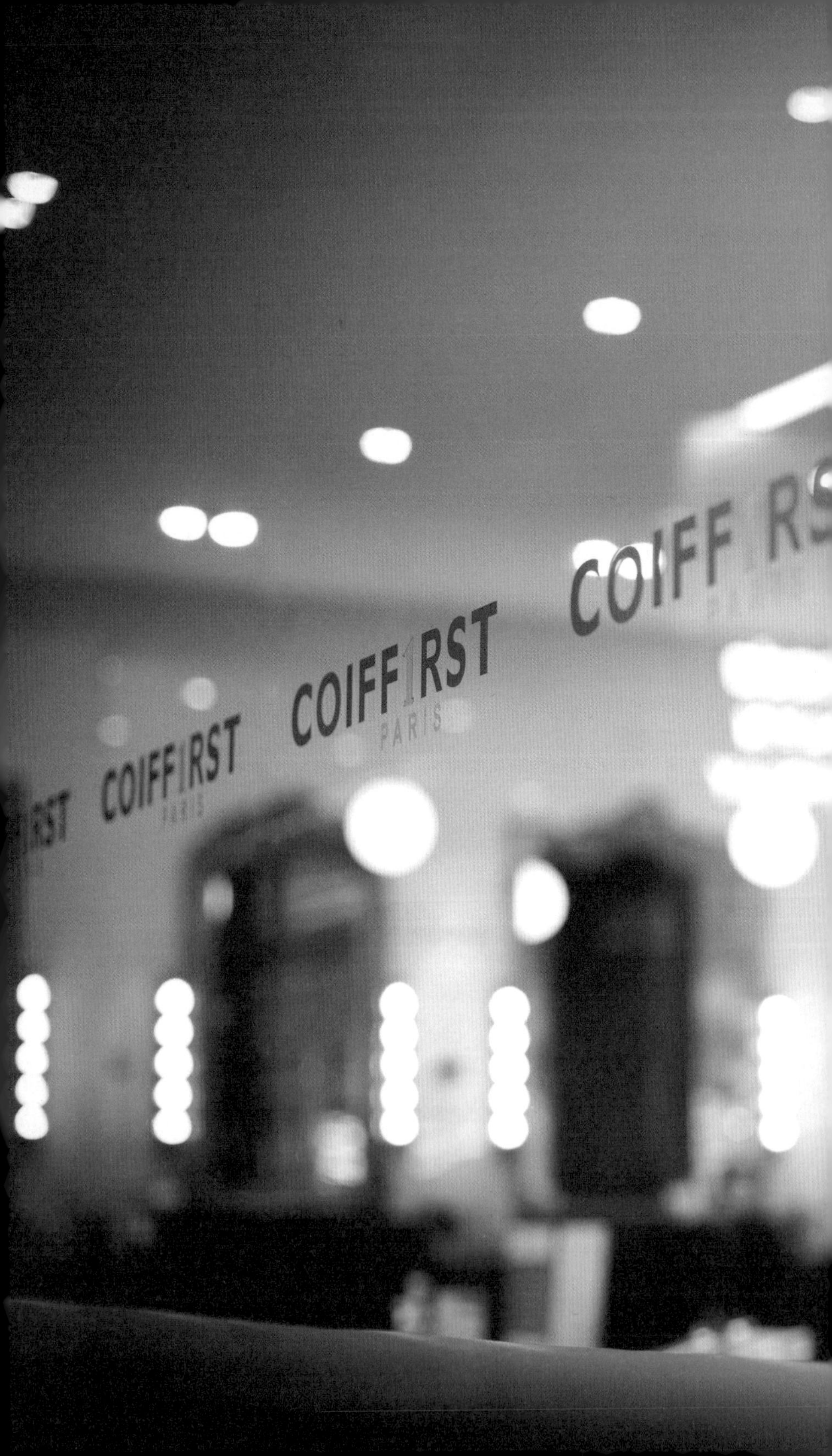
COIFF1RST
PARIS

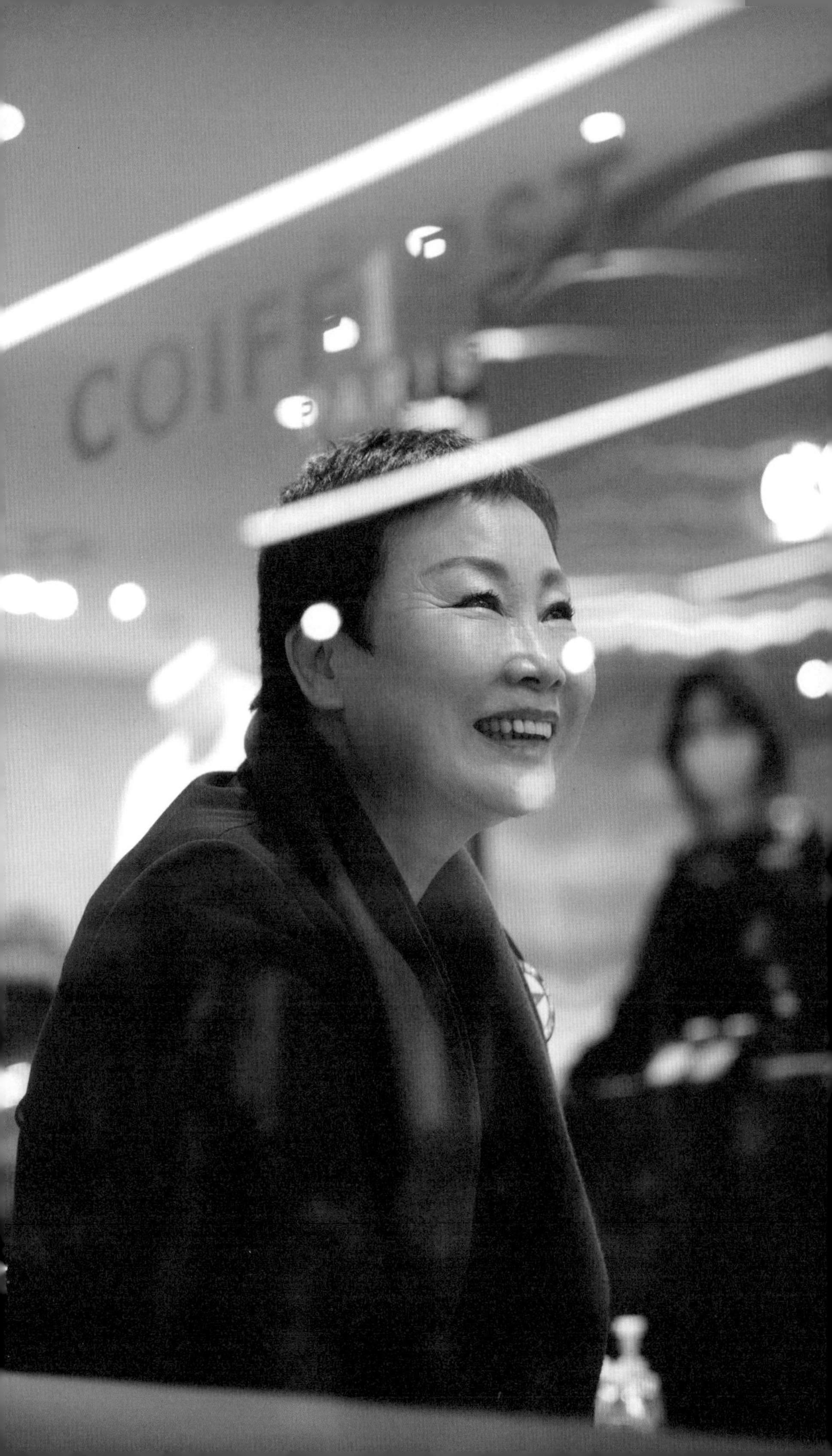

미용의 가치를 선순환시키는 브랜드 디자이너

30대 초반에 앙드레김을 인터뷰하고 화보를 찍었다. 그가 왜 성공했는지, 그가 다른 패션디자이너와 어떻게 다른지 근접거리에서 알 수 있는 기회였다. 엄경옥 대표를 만나고 앙드레김이 떠올랐다. 공부하고, 생각하고, 움직이고, 표현하고, 열려 있는 그것의 꾸준함에서 생기는 특별한 차이!

최고의 살롱에 대한 본질적 고민

'꾸아퍼스트'는 불어와 영어의 합성어로 가장 선두에 서는 '최고의 미용실'이라는 의미다. 엄경옥 대표가 생각하는 최고의 미용실을 고객, 디자이너, 사회의 세 차원으로 나눠 알려달라고 했다.

"사실 최고는 영원히 없다고 생각합니다. 최고가 되려고 노력할 뿐이죠. 고객의 입장에서는 최고의 고객이 인정하는 살롱이 되는 것, 디자이너 입장에서는 미래를 함께 그려가는 곳으로 입사하고 싶은 살롱, 넓은 세상을 함께 보는 살롱입니다. 사회의 입장에서는 기술력과 미용의 가치는 높이고 디자이너들은 패션쇼, 헤어쇼 등을 통해 예술적 감성을 넓히고 문화 체험과 독서를 통해 유연한 시야를 가진 대중예술가로 행복한 삶을 영위하도록 지원하는 곳이 최고의 살롱이라고 생각합니다."

최고의 살롱이 되기 위한 노력은 '꾸아퍼스트'만의 모토에서

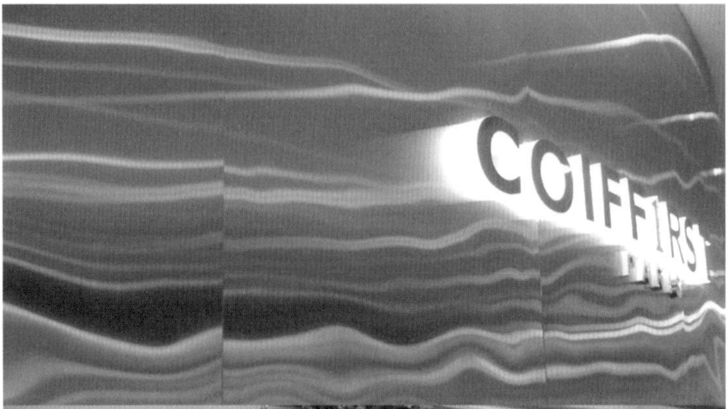
COIFFIRST

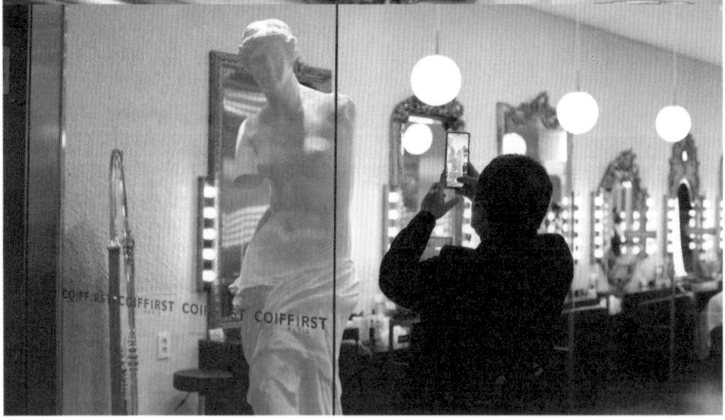
COIFFIRST
COIFFIRST

도 확연히 드러난다. '고객은 벨벳장갑처럼 화려하게, 꾸아인(꾸아퍼스트 구성원, 이하 꾸아인)은 철의 손처럼 확실하게'는 프랑스 속담에서 가져온 꾸아퍼스트의 모토다. 이는 화려하고 우아한 벨벳장갑처럼 고객들의 건강한 아름다움을 존중하고 지키기 위한 꾸아인의 약속이다. 최고의 고객들에게 벨벳장갑같은 서비스를 제공하기 위해 꾸아인은 철의 손이 되는 것을 목표로 한다. 엄 대표는 철의 손이 되기까지 교육, 시스템, 문화 등을 지원하고 독려한다. 최고의 고객을 대상으로 하는 살롱이 되기 위해선 그 고객의 격에 맞는 실력과 서비스 자세, 각기 헤어디자이너가 갖는 격 또한 수준을 올려야 하지 않겠느냐고 역설한다. 이러한 엄 대표의 최고의 살롱에 대한 본질적 고민이 '꾸아퍼스트' 성장의 동력이다.

"'꾸아퍼스트'는 작년 처음으로 연간 회원권을 판매했습니다. 8백만 원에서 1천만 원 상당의 회원권 판매는 성공적이었습니다. BTS 아미 이상의 고객들이 있습니다. 1천만 원을 현금으로 가지고 오신 분이 있어요. 천 번 이상 오신 분도 있고요. '꾸아퍼스트'니까, 이유 없이 함께 하는 것이죠."

'꾸아퍼스트니까 이유 없이'는 그간의 엄경옥 대표가 쌓은 브랜드에 대한 고객의 믿음이다. 엄경옥 대표는 진심어린 마음을 담아 고객의 이러한 믿음에 대해 화답했다. 일정 이상의 회원권을 구입한 고객들에게 제주 풀빌라 여행권을 지급한 것. 2박 3일의 숙소와 항공권 그리고 손 편지가 담긴 웰컴 박스까지 말이다.

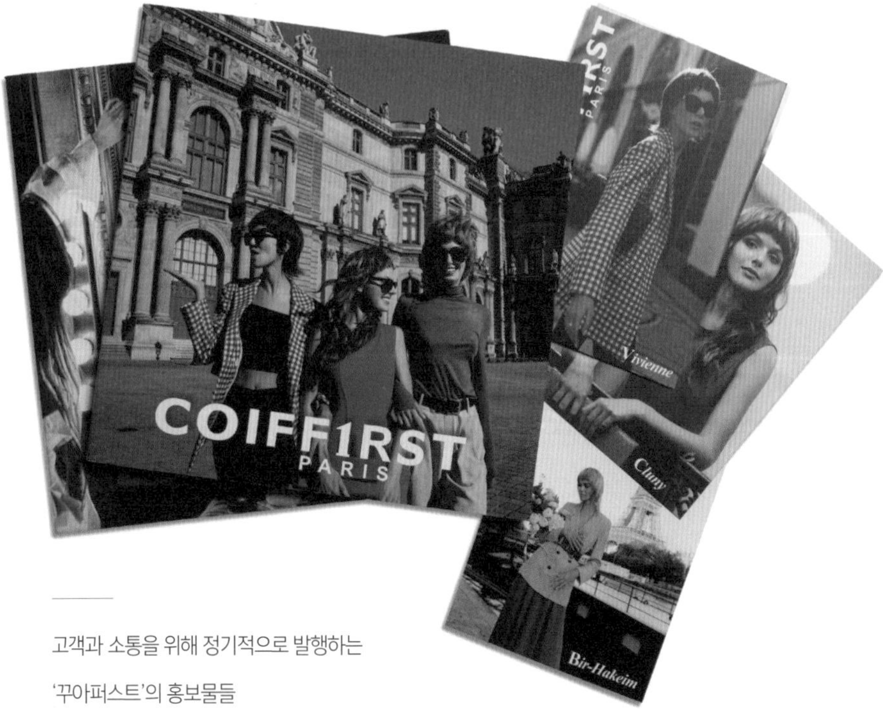

고객과 소통을 위해 정기적으로 발행하는
'꾸아퍼스트'의 홍보물들

고객들은 그 순간을 놓치지 않고 영상에 담아 다시 '꾸아퍼스트'로 감사의 인사를 전했다. 특별한 차이는 여기서 비롯된다.

삶에 '문화'라는 꽃핀을 달아주는 꾸아퍼스트

"내일 금요일은 플라워데이예요. 새벽 4시에 일어나 꽃시장에 가요. 꽃을 사서 중동현대점, 중동롯데점, 송도현대점, 무역현대점, 판교현대점의 꽃꽂이를 완성하면 11시가 됩니다. 꽃을 통해 고객들에게 '꾸아퍼스트'가 아름다운 공간임을 보여 주는 것이기도 하고, 오랜 시간 살롱에서 일해야 하는 꾸아인들에게 작은 휴식이 됐으면 하는 바람이 있습니다."

인터뷰를 하고 난 다음날 새벽 4시에 깨어 버렸다. 엄경옥 대표의 일정을 따라가 본다. 비몽사몽 고속터미널로 향한다. 엄 대표는 전날 디자인한 꽃꽂이 콘셉트에 어울리는 싱싱하고 아름다운 꽃을 찾아 걷고 또 걷는다. 여러 개의 살롱에 전시될 꽃꽂이인 만큼 한 아름 가슴에 품고 살롱을 향한다. 완성도 있는 꽃꽂이를 위해 4개 대학교의 평생교육원에서 꽃을 배울 만큼 고객과 꾸아

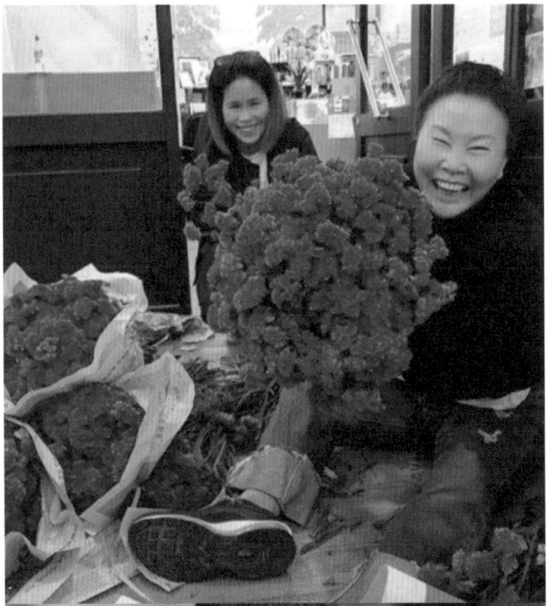

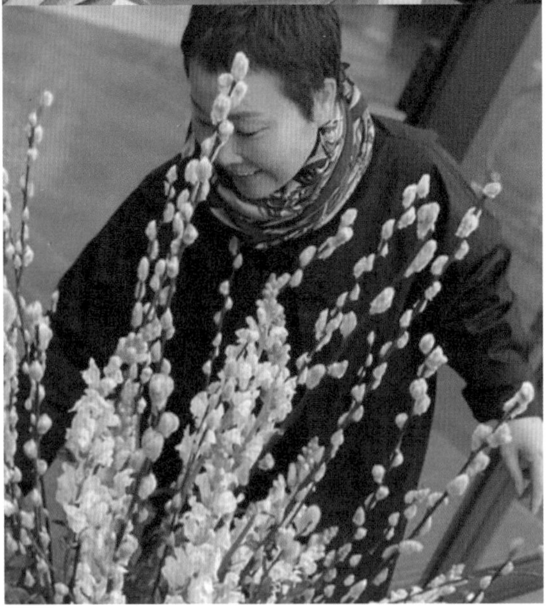

전날 디자인한

꽃꽂이 콘셉트에

어울리는

싱싱하고

아름다운 꽃을 찾아

걷고 또 걷는다

인을 향한 진심은 꽃내음 못지않다. 원고를 쓰는 와중에도 11시가 되자 엄경옥 대표가 꽃꽂이를 마쳤겠구나 생각한다.

'꾸아퍼스트'는 고객과 꾸아인을 고려한 살아 있는 문화 공간을 목표로 한다. 그래서 익숙한 공간에 매번 새로운 모습을 선보이며 '낯섦과 편안함'을 동시에 선보인다. 고객 시술의 첫 공간인 샴푸실은 살롱 가운데 존재해 있다. 엄마의 자궁과 같은 포근함을 안겨 주기 위해서다. 샴푸실 천장에는 고객들이 누워서 감상할 수 있는 동해바다가 있다. 동영상 촬영을 통해 천장을 스크린 삼아 멀티미디어 아트를 실현했다. 오래 일하는 꾸아인을 위해서 바닥은 무조건 마루다. 프랑스에서 공수한 400년의 역사를 가진 거울은 조명과 조화를 이뤄 고객들을 돋보이고 특별하게 만든다. 여기에 돌, 액자, 꽃 등의 변주로 늘 새로움을 입혀 놓는다. 오랜 고객에 대한 세심한 배려이자 이것도 '꾸아퍼스트'만의 특별한 문화다.

'꾸아퍼스트는 바다다.' 한 고객이 '꾸아퍼스트'를 비유한 말이다. 바다의 깊이와 넓이 그리고 수많은 자원이 숨겨져 있는 보물창고라는 모습에 빗대었다. '꾸아퍼스트'에는 즐겁고 건강하고 신나기 위한 무수한 나눔이 생동감 있게 펼쳐진다. 고객들의 시술이 진행되는 동안 뽑기 이벤트, 모든 꾸아인이 마감 때 올리는 다섯 가지 감사, 교류하는 일본 살롱에 선물하는 천원을 넣은 복주머니 등등이 그것이다.

"고객들이 시술하고 있을 때 뽑기 이벤트를 해요. 때수건도 들어 있고 꽝도 있어요. 고객들이 엄청나게 좋아하세요. 더러는 고급 살롱에서 그런 이벤트를 하느냐고 하지만 물질적 가치를 떠나 소소한 재미를 드리려는 데 목적이 있지요."

엄경옥 대표를 비롯해 모든 지점들의 꾸아인은 카톡 상에서 마감 때 다섯 가지 감사하는 내용을 올린다. 엄경옥 대표의 '오감사'는 모든 직원들의 관심 대상이다. 오늘은 어떤 일을 하셨는지 누구를 만났는지 다 읽을 수 있기 때문이다.

"감사는 기적을 만듭니다. 감사하는 마음을 담고 있을 때 긍정적인 행동과 표정이 이어진다고 생각합니다. 일본 살롱에 보내는 복주머니는 우리와 교류하는 일본 미용인들에게 전달됩니다. 그들은 또 그 감사의 마음을 담아 편지, 사진, 선물 등으로 우리에게 전달합니다."

따뜻한 선순환이 계속되는 '꾸아퍼스트'의 성공의 핵심은 '따뜻한 마음가짐'이라고 엄 대표는 강조한다. 고객과 디자이너, 디자이너와 크루(인턴, 이하 크루), 엄 대표와 꾸아인들의 관계가 따뜻함 속에서 지속되고 행복해질 수 있다는 것이다. 그 따뜻함의 실천은 그가 앞장선다. 크루들이 교육하는 아침에는 떡이랑 사과를 사와서 새벽 6시 30분이면 어김없이 사과를 깎아 준다. 이른 아침에 어린 크루들이 공부하겠다고 오는 데 간단하게라도 아침 식사를 챙겨줘야 한다는 것이 엄 대표의 따뜻한 마음인 것이다.

꾸아퍼스트의 성공 키워드, 따뜻함 · 문화 · 시스템

미술전공자인 그는 대학 졸업 후 기자가 됐다. 훌륭한 사람들을 인터뷰하며 어느 날 내가 50- 60대가 되면 누가 날 인터뷰해 줄까라는 생각이 들었다. 마침 일본인 친구가 메이크업을 배우는 것을 보고 자신도 사표를 내고 일본 슈에무라에서 메이크업을 배웠다. 압구정동에 있는 '서희미용실'에 취업해 채시라, 이승연, 김희애 등 7년간 메이크업을 했다. 채시라의 가나초콜릿과 코리아나 CF 촬영에 메이크업을 담당했다. 그는 당시 논노 패션쇼, 미스코리아 배출 등 최고의 파트너들과 일하며 메이크업으로 성공가도를 달렸다. 하지만 그의 열망은 거기서 그치지 않았다. 그는 미용인들이 멋지게 일할 수 있는 환경을 만들고 싶어 관리자의 길을 걷기 시작했다.

"'모즈헤어' 초대 사업 본부장을 역임하며 미국 프랜차이즈인 판타스틱 쌤즈, 레기스 등을 공부했습니다. 선진 미용 시스템을

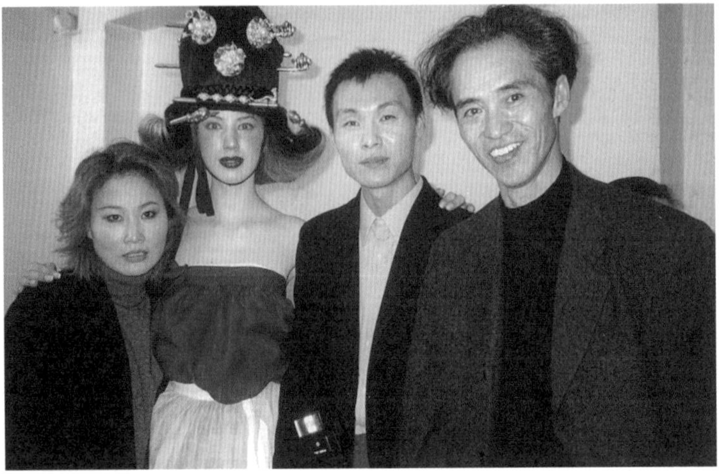

메이크업 아티스트로 활동하던 시절.

파악했습니다. 이 후 '이가자헤어비스' 본부장으로 스카우트되어 가맹점 80여개를 오픈했어요."

'이가자헤어비스' 본부장으로 재직 당시 현대백화점 중동점 2층에 100평대 '이가자헤어비스'의 가맹점을 오픈했다. 그런데 백화점 측에서 지하층에 20평대의 미용실을 또 오픈한다고 전했다. 그것도 타브랜드로 입점시킨다고 해서 엄 대표는 '이가자헤어비스'가 들어가겠다고 제안했다. 그 자리가 직영에서 가맹점으로 바뀌면서, 그는 지하매장을 책임져야 하는 상황에 놓였다. 자본이 없었던 그의 고민을 들어주던 지인이 직접 '이가자헤어비스'를 오픈했다. 2층과 지하매장은 경쟁이 어려운 싸움이었다. 위치도 규모도 상대가 되지 못했다. 인력도 구하기가 쉽지 않았다. 그렇다고 '이가자헤어비스'의 본부장으로 재직 중인 자신이 그 매장을 관리할 여건도 되지 못했다. 지인에게 미안함은 배가됐고 속수무책인 상황이 되었다. 그는 결단했다. '이가자헤어비스'에선 실현할 수 없는 역량을 펼쳐보고자 한 것이다. 이가자를 퇴사하고 직접 자신이 관리를 하기 시작했다.

"간판도 보이지 않는 통로를 낀 구석에 위치했어요. 앞에는 빵집이 있었어요. 처음에는 빵 냄새가 너무 좋다고 생각했는데 시간이 지날수록 고통이 되더라고요. 한 달 매출이 2천만 원이었어요. 퇴근하면서 펑펑 울기도 했지요."

하지만 이 매장의 관리자가 엄경옥 대표라는 소문이 나자 실력 있는 디자이너들이 하나 둘씩 들어오기 시작했다. 엄 대표는 100% 예약제와 일회용 가운을 사용하며 고급 살롱을 지향했다. 실력 있는 디자이너들과의 합심은 오픈 1년 만에 한 달 매출 1억을 넘겼다. 2층과 양상이 뒤바뀌었다. 60평대로 이사를 한 살롱에서도 대기 손님은 많았다. 백화점 측에서 100평대 매장을 내주었다. 얼마간의 시간이 지나고 엄 대표는 그 동안 벌었던 돈을 모은 통장을 디자이너들에게 보여주며 말했다.

"돈을 이만큼 모았다. 매장을 하나 더 낼까, 아님 브랜드를 만들까라고 물었더니 '원장님 마음대로 하세요'라더군요. 저는 벌써 해외 프랜차이즈에 대한 특장점을 알아버려서 외국 브랜드를 가져와야겠다고 생각했습니다."

왜?
꾸아퍼스트!

엄 대표는 전 세계를 누비며 브랜드를 찾아 헤맸다. 고급 살롱을 지향했던 엄경옥 대표는 자신이 그리던 살롱을 실현해 줄 브랜드가 필요했다. 뉴욕, 런던, 이탈리아, 파리 등을 뒤졌다. 뉴욕은 우리 문화와 괴리가 심했다. 런던은 너무 아카데미적이었다. 이탈리아는 장인적이었고 마지막으로 찾아 간 곳이 파리 '꾸아퍼스트'였다. 현장 스케치만 할 계획으로 살롱 방문을 허락 받기 위해 전화를 했는데 '꾸아퍼스트' 본사 에릭 대표가 전화를 받았다. 조금의 시간이 있다고 해서 만남을 약속했다. 살롱에 들어서자 중정같은 정원에서 여자들이 샐러드를 먹고 담배를 피며 머리를 하고 있었다.

"와우 이거다! 감탄을 할 무렵 건물 3층에서 내려온 에릭 대표를 보고 더 확신이 섰습니다. 디자이너자 대표로서 첫인상이 너무 멋있었습니다. 파리 브랜드는 자존심이 높습니다. 2-3년을 쫓

아다녀도 허락을 하지 않았습니다. 제가 로레알 100주년 행사에 한국미용인 12명에 선정돼 참가하게 됐습니다. 그곳에서 에릭 대표가 콘퍼런스를 진행하고 있었지요. 인연은 인연인가봐요. 에릭 대표가 저를 보더니 누군가에게 전화를 했어요. 그리고 '꾸아퍼스트' 판권을 허락했어요. 에릭 대표와 통화를 나눈 그 누군가는 '모즈헤어' 일본 본부장을 지낸 당시 '꾸아퍼스트' 일본 판권을 가진 모카베였고 그가 '줘도 된다'는 말에 계약을 하게 됐습니다."

2-3년간 로고의 서체 크기나 글꼴 하나까지 에릭 대표에게 검수를 받았다. 에릭 대표가 그 시간이 지난 후 이제 사인을 안 받아도 된다면서 알아서 하라고 했다. 그리고 '꾸아퍼스트'의 중국 판권도 엄 대표에게 주었다.

엄 대표가 외국 브랜드를 고집한 이유는 두 가지다. 컬렉션이 있어 신상품이 나온다는 것, 본사와의 유기적인 관계를 통해 '세상이 얼마나 넓고 아름다운지'를 디자이너와 크루들에게 보다 확실하게 보여줄 수 있다는 점이다. '꾸아퍼스트'는 디자이너들에게는 역량 발휘를 할 수 있도록 파리, 영국 등에서 1년에 한 번 원장단, 점장단, 디자이너 기수별 연수 기회를 제공한다. 그 연수는 본사에서 일을 하고 저녁에는 프랑스 문화를 접할 수 있는 경험을 마련해 준다. 크루들도 예외는 아니다. 코로나 전까지 폭넓은 경험 제공을 위해 일본 살롱에서 한 달간 교환 크루로 연수를 진행했다.

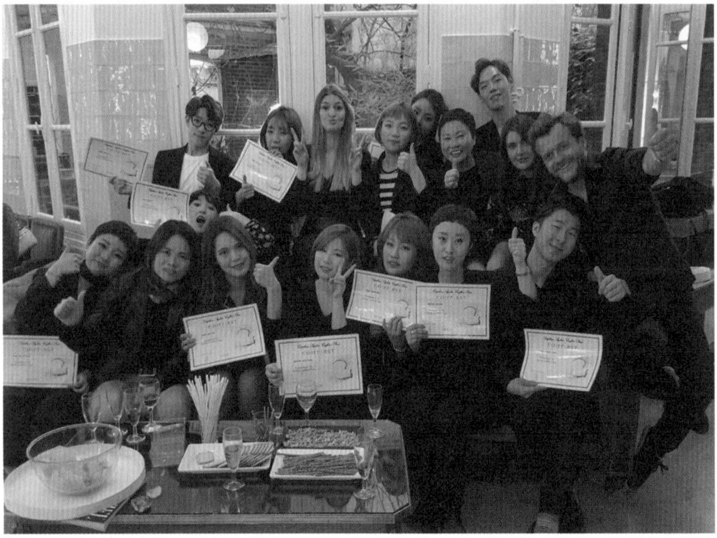

크루 및 디자이너 연수

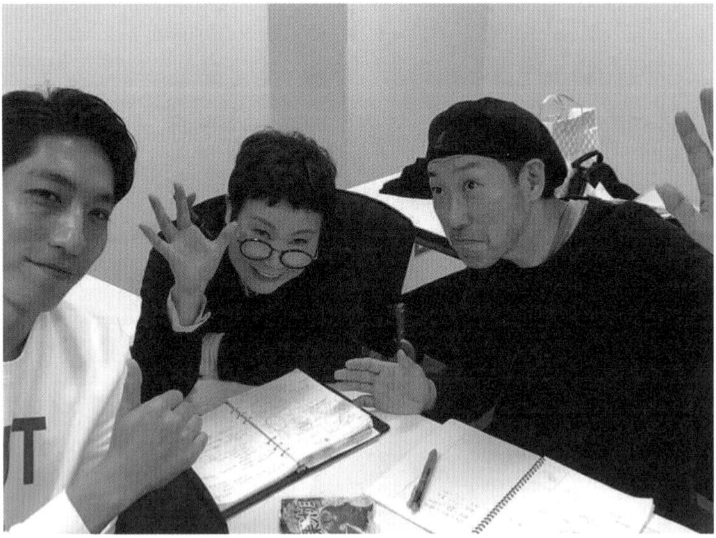

일본 미용인들과 스터디

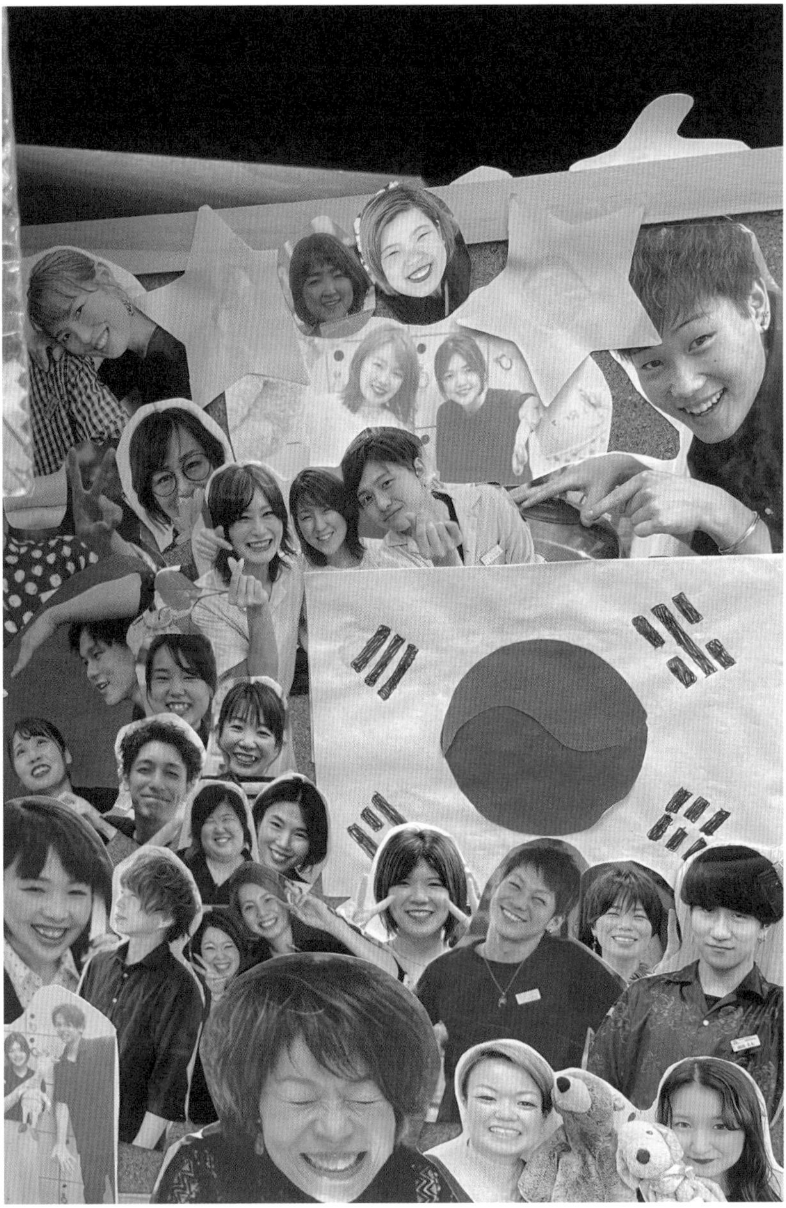

일본 미용인들이 엄경옥 대표가 보낸 복조리에 대한

감사의 마음을 담아 보낸 선물

"세계무대를 경험하는 것은 사고의 폭을 넓히고 디자이너로서 역량을 갖추는 것입니다. 경험은 쉽게 살 수가 없습니다."

작년 가을에는 파리패션위크 그레이스문의 쇼에 9명의 꾸아인이 헤어를 담당했다. 올해 2월에도 파리패션위크에 6명이 쇼에 참가했다. 오방색의 한지와 깃털을 이용한 한국적이면서도 그레이스문의 작품과 조화로운 헤어스타일을 선보여 파리의 패션인들에게 조명을 받았다. 엄 대표는 '세상이 얼마나 넓고 아름다운지'에 대한 경험은 고급 살롱을 찾는 좋은 고객과의 관계 속에서도 이뤄진다고 강조한다.

"좋은 사람과 함께 할 때 성공할 확률이 높아집니다. 꾸아인들에게 말하지요. 성공한 손님들의 삶을 들어보라고요. 저희 나이 때는 어떻게 사셨나고요. 질문을 해 보라고 합니다. 고객의 인생에는 책 한권의 가치가 담겨 있으니까요. 우리 꾸아인도 그런 삶 살기 위해 노력하라고요. 그리고 성공해서 고객과 같은 소비를 누리며 살아가라고요. 제가 고급 살롱을 지향하는 것도 이러한 이유 때문입니다."

시집가는 딸 장롱 사주듯 살롱 오픈 지원

•
•

꾸아인의 시스템은 무서울 정도로 아주 촘촘하다. 그 촘촘함을 공유하고 달성하고자 하는 구심점은 무엇일까. 엄경옥 대표는 버나드 바스가 제안한 변혁적 리더십의 구성 요소 중 하나인 '영감적 동기 부여'를 꾸아인에게 제공한다. 명확한 비전을 제시하고 목표에 도달할 수 있도록 열정과 동기를 경험하도록 하는 것이다. 그에게서 나오는 아이디어는 꾸아인이 공유하며 리더와 같은 목표를 갖게 되는 것이다. 이를 보다 구체화하기 위해 전년 10월에 다음 해의 목표를 계획한다. 프로모션, 고객관리, 교육, 회의, 행사 등 전지점별, 지점별로 나누어 공유하게 된다. 크루의 연습시간, 디자이너 매출 관리, 크루가 디자이너가 되기까지 갖춰야할 기술에 해당하는 교육, 연습시간, 행동지침, 테스트 등 월별로 체계화시켰다. 또한 1-3년차 신입 디자이너가 겪는 어려움을 명쾌한 해결책으로 조력한다. 빠른 시간 내

단골고객 확보를 위한 월별 자기 관리 및 기술력, 영업력, 인간력 등으로 세분화하여 해결책을 제공하고 있다.

시술의 동일화를 위해 남녀커트 물론 뿌리컬러, 패션컬러와 펌 종류에 따른 매뉴얼도 만들어져 있다. 디자이너가 살롱에 들어온 고객과의 첫만남부터 시술이 끝나고 배웅까지 전 과정을 순서와 시간에 따라 정해 놓은 것이다. 전화응대 및 대면응대 등의 과정도 매뉴얼화되어 있다.

최근 1년간의 고객층별 매출액과 선호 시술 항목 또한 디자이너가 분석하고 관리해야 하는 주요 사안이다. 고객 한 명의 카드에는 매출액에 따른 분류와 도해도에 어떤 펌을 했는지 로드의 호수까지 적혀 있다. 병원의 진단 차트보다 더 꼼꼼하다. 14개의 '꾸아퍼스트'가 하나의 몸같이 고객의 서비스가 가능한 것은 이러한 시스템이 있기 때문이다.

이러한 시스템은 엄경옥 대표의 공부와 노력이 더해 만들어졌다. 이토 유카타의 <함께하는 마음의 경영>이라 책은 그의 분석으로 너덜거리지만 자신의 깨달음과 아이디어를 담은 포스트잇과 기록으로 다른 책이 되어 있다.

"살롱 메이커이자 미용 경영의 신인 이토 유타카의 책을 중심으로 '꾸아퍼스트' 버전의 살롱 경영으로 재해석했습니다. 바그지 살롱의 쿠보 카즈야의 원서를 구입해 그들의 허락을 받고 한국어로 번역해 읽고 있습니다."

그는 일본 미용인들의 모임인 '우디 치킨'의 회원들과 교류도 수년째다. 홋카이도에서 규슈까지 '꾸아퍼스트'에 맞는 살롱을 찾아 견학하고 좋은 점을 '꾸아퍼스트'화 한다. 코로나 전까지 일본 미용인들의 스터디 모임에 유일한 한국 미용인으로 함께 했다.

"코로나로 인해 직접 가지 못하더라도 통역사를 보내 그곳의 미용 정보에 대해 항상 귀와 마음을 열어 놓고 있습니다. 살롱의 외형적인 것은 프랑스의 귀족적인 분위기를 따르지만 경영에서는 일본의 방식을 가지고 왔습니다. 무엇보다 일본 살롱들은 긍정적으로 제가 궁금해하는 것들을 알려주고 적극적으로 협조해 줍니다. 가장 감사한 부분이죠."

인턴들의 미용 사관학교로도 불리는 '꾸아퍼스트'는 공채로 인턴을 모집한다. 꾸아인이 되기 위해 지원하지만 절반 이상이 불합격한다. 그런데도 구인난이란 없다.

"저희는 바닥 쓸고 샴푸를 해 줄 인력을 원하는 것이 아닙니다. 고객들에게 '철의 손'이 되어 최선의 서비스를 해 줄 미래의 디자이너를 선발하는 것입니다. '철의 손'이 되기 위해서는 13가지의 방법을 실천해야 합니다. 공부를 습관화하고, 작은 성공의 목표를 갖고, 긍정적이고 적극적인 태도를 갖는 등 자신의 발전을 위해 노력하고 매진하고자 하는 인재들만 선발합니다."

'철의 손'이 되기 위한 13가지 방법 중 '왜 이 일을 하고 있는지 항상 생각하는 것'과 '왜 '꾸아퍼스트'와 함께 하는가를 항상 생각하는 것' 등 자신의 일에 대한 근본적인 사고를 유도하는 것이 인상적이다. 엄 대표는 꾸아인이 되기 위해선 목표 의식이 분명해야 한다고 한다. 이는 젊은 미용인들이 '꾸아퍼스트'를 자신의 직장으로 선택하는 이유가 됐다.

엄 대표는 꾸아인들에게 지속적이며 보다 성숙한 지원을 하기로 유명하다. 독립을 꿈꾸는 꾸아인에게는 금전적인 지원도 아끼지 않는다. 그래서 '꾸아퍼스트' 3개 지점을 직원들이 직접 운영한다.

"우리 꾸아인이 '꾸아퍼스트'로 독립하고자할 때 1년에 한 매장씩만 모자란 금액을 지원합니다. 1억 이상을 지원해 주었는데, 그게 벌써 3개가 됐습니다. 감사하게도 그러한 지원에 남편도 흔쾌히 동의했습니다. 그들 덕분에 돈을 벌었으니 딸 시집갈 때 장롱 사주는 마음으로 살롱 오픈 시 모자라는 돈을 지원해 주자고요."

지원금에는 이자나 원금을 갚는 데에 대한 조건이 없다. '꾸아퍼스트'의 지향점을 공유하기만 하면 된다. 엄경옥 대표는 가맹점 모집을 통한 '꾸아퍼스트'의 확장을 지양한다. 브랜드 가치나 정체성은 문화나 풍토에서 시작해 시스템을 갖추는 방향으로 진행된다는 것이다. 결론은 하루아침에 문서화로 이루어지는 것이 아니라는 것이다.

샘솟는 물과 같이 꾸아인에게 방향성을 제시하는 정점, 그게 바로 엄경옥 대표다. 그의 책장과 책상에 가득 찬 책들을 보며 꾸아퍼스트의 높은 '브랜드 충성도'는 그의 치열한 공부에 있다는

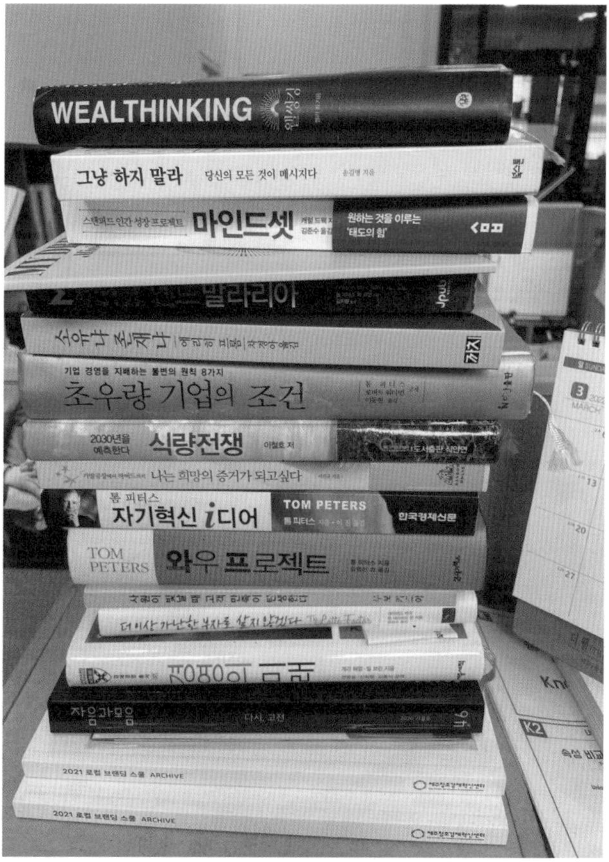

엄경옥 대표 책상에 쌓인 책들. 그의 독서량은 그의 성공에 당위성을 부여한다.

것을 다시 확인하게 된다. 그는 매일 아침 한 시간씩 독서를 한다고 한다.

"구성원이 없으면 저 또한 대표가 못 되지요. 솔선수범하고자 합니다. 우리 꾸아인들은 저의 등을 보고 배웁니다. 대표가 발전해야 조직이 발전합니다. 조직의 꼭지점인 제가 노력해야하는 이유이지요."

미용에 대한 이해를 바탕으로 공부와 노력이 쌓아 올린 성공의 깊이는 어디까지일까? 그의 역동적이고 창의적인 마인드는 성공의 깊이를 더욱 기대하게 한다.

"한 브랜드에서 일할 당시 대표님께 세 가지 제안을 드렸죠. 미용박물관 건립, 컬렉션 개최, 실버타운 건설이었어요. 미용박물관은 있는 건물에 조금씩 준비해 가면 미용실 홍보와 더불어 미용하는 학생들은 물론 일반인들에게도 기념비적인 공간이 될 것이라고 생각했습니다. 컬렉션의 의미는 신상품을 매년 발표하고 제공함으로써 브랜드의 역량을 세상에 보여주는 것이었어요. 실버타운은 아름다움을 추구하는 살롱이 삶의 공간으로 확장되는 것을 의미합니다. 고객들도 늙어가니까요."

이러한 진보적이고 발전적인 제안이 수십 년 전 그의 머릿속에서 나왔다. 그의 선구안적 아이디어에는 미용의 미래와 사업적 역량과 비전이 다 담겨 있어 멋있다. 그래서 꾸아퍼스트가 선보일 내일이 무척 기다려진다.

디자이너가 말하는 우리 대표님은요

중동롯데 카라 원장

대표님과 만나 얻게 된 새로운 이름, '카라'. 하늘이 주신 어떤 인연으로 이렇게 오랜 시간 대표님과 함께하게 되었는지 아직도 잘 모르겠습니다. 다만 대표님께서 지금의 '카라'라는 이름을 지어주셨고, 이름대로 '카라'라는 디자이너만의 인생을 살았고 지금은 대표님과 또 다른 미래까지 그려 나가게 되었지요. 대표님은 엄격하셨지만 그 누구보다 직원들을 사랑하시고 항상 머무르지 않으시며 우리에게 성장을 알려주신 분이십니다. 또한 지금의 '카라', 그리고 '꾸아퍼스트'를 일구어 내셨습니다.

감사하다는 말, 이제는 이런 단어나 표현보다 이 분이 계시지 않는 미래가 상상이 가질 않는 다는 말이 떠올라요. 앞으로도 함께 미래를 그려나갈 영원한 멘토가 있다는 사실에 내일이 설렙니다. 대표님 감사합니다. 그리고 사랑합니다.

규

8

CeB 규원장

미용계의 젠틀몬스터, Culturespresso Beauty

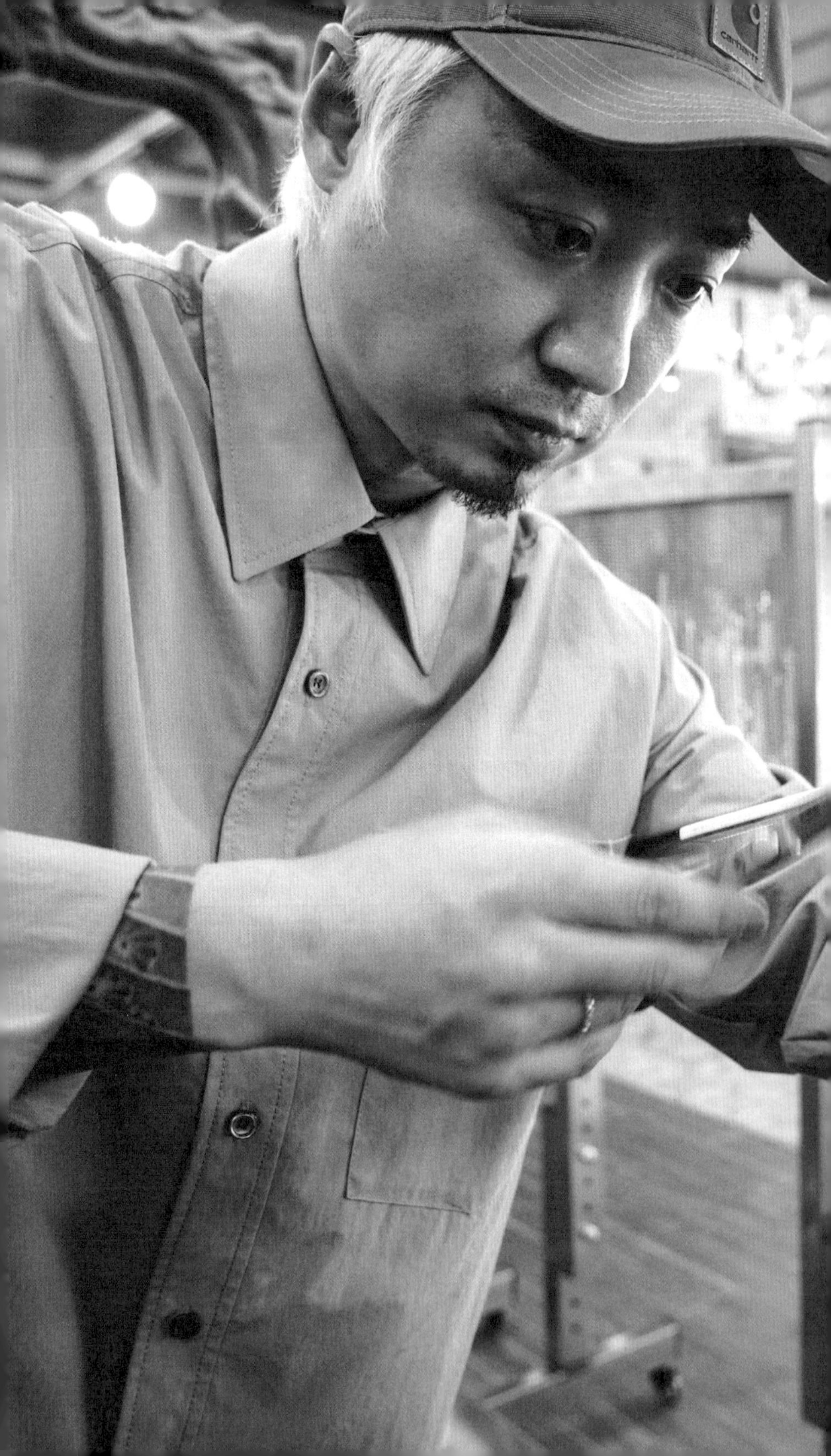

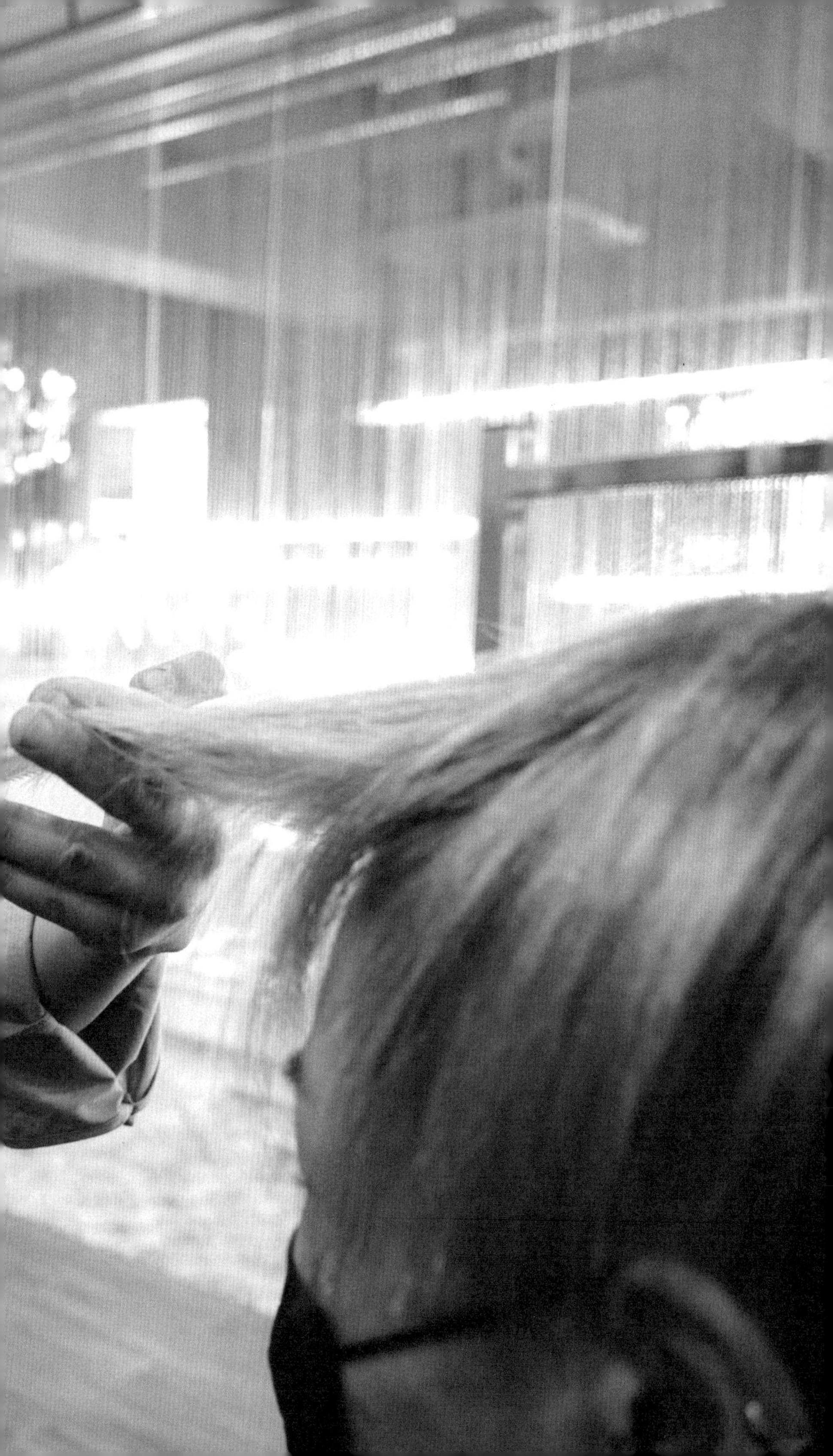

고객의,
고객에 의한,
고객을 위한

절충은 곧 타협이라는 규원장은 익숙해지면 아무것도 할 수 없다고 단언했다. 적당한 타협 없이 자신을 단련했을 그의 과정이 그려진다. 결과는 과정이 만든 시간의 족적이다. 규원장만의 시간에 담긴 성취, 노력, 성찰, 자부심의 깊이가 곡진하다.

고객이 누릴 당연한 권리와 새로운 권리 사이

‘셉(Culturespresso Beauty의 줄임말)’의 시작은 거울룸이다. 육면이 거울로 이뤄진 이곳에선 거울에 비친 수많은 나로 인해 순간 정신이 혼미해진다. 하지만 이내 곧 거울 속 나를 바라보며 느슨함과 나른함을 느낀다. 환상적이고 비현실적인 이 공간은 발길을 멈추고 나 자신에게 집중할 수 있는 여유를 갖게 한다. 그리고 거울룸에서 빠져 나오면 ‘셉’의 본격적인 무대가 펼쳐진다.

부산 해운대의 핫플레이스로 부상한 ‘셉’은 작년 12월 오픈한 3명의 디자이너와 3명의 파트너 그리고 바리스타 3명으로 구성된 복합 문화 공간이다. 오프라인의 공간은 이제 더이상 한 가지 장르의 전문성만으로는 한계가 있다고 판단한 규원장의 생각에서 탄생됐다. 이곳은 문화와 예술, 커피, 뷰티 등 다양한 장르가 한 공간에 어우러져 유니크함을 자랑한다.

"저희 '셉'은 하이엔드를 지향하는 곳으로 헤어살롱을 찾는 고객들이 느낄 수 있는 공간의 수준을 끌어올리는 것이 관건이었습니다. 저희는 직업적 가치를 위해 공간의 변화를 주었는데 이는 매출의 상승으로 이어지는 것 같습니다."

'셉'에서 카페는 공간 콘셉트에서 아주 중요한 요소라고 생각했다. 카페가 대중의 삶에 주요 콘텐츠가 되며 효용 가치가 높은 소비 공간이 된 것. 높은 효용을 인정받은 가치는 다양한 사람들의 입과 SNS를 통해 옮겨진다. 이런 대중으로의 확장은 큰 힘을 가진 마케팅이 되었다고 생각했다. 그래서 살롱과 카페가 공존하는 확장의 공간을 만들었다. 뿐만 아니다. 헤어살롱과 카페라는 두 장르를 다양한 관점에서 색다른 감성을 만들어 내고 싶었다. 연결 고리는 바로 예술(Culture)이었다.

"예술은 살롱과 카페를 신비스럽게 구분하는 듯, 연결하는 듯 이중의 느낌을 줘야한다고 생각했어요. 그렇게 정말 후회 없는 저의 첫 공간이 만들어 졌어요. 저는 콘셉트가 정확했기에 물 흐르듯이 공간이 정리된 것 같아요. 예술과 카페와 미용실의 비율이 1:1:1인 콘셉트요."

정말 많은 시간을 살롱과 카페의 연결 고리를 찾는 것에 몰입했다. 자료를 찾고 그 자료를 테블릿 피시로 재현시켜 견적도 받아보았다. 그렇게 반복적으로 하던 중 어떤 한 작가의 피드를 발견했다.

"볼체인! 정말 제가 원하는 신비스러운 파티션이라는 확신

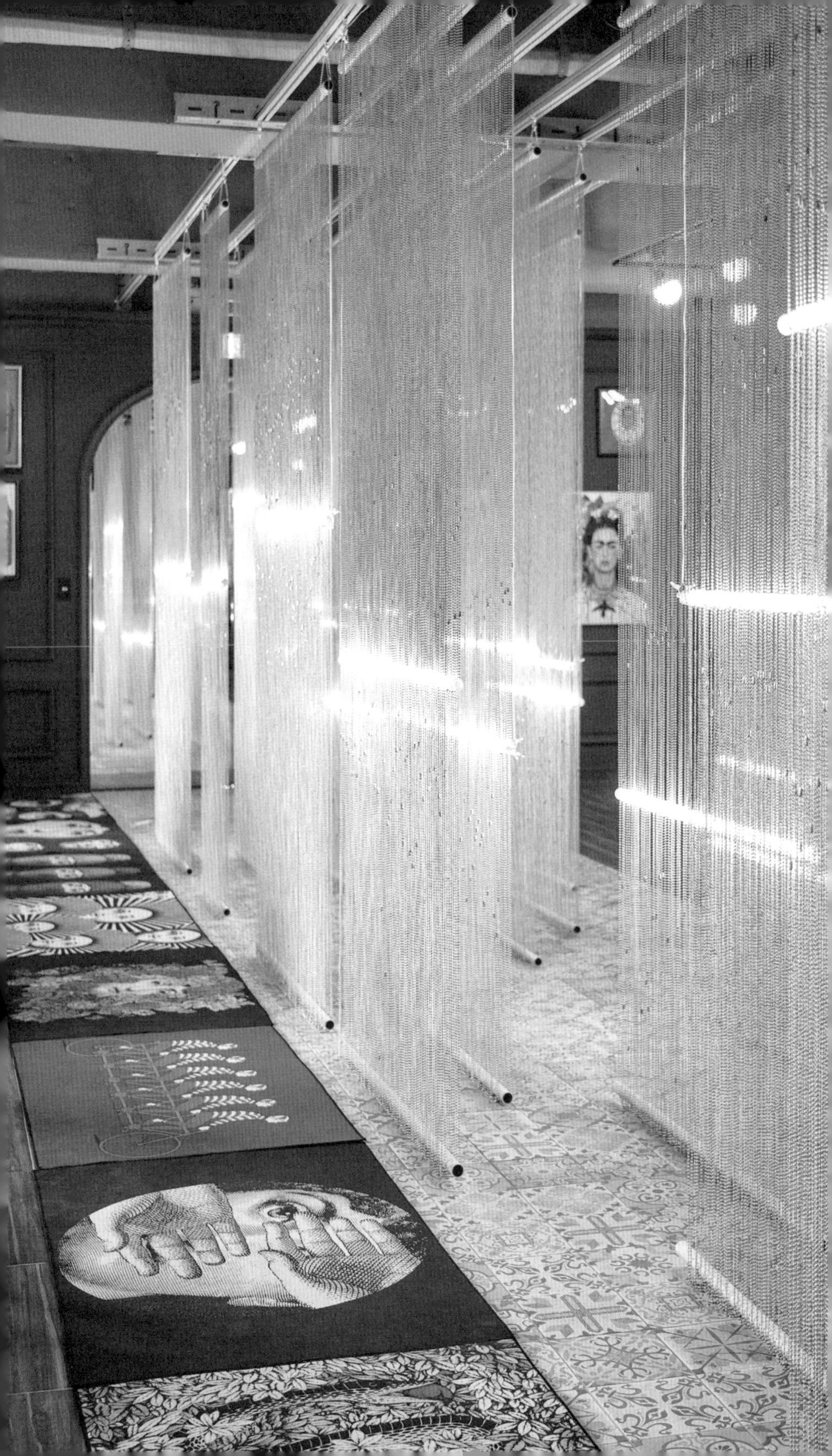

이 들었습니다. 그 결과물이 지금의 김덕영 작가님의 설치작품 'return to wave'입니다. 작가님께 폭 3m 길이 12m의 작품을 의뢰하며 영구적 갤러리를 가진다 생각하시고 잘 부탁드린다며 맡겼어요."

이렇게 '셉' 'Culture'의 예술이 설정되었다. 예술과 카페의 연결고리는 카페의 의자와 테이블이다. 이것도 김덕영 작가의 작품이다. 나머지 카페의 베이스는 엔티크이다. 샹들리에와 조명 가구들로 분위기를 맞추고 포르나세티 벽지로 포인트를 주었다. 벽에는 포르나세티, 에곤 쉴레의 작품들을 걸어두고 전신거울을 배치해 포토존까지 만들었다. 해운대 앞바다가 보이는 창문으로 비치는 햇살은 자연이 주는 최고의 예술 작품이다. 이렇게 '셉'의 카페(espresso)가 완성되었다.

미용실(Beauty)의 거울 거치대와 티테이블 역시 예술과 연결고리 역할을 할 수 있도록 김덕영 작가에게 의뢰했다. 미용실과 카페에 있는 거울은 전국에 있는 것을 모아 15점이나 미리 사놓았다. 이 거울은 영국 디자이너 캐빈링이 만든 '까사가이아'의 작품이다. 미용실 베이스는 전시장처럼 벽을 만들어 거추장스러울 수 있는 미용 기구들을 전시품처럼 보이게 공간을 만들었다. 규원장은 미용기구들 속에 있는 스피커를 제거해 소리를 전혀 나지 않게끔 했다. 당연하게 느끼던 불편함을 없애버린 것이다. 이곳에는 프리다 칼로 대형 그림 5점과 포르나세티 벽지를 포인트로 갤러리의 감성을 담아냈다.

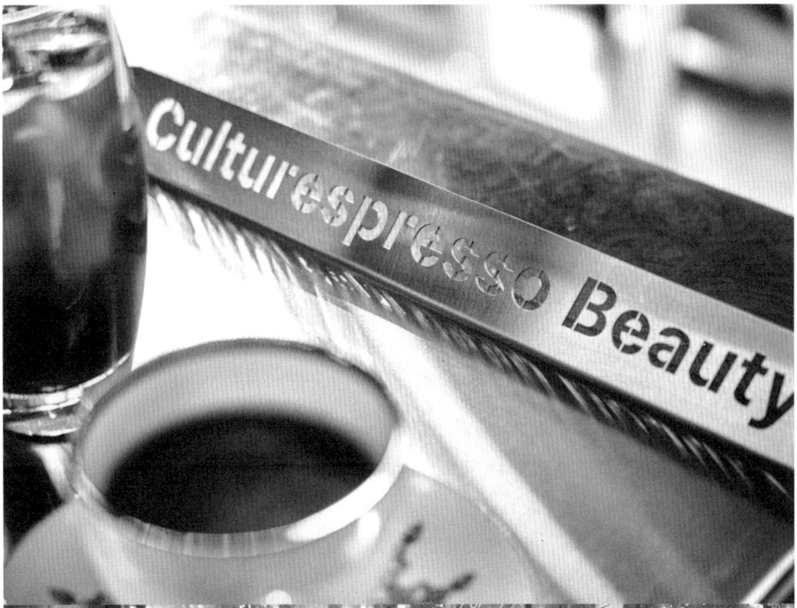
Culturespresso Beauty

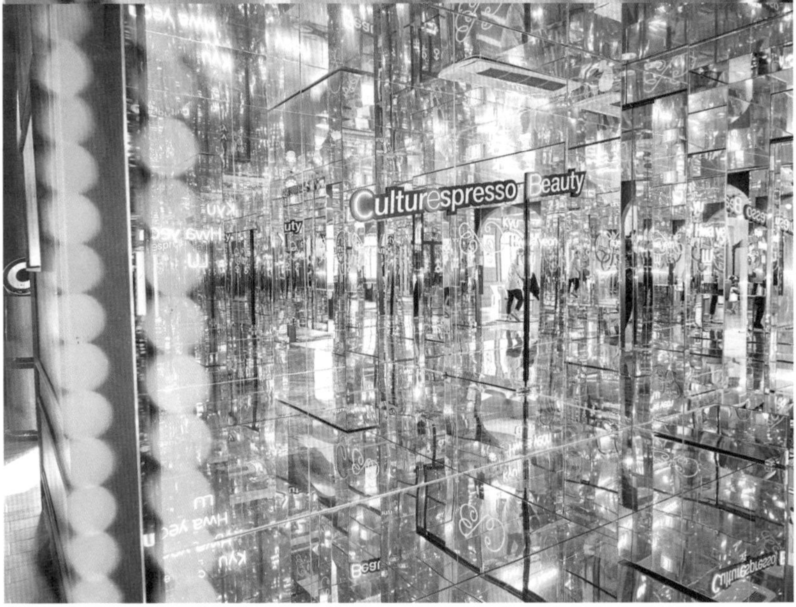
Culturespresso Beauty

규원장은 살롱의 콘셉트를 잡아 가던 중 고객인 건축과 교수에게 자문을 구했다.

"교수님. 미용실 같지 않으려면 어떻게 해야 할까요?"

"원장님 카운터를 없애면 돼요."

그렇다. 미용실에 입장하면 카운터가 있고 거기서 우리가 흔히 아는 살롱의 시작과 끝이 이루어진다. 하지만 '셉'은 고객들이 공간을 먼저 즐기도록 설계했다.

입구와 제일 멀리 있는 곳에 카운터가 있다. 볼체인 아트를 지나 반대편 살롱으로 오게 되면 지금껏 보지 못했던 거울 앞에 앉게 된다. 그리고 고객은 이동하지 않고 누워서 샴푸를 받는다. 일본 명품브랜드 '다카라벨몬트'에서 제작된 샴푸대로 고객은 앉은 자리에서 모든 것을 다 제공받는다.

"미용실이어서 당연히 감수하고 불편하게 생각하는 가장 큰 것을 개선하고 싶었어요. '아름답지 않은 모습으로 고객들이 이동하지 않게 해야겠구나'였죠. 염색이 발린 채, 펌 로드가 말린 채로 이동하는 불편함을 없앴어요. 실제로 고객님들의 피드백이 제일 좋은 부분입니다."

'셉'의 살롱은 바쁘게 움직이지 않는다. '셉'은 고객의 공간과 시간을 중요하게 생각한다. 충분한 예약 시간을 확보하여 고객과의 소통 시간을 가진다. 머리를 하는 고객이 숙제를 해결하러 왔다는 인식을 바꾸려 노력하고 있는 것이다. 오로지 머리를 즐겁게 하러 올 수 있도록 말이다.

헤어 콘테스트, '부산도 되네!'의 포문을 열다

2016년 밀본 주최 'milbon DA Designer's Ability KOERA'(이하 밀본 DA)에서 갤러리상과 디자이너상을 동시에 수상하며 규원장은 주목을 받기 시작했다. 미용계의 반응은 한결 같았다. '어! 부산도 되네'였다. 그 이후 헤어디자이너로서의 역량을 키울 수 있는 포토콘테스트, 화보 촬영, 세미나 강사, 교육 강사 등의 활동을 했다. 그는 기회가 되는대로 최선을 다했다. 2019년도에는 밀본과 <그라피> 주최의 콘테스트에서 모두 수상을 했다. 2017년에 '홍대컬렉션' 참가를 시작으로 2018년에는 '더민헤어'의 이름으로 오사카 '미도스지 컬렉션 헤어쇼'에 한국 대표로 총괄 디렉팅을 했다. 그의 괄목상대할 성장은 올해 2월 'cover or show up'이란 타이틀로 부산에서 개최한 밀본 S/S 트렌드 단독 헤어쇼에서 빛을 발했다.

"감성의 폭을 넓히는 공부를 게을리 해서는 안 되죠. 그 공부

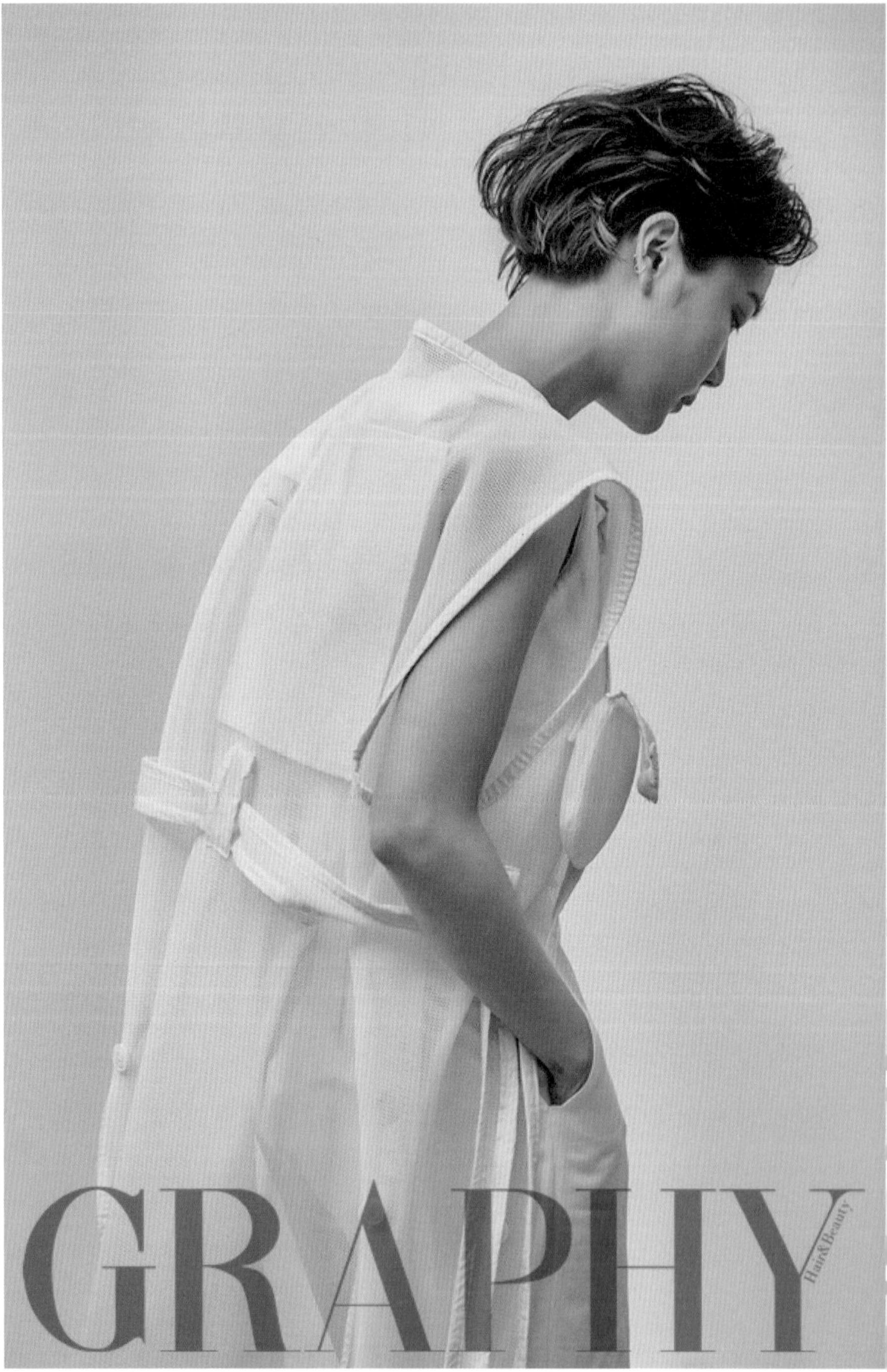
GRAPHY
Hair&Beauty

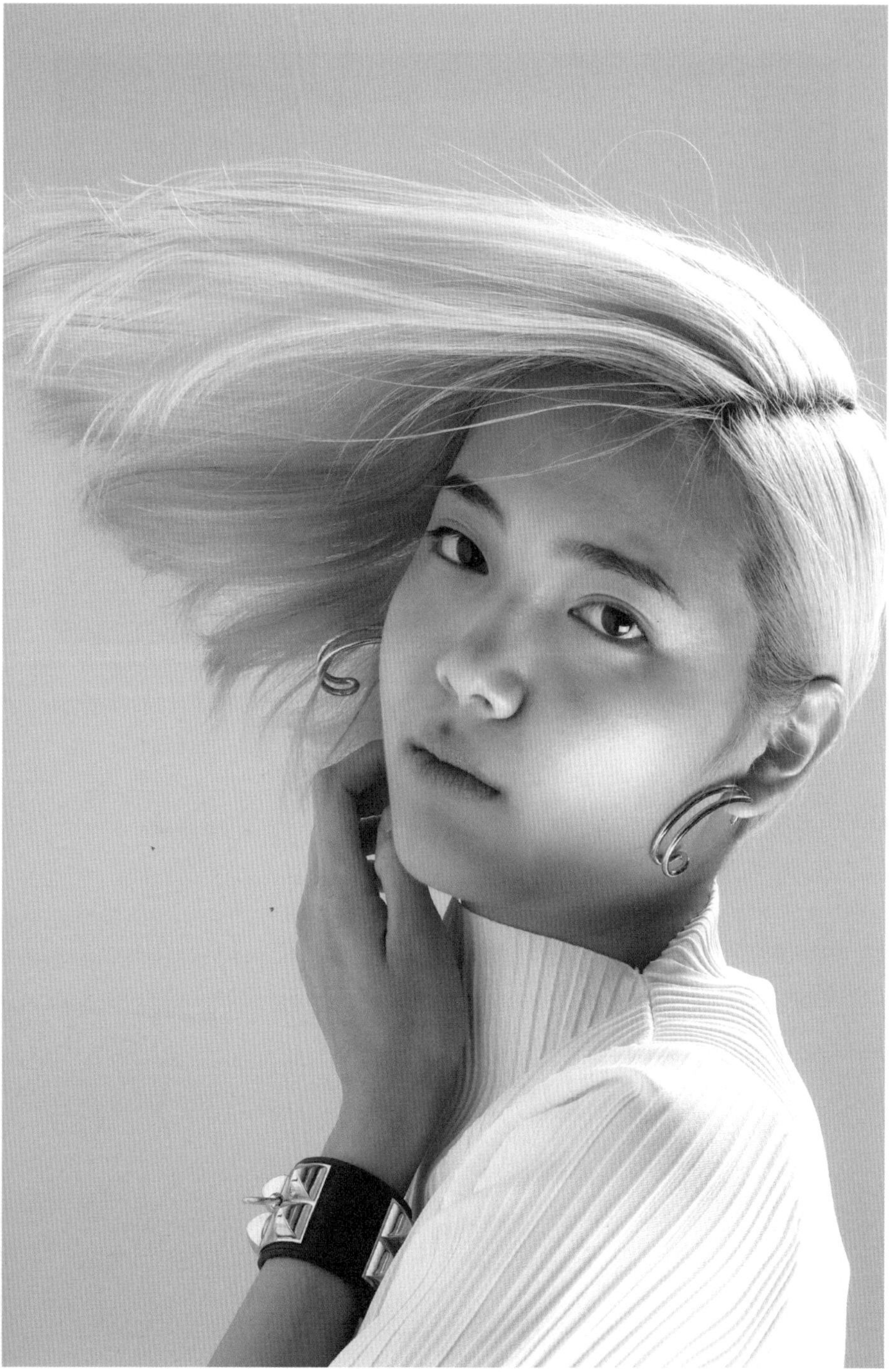

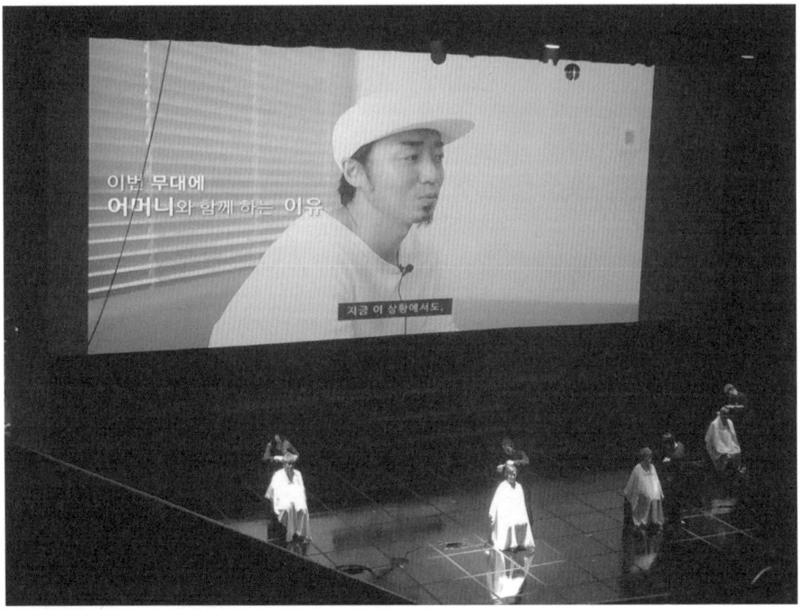

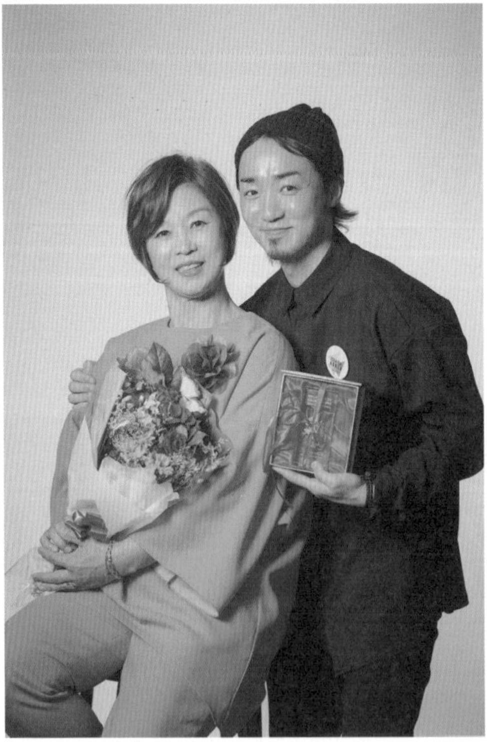

헤어쇼 '홍대컬렉션'에서 규원장은 어머니와 함께 무대를 즐겼다.

는 살롱워크의 연장에서는 어렵다고 생각해요. 크리에이티브한 요소를 끌어올릴 수 있는 포토 콘테스트나 현장에서 직접 시현하는 대회, 헤어쇼에 도전하는 것입니다. 수상의 여부를 떠나 대회를 준비하는 과정에서 얻는 것이 매우 크답니다. 디자인을 바라보는 넓이와 깊이가 확연하게 차이가 납니다. 그래서 저는 아직도 매년 최대한 많은 콘테스트와 행사에 참가 및 참관하고 있습니다."

2016년 '밀본 DA' 첫 참가에서 큰 상들을 받으며 그와 함께 '부산'도 주목을 받았다. 그가 부산 미용사로서 큰 성과를 올리고 외부 활동들의 포문을 열었기 때문이다.

"미용사에게 직업의 성취감과 보람은 당연히 살롱워크에서 얻어야 하고 그곳에서 가장 많은 시간을 머물러야 한다고 생각합니다. 하지만 외부 활동들은 나의 성장, 발전, 존재의 가치와 크기, 경쟁력, 그릇 등 나 자신을 객관적으로도 주관적으로도 판단하고 판단받게 하는 아주 중요한 외부 원동력이 됩니다. 다만 조심해야 하는 것이 활동이라는 영역에서 성과가 나면 자칫 자신에게 도취돼 버릴 수 있습니다. 그렇게 되면 외부 동력에 취해 본질인 내부 동력이 줄어들게 됩니다. 오래 취하면 내부 동력이 없어지기도 하죠."

그는 외부 업체에서 자신을 섭외할 때 '도구'로 사용해서 감사하다고 한다. 또한 도구로 사용되어질 때 느껴지는 자부심은 노력의 산물이라고 생각한다.

그는 세미나의 인기 강사이기도 하다. 그는 세미나에서 항상 고객의 분석요소로 미의식, 손질, 이미지, 가격으로 나누고 고객이 니즈를 분석해 수치화하라고 강의한다. 또한 고객의 니즈는 소통을 통해, 소통은 디자이너의 기술력을 통해 이루어진다는 점도 그의 주요한 강의 주제다.

"저는 고객의 미의식을 자극하고 끌어올리는 것에 정말 관심이 많고 앞으로 비전은 거기에 있다고 생각해요. 고객이 세모, 네모, 동그라미 중 무엇을 원하는지 세모 중에도 정삼각형인지, 직삼각형인지, 이등변삼각형을 원하는지 고객의 마음을 읽어내야 하는 것이죠. 그리고 그 스타일을 할 수 있도록 준비해 놓으면 돼요. 고객의 미의식은 자신의 생활환경이나 직업환경 등에 의해 자발적인 성장이 어렵습니다. 그렇기 때문에 디자이너가 고객의 미의식 수준을 끌어올려 다양한 스타일을 즐길 수 있게 해줘야 하는 의무가 있는 것이지요. 저희는 고객의 인생에서 헤어라는 아름다움의 영역을 디자인해 주는 직업을 가진 멋진 사람들입니다. 그렇게 때문에 디자이너들은 자신이 가진 능력을 발휘할 수 있는 고객들이 필요합니다. 디자이너는 고객이 원하는 것을 말할 때까지 기다리는 것이 아니라 고객이 원하는 이미지를 말할 수 있는 수준으로 끌어올리는 역할을 해야 하는 것이죠. 디자이너에 의해서 미의식이 상승하게 되면 그 둘의 관계는 특별해집니다. 단순한 비즈니스 관계가 아니라 서로의 인생에 조금 더 중요한 존재가 되는 것이죠. 그런 관계성이 많아지게 되면 미용사

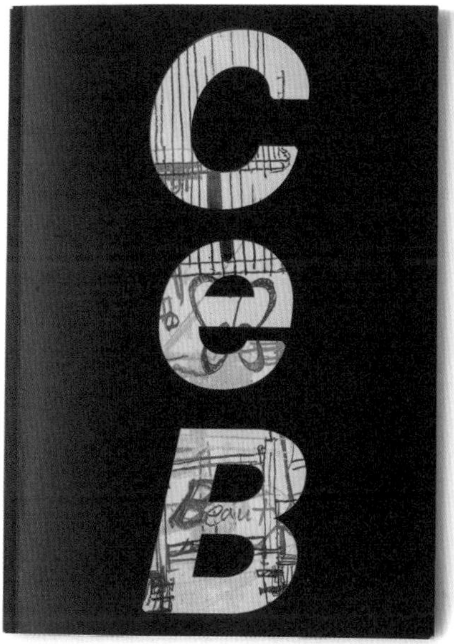

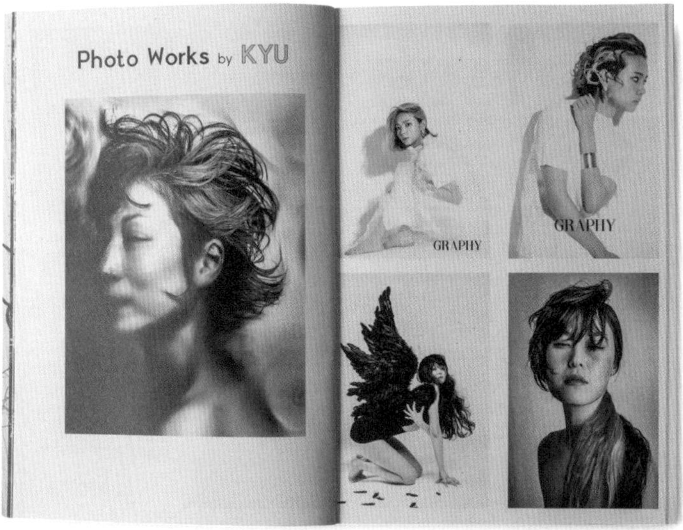

매장에 비치된 '셉'의 스토리북 'CeB'

라는 직업은 모두의 의식 속에 높은 직업적 가치를 가지며 경쟁력 있는 직업군이 될 것입니다. 더불어 미용사들의 수준 또한 상승할 것이고, 현재 시장 경제의 중간 역할을 할 수 있는 멋진 브랜드와 함께 멋진 미용사들이 탄생하게 될 것입니다. 그렇게 저는 저희 직업의 가치를 알리고 그 가치에 자부심을 느끼는 미용사를 만드는 일에 조금이라도 보탬이 되고 싶습니다."

'디자이너들은 자신이 가진 능력을 발휘할 수 있는 고객들이 필요합니다'에서 생각이 잠시 멈칫했다. '고객이 실력 있는 디자이너를 찾아 헤매는 것과 같이 아! 디자이너도 고객을 찾는구나. 이것이 주체적인 디자이너의 진정한 마인드구나!'

디자이너가 요구하는 고객을 위하여

"저는 레이어 커트나 가벼운 질감이 유행하기 전부터 가벼운 다발감과 움직임을 좋아해서 고객들에게 많이 해 드렸어요. 예전에는 길에서 제가 해드린 머리를 구분할 만큼 특색이 있기도 했었죠. 그래서 전국적으로 커트 세미나를 많이 요청 받기도 했었어요. 케어와 스타일링 제품을 빠르게 도입하여 일상생활에서도 살롱에서처럼 멋스러운 느낌을 연출해 드리는 콘셉트를 제안했어요. 즉 '살롱 12번 방문으로 살롱에 오지 않는 353일을 아름답게'라는 슬로건으로 고객층을 만들어 갔었죠. 경력이 쌓여가고 시술 가격이 상승하면서 자연스레 고객층의 연령대도 올라갔는데요. 저는 연령대가 가진 디자인 폭의 한계를 뛰어넘는 것에 주력하고 있습니다."

규원장은 홈스타일링을 통한 멋스러움이 재현되는 시술을 추구한다. 이를 위해 뛰어난 재현성은 필수다. 그러면서도 다양한 컬러와 펌을 시도한다. 고객 스스로 가지고 있는 벽을 허물어 디자인의 폭을 확장시키는데 중점을 둔다. 특히 요즘은 펌보다는 컬러가 이미지를 만들어가는 중요한 요소이므로 가장 섬세하게 제안하고 시술한다.

디자이너가 요구하는 고객을 위하여 '셉'의 정체성과 전통성은 어떻게 유지할까. 바로 스태프의 교육을 통해서다.

"여전히 도제식 스타일을 유지하고 있습니다. 인턴부터 차근차근 저희만의 기술과 가치관, 신념을 알려주다 보면 정말 저희랑 잘 맞는 친구를 만날 수 있습니다. 다만 반대로 이탈도 많아 확장성이 약하다는 단점이 있죠. '셉'의 교육의 특장점은 인턴과 디자이너의 일대일 교육으로 집중도가 높아요. 대신 각 테스트를 통과해야 다음 레벨로 올라갑니다. 케어, 컬러, 펌 등 이론부터 시작해서 테스트 통과 후 실무 위주로 교육합니다. 마지막 단계로 오게 되면 커트 교육이 들어갑니다. 그 과정 안에서 컬러 디플로마와 케어 디플로마를 수료해야 하고, '오주아 소믈리에(밀본 최상의 케어 라인인 오주아에서 만든 퍼스널 헤어 케어 스페셜리스트)'를 취득해야 디자이너로 데뷔가 가능합니다."

'셉'의 구성원은 규원장의 외부 활동에 항상 참가 혹은 참관하여 시야의 폭과 경험을 넓힌다. 직간접적 경험을 계속 쌓는 것이다.

"저와 인턴 때부터 항상 같이 활동하며 서포터 해줬던 친구가 지금은 자신의 인턴에게 서포터를 받으며 활동에 참가하고 있습니다. 아주 좋은 흐름이라 할 수 있죠."

감성의 칼을 갈다

"저는 그림 그리는 것을 좋아하고 보는 것도 좋아해요. 이제 여기 '셉'에 있는 모든 것들이 저의 영감을 자극하는 매개가 되었어요. 예술은 보는 이의 수준과 그 깊이에 상관없이 감동이 있습니다. 그것은 자신의 경험과 기억 속 어딘가에서 매개가 되어 자극을 주게 되고 잔상으로 남게 됩니다. 지금 '셉'에 방문하시는 분들도 '셉'의 공간을 보며 본인들의 기억 잔상을 말씀해 주시곤 합니다. '여긴 일본 어디어디 같네', '제주도 거기 같다', '뉴욕 어디 같은데', '이 작가를 보러 난 비엔나를 갔지', '미국에서 우연히 이 작품을 보러 갔었지요' 이런 것이 아트와 인테리어의 차이점인 것 같아요."

규원장은 예술 작품 감상도 좋아한다. 꼭 직접 가지 않아도 사진만으로도 충분하다고 한다. 디테일하게 언제 누구의 작품인지 배경은 어떠한 곳인지 몰라도 그냥 눈으로 마음으로 작품을 즐긴다. 그러면 어느 순간 자신이 작품 속에 살며시 스며든다고 한다. 그에게 그림이 중요한 영감의 원천이듯 자연 또한 중요한 힐링포인트다. 규원장의 자연을 감상하는 방법이 그 누구보다 새롭다.

"전 큰 선택을 해야 하는 시기나 뭔가 정체되거나 포맷이 필요한 느낌이 들 때면 자연의 소리 속으로 숨어 버립니다. 정처 없이 사람도 차도 없는 소음 없는 장소를 찾아 돌아다니다가 '정적'이 흐르는 곳에서 멈춰 섭니다. 그리고 가만히 기다립니다. 모든 것이 들리기 시작할 때까지요. 파도가 치는 소리, 파도가 없는 물결 소리, 바람이 풀 사이를 지나가는 소리, 풀들이 부대끼는 소리, 갯벌 위의 게 숨구멍 소리, 텅 빈 하늘 위를 나는 새 한 마리의 낮은 울음소리, 나뭇잎 소리, 어딘지 모를 물 흐르는 소리 등등이요. 정적 속에서 들리는 이 소리는 언제 어디서나 항상 있던 소리지만 멈추어야 비로소 들립니다. 정적 속에서 찾아오는 '귀한 뚫림'이자 자연 앞의 '인간의 작음'을 일깨워 주는 순간이에요. 머리가 맑아지고 비워지며 새로운 것들이 샘솟아 납니다. 1년에 한두 번은 꼭 하는 것 같아요."

성실함, 성실함, 성실함

"스태프 때는 어디선가 '쿵' 하고 소리가 나면 누구나 할 거 없이 '또 규진이야?'라고 할 정도로 덤벙대고 급하고 조심성이 없었어요. 원래도 자존감이 그리 높지 않던 저로서는 따가운 시선과 감정을 받을 때마다 더 깊은 지하로 내려갔죠."

'나랑 맞지 않나?', '나를 싫어하는 것 같은데?', '내가 피해를 주는 것 같아'라고 부정적인 생각이 들었다. 하지만 자존심이 워낙 셌던 그는 자신이 할 수 있는 것을 찾아보았다. 성실함. 이거 하나는 할 수 있을 것 같았다.

"그냥 제가 지금 할 수 있는 범위 안에서 꾸준히 열심히 하면 되겠지하고 생각했어요. 제일 먼저 출근해서 제일 늦게 퇴근하며 저의 단점이 성실함이라는 장점으로 가려졌고, 조금씩 그 성과가 나타난 것 같아요."

그는 '더민헤어'에 입사하고 바로 살롱 열쇠를 달라고 했다. 한 달이 지나서야 그 열쇠를 받았다. 그는 열쇠를 받은 이후 한결같이 새벽 6시 반에 출근해 일하고 자정 12시까지 연습했다.

"선배들보다 빨리 승급했을 당시에도 '규는 열심히 했잖아', '규니까 인정해줘야지' 이런 얘길 들었을 때 성실함과 꾸준함의 중요성을 다시 한 번 느꼈죠."

미용을 배우기 시작하던 초급 디자이너 때는 그저 꾸준히 열심히 하는 것만으로도 눈엣가시처럼 싫은 티를 내는 동료들과 선배들이 있었다. 도와주지는 못할망정 그가 넘어지기만을 기다리는 것처럼 그들은 '복되지' 않았다. 자신들의 안일함을 제일 쉬운 방법으로 표현했다. 그들은 수적으로도 우세해 안정감도 있었다. 하지만 그는 한길을 향했다.

"미용사를 꿈꾸는 꿈나무든 이제 시작인 초급디자이너든 중간 간부든 오랜 경력의 원장님이든 결국 본인의 길을 멋지게 오래 갈 수 있는 방법은 직장이 아니라 '직업'에 무게 중심을 두어야 합니다. 직장이 되면 일은 나의 경제적인 부분을 해결하는 곳이 됩니다. 그렇게 되면 이 일이 힘이 드냐, 안 드냐 혹은 누가 나를 힘들게 하냐, 안 하냐에서부터 여긴 이렇고 저긴 저렇고 하며 순간순간 감정에 휩싸여 흔들립니다. 굳이 더 열심히 더 발전하고 성장할 이유를 찾기 어렵게 되지요. 하지만 직업이 되면 어떠한 것을 해서 어떤 가치를 만들어 낼 것인지 집중하게 됩니다. 그럼 그 일을 어떻게 하면 잘 해낼 지를 고민하게 됩니다. 이렇게 주체가 자신이 됩니다. 자신의 직업이 가치를 가지면 그것이 자신의 직업관이 되죠. 직업관을 가지고 일을 하게 되면 주변과 환경을 탓하지 않고 그것에 영향을 덜 받게 되는 것 같습니다."

규원장도 깊이 있는 직업관을 갖게 된 계기가 있다.

"제가 디자이너 2-3년차였을 때일 거예요. 특히 많이 바쁘던 시기였었죠. 여자친구가 머리하는데 따라오신 남자분이 기다리면서 한참 동안 제가 일 하는 모습을 지켜보셨대요. '정말 멋진 일을 하고 계시는군요. 저는 보험 쪽 일을 하는데 항상 사고 경위를 듣고 과실여부를 따지는 등 하루 종일 부정적인 대화만 가득한데 여기서 가만히 지켜보니 디자이너와 고객이 서로 즐겁게 대화하고 돈을 내면서까지 웃게 한다. 제가 살면서 이렇게 행복한 작업은 처음 보는 것 같네요'라고 말이죠."

"그날 저녁 일이 끝나고 한참을 생각했어요. 제가 하고 있는 일에 대해 직장이 아닌 직업적 가치를 가지게 된 저에게는 너무 행운 같은 일이었죠. 생각의 전환이 된 뒤로 고객을 대하는 제 마음은 전과는 달라졌습니다. 지금도 그 초심을 가지고 아침을 시작합니다. 저희는 이렇게 멋진 직업을 가진 사람들이랍니다."

더민헤어와의
아름다운 이별을 위한 노력

그는 '더민헤어'의 브레인 역할을 했다. 정체성이 확고한 브랜드의 이미지에 새로운 생명력을 불어 넣고 지역사회와 함께 하는 대표 살롱으로 자리매김하는 데 일조했다. '더민헤어'의 타이틀을 걸고 사진콘테스트, 헤어쇼 참가와 다문화가정, 요양원, 아동센터를 중심으로 선순환캠페인의 미용봉사를 기획하고 앞장섰다. '더민헤어' 또한 그가 18년간 헤어디자이너로서 성장하는 데 토양이자 자양분이었다. 미용계에서 아름다운 이별은 쉽지도 않고, 그리 많지도 않다. 그는 '더민헤어'와 아름다운 이별을 했다. 그 이별엔 노력이 있었다.

"헤어짐의 아름다움은 누군가의 포용이나 배려, 허락, 희생 같은 것이 아니라 서로의 노력이라 생각해요. 지금껏 여러 사람들과 만나고 헤어졌지만 매번 너무 쉽지 않았고 상처가 되었죠. 그 상처가 너무 깊어서 미용을 접는 분들도 꽤 많이 보았어요. 그만

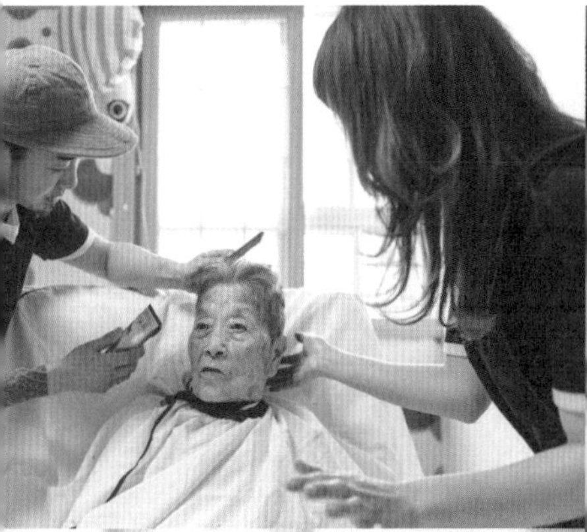

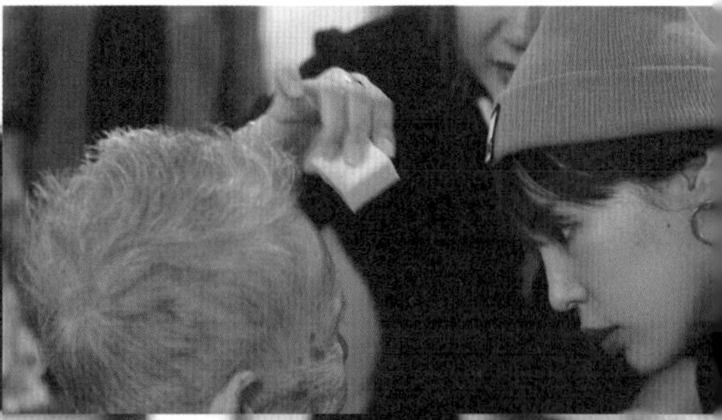

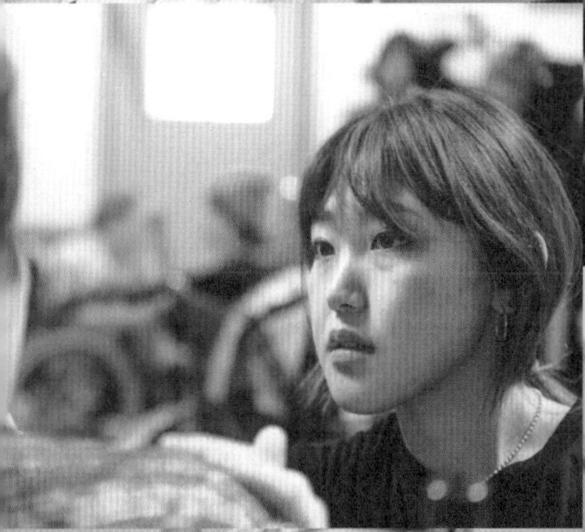

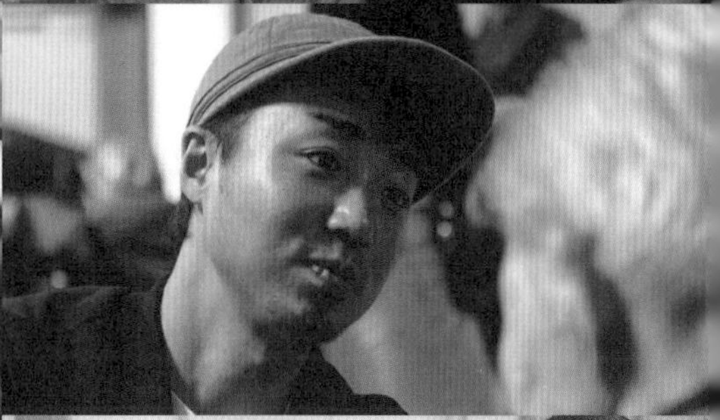

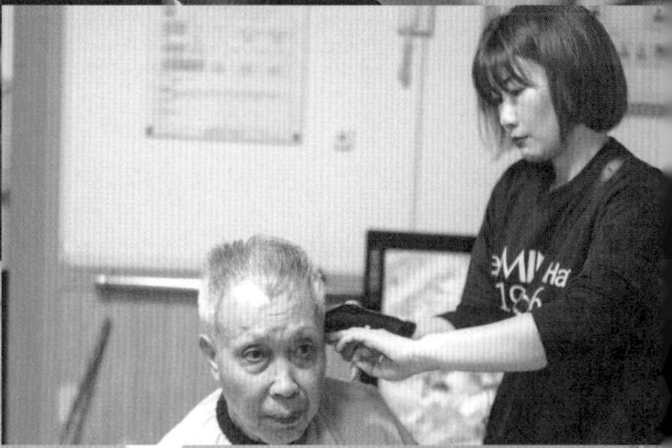

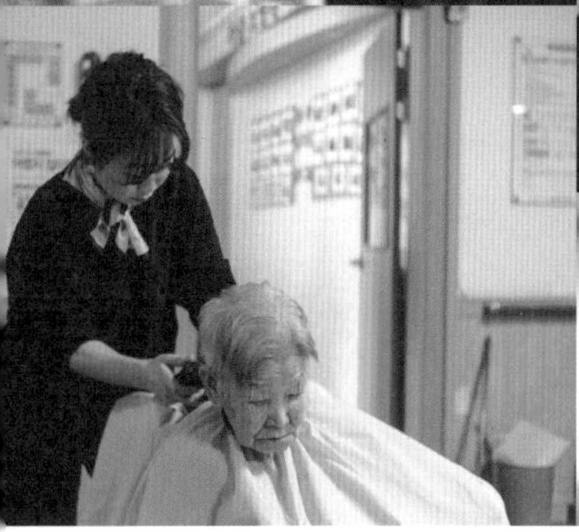

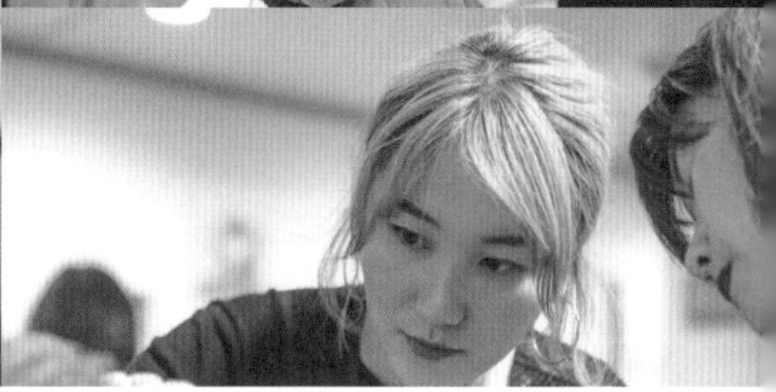

큼 사람과의 이별이 힘들고 괴로운 것이죠. 그 부분에서 '더민헤어'와의 이별은 서로의 노력이 충분했지 않았나 생각합니다. 저의 영원한 스승 이경화 원장님, 밝고 유쾌한 메이크업 아티스트 이경숙 사장님, 항상 경영에 대한 노력과 배움의 끈을 놓지 않으시는 이성미 이사님께 감사드리죠. 이별의 비극은 일방적인 통보의 형태에서 시작되는 것 같아요. 꾹꾹 담아 두었다가 혼자 결심하고 혼자 정리되면 통보하는 방식이요. 저는 담아두기 보단 항상 이사님과 자주 미팅하며 허심탄회하게 대화를 했어요. 생각의 다름도 느끼고 그 다름을 조율하여 맞추기도 하고 수정하기도 했어요. 그 과정에서 배우기도 했지요. 이사님을 좋은 선생님같이 혹은 동료와 같이 대하며 지냈어요. 그러다 제가 생각하는 살롱의 방향에 대해 대화를 나누며 조언도 듣고 하다 결국 결심을 얘기했어요. 섭섭해 하시면서도 뭘 도울지 물어봐주시는 모습에 너무 감사했어요. 그 후로도 혹여나 제가 실수하여 섭섭함을 드릴까 싶어 신경을 쓰며 진행했어요. 실제로 떠도는 유언비어는 만남을 통해 바로바로 확인하며 서로가 실망하고 서운해 하는 일이 없도록 하는 것에 노력했어요. 그렇게 마지막까지 서로의 진심어린 노력으로 아름답게 마무리되었다 생각합니다."

규원장의 날개, 셉의 날개, 미용계의 날개

•
•

"개인적인 목표는 제가 만든 브랜드 '셉'의 세 가지 콘텐츠가 모든 고객에게 만족을 주는 거예요. 균형과 하모니를 꿈꾸며 서로가 시너지를 불러일으키는 그런 복합공간이 되었으면 하는 바람입니다. 오너로서는 저와 같이 있는 디자이너들이 행복했으면 좋겠어요. 죽도록 일해서 돈 많이 버는 거 말고 자신의 100%를 쓰면 그만큼 대가를 받는 환경을 만들 것입니다. 누구보다 즐겁게 일할 수 있었으면 좋겠어요. 휴가도 맘껏 가고 그랬으면 좋겠어요. 그리고 훗날 직영점으로 몇 군데를 더 해보고 싶은 마음이 커요. 하나의 유행이 아니라 장르처럼 자리 잡고 싶은 마음입니다."

'공재불사(功在不舍)'. 그가 주문처럼 외우는 사자성어다. 모든 건 포기하지 않으면 이루어진다는 세상의 이치가 담긴 그의 신념이다. 디자이너로서의 목표는 '밀본 DA'에서 대상을 수상하는 것이다. 그리고 전국의 미용사들과 소통하고 공감하는 장을 만들고 싶어 한다. 그래서 먼저 해마다 부산에서 열리는 헤어쇼를 기획해 보고자 한다.

"헤어쇼를 '홍대컬렉션'과 같이 미용사라면 누구나 조건 없이 참가할 수 있게 만들면 일단 벽이라는 것이 허물어지게 되죠. 그렇게 되면 즐길 수 있게 되고 즐기게 되면 문화가 될 수 있어요. 그런 문화가 생기게 되면 가치를 가지게 됩니다. 그럼 그 지역의 가치가 올라가고 결국 대한민국 미용의 가치가 올라가게 되는 것이죠."

10년 차 고객이 말하는 우리 원장님은요

이영신 고객

규원장님을 만난 것은 큰 행운 중에 하나입니다. 이미지와 직업이 하나가 된 프로페셔널이며, 규원장님만이 상상할 수 있는 그림을 나를 통해 완성시키는 작가이기도 합니다. 원장님은 원장님의 색깔과 손짓을 통해 후배들에게도 이정표가 되는 사람입니다. '셉'을 보면 규원장님이 보입니다. 앞으로가 더 기대되는 사람이기도 합니다.

9

밤비헤어 밤비원장

스타일리시한 개봉섬 사람들의 축복

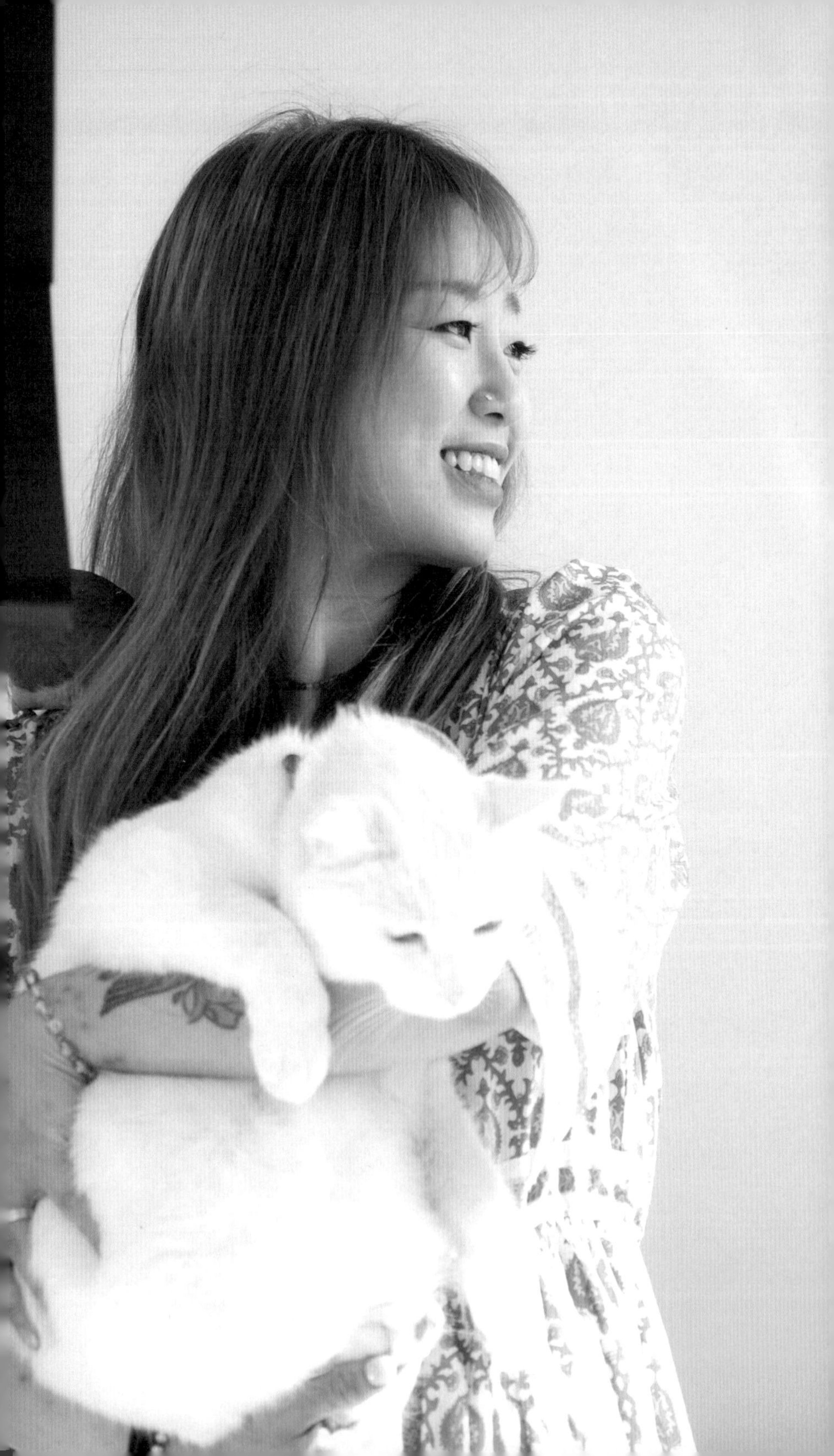

걸어서 5분 거리에
존재하는
최고의 아티스트

동네 고객을 '꽉' 잡고 있는 디자이너가 만나고 싶었다. 동네의 숨은 고수 또는 동네의 스타일을 책임져 주는 지역구 스타디자이너를 대표할 디자이너! 다원화 시대에 걸맞은 '시대의 미용'을 멋스럽게 보여줄 그런 디자이너를 소개하고 싶었다. 스타일을 위해 청담동이나 홍대, 한남동을 나가지 않아도 나의 스타일을 책임져 줄 믿음직한 동네 디자이너를 만나는 것은 솔직히 큰 '복'이다. 그래서 실력과 감각 그리고 따듯한 감성으로 개봉동을 점령한 밤비원장은 '개봉섬'의 축복이다.

국내 밀본 DA 심사위원, 밤비원장

•
•

밤비원장에겐 살롱 확장이나 프랜차이즈에 대한 꿈은 없다. 고객들에게 머리 잘하는 디자이너로 기억되고 싶을 뿐이다.

"고객 중에서 마산까지 가서 치과 치료를 받는 분이 계셨어요. 치과 원장님이 돌아가시고 나서 너무 슬펐다고 말씀을 해 주셨죠. 그 고객은 이제 누구 앞에서 입을 벌리고 치료를 받아야할지 모르겠다고 걱정하셨어요. 그 말에는 돌아가신 치과 원장님에 대한 믿음이 담겨 있다고 생각했어요. 그래서 치과 선생님은 행복하시겠다고 고객에게 말했죠. 환자가 그리워해 주고 본인이 없음을 슬퍼해 준다는 것은 치과 원장님 입장에선 행복이죠. 그때 저도 생각했어요. 우리 고객들이 제가 은퇴한 후 '머리는 밤비가 잘했지'라고 기억해 주셨으면 해요. 그런 디자이너로 남고 싶어요."

'밤비헤어'는 밤비원장이 말하듯 개봉동에 머리 잘하는 살롱으로 저명하다. 15년 이상 된 단골 고객이 80% 이상이고, 소개로 오는 고객이 대부분이다. 거기에 단골 고객의 가족까지 치면 예약은 포화 상태다. 중학생이던 고객은 아이를 낳아 아이와 같이 온다. 그래서 노소의 시간대와 맞아 운 좋게 '밤비헤어'의 세계로 입성하는 신규 고객은 1년에 20명이 채 안 된다.

"블로그, 인스타그램 등에 홍보를 하지 않습니다. 홍보를 하면 신규 고객이 오시는데 기존 고객들의 예약을 받을 수가 없어요."

행복한 고민이 아닐 수 없지만 그 고민은 밤비원장의 남다른 감각과 미용에 대한 열정이 쌓아 올린 성과임이 분명하다. 그의 아티스트적 실력은 그가 밀본 'milbon DA Designer's Ability KOERA'(이하 밀본 DA)의 심사위원이라는 것을 통해서도 확실한 증명이 가능하다. 2회 이상 그랑프리를 수상해야 주어지는 이 자격은 밤비원장이 국내에서는 두 번째다. 이처럼 그는 녹슬지 않는 아티스트로서 감각과 감성을 유지하기 위해 부단히 노력했다. 그 노력의 서사는 대회 참가의 역사를 보면 쉽게 알 수 있다.

'미랑컬'의 디자이너로 재직 시절인 2006년, '미랑컬'의 대표와 송도 '론론헤어'의 대표가 소속된 살롱의 후배들을 위해 개최한 '일본IMA대회'의 한국 대표 참가 자격을 겨루는 IMAK대회에서 밤비원장은 1등을 했다. 와인딩, 베이직커트, 디자인커트, 트렌드커트 등 4가지 영역에서 그는 뛰어난 실력을 인정받아 본 대회에 참가했다.

"'일본IMA대회'는 공정성과 투명성으로 인정받는 일본 최고의 미용대회인데, 외국인 참가가 불가한 대회였어요. 일본에서 오랜 활동을 하신 '론론헤어' 대표님의 지원으로 한국 수상자가 일본 본 대회에 참가할 수 있게 되었죠. 본 대회에 참가해서 일본 미용인들이랑 작업을 했어요. 당시 한국 미용인들이랑 실력은 지금과 많이 달랐어요. 그때만 해도 살롱에서 선배들이 매출을 올리는 옵션에 대해 조언을 해도, 직업적인 자존감을 높이는 조언은 아무도 하지 않을 때였어요. 일본 미용인들이 팔뚝 전체가 미용약품으로 피부병에 걸려 있어도 당연시하고 의연했어요. 너무 멋있었어요. 일본 미용인들이 보여준 자신의 직업에 대한 진지함이 저에겐 직업의 자존감을 공부하는 계기가 됐어요."

밤비원장에게 미용대회는 '축제이자 페스티벌'이다. '밀본 DA'에서 2017년 그랑프리, 2019년 그랑프리, 디자이너상, 갤러리상을 모두 휩쓸었다. 2017년 밀본 포토레볼루션 입상, 같은 해에 웰라 트렌드 비전 입상 등을 수상했다. 2018년에는 외부 활동에 정점을 찍었다. 헤어매거진 〈그라피〉에서 밤비원장이 각종 대회의 수상자 목록에 있는 것을 보고 인터뷰 및 화보 촬영을 제안할 정도로 미용계에서 탄탄한 입지를 다져나갔다.

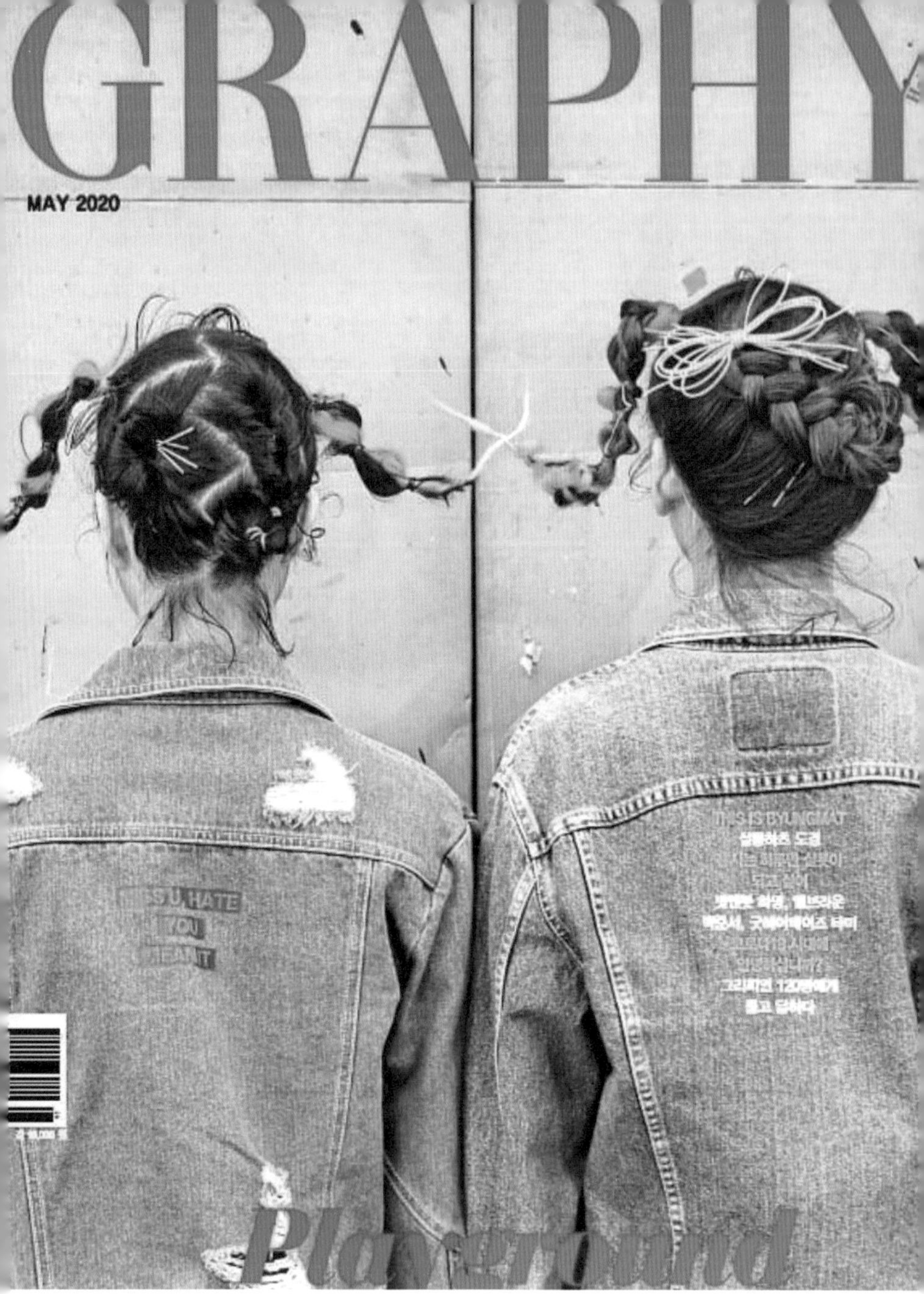
GRAPHY
MAY 2020
Playground

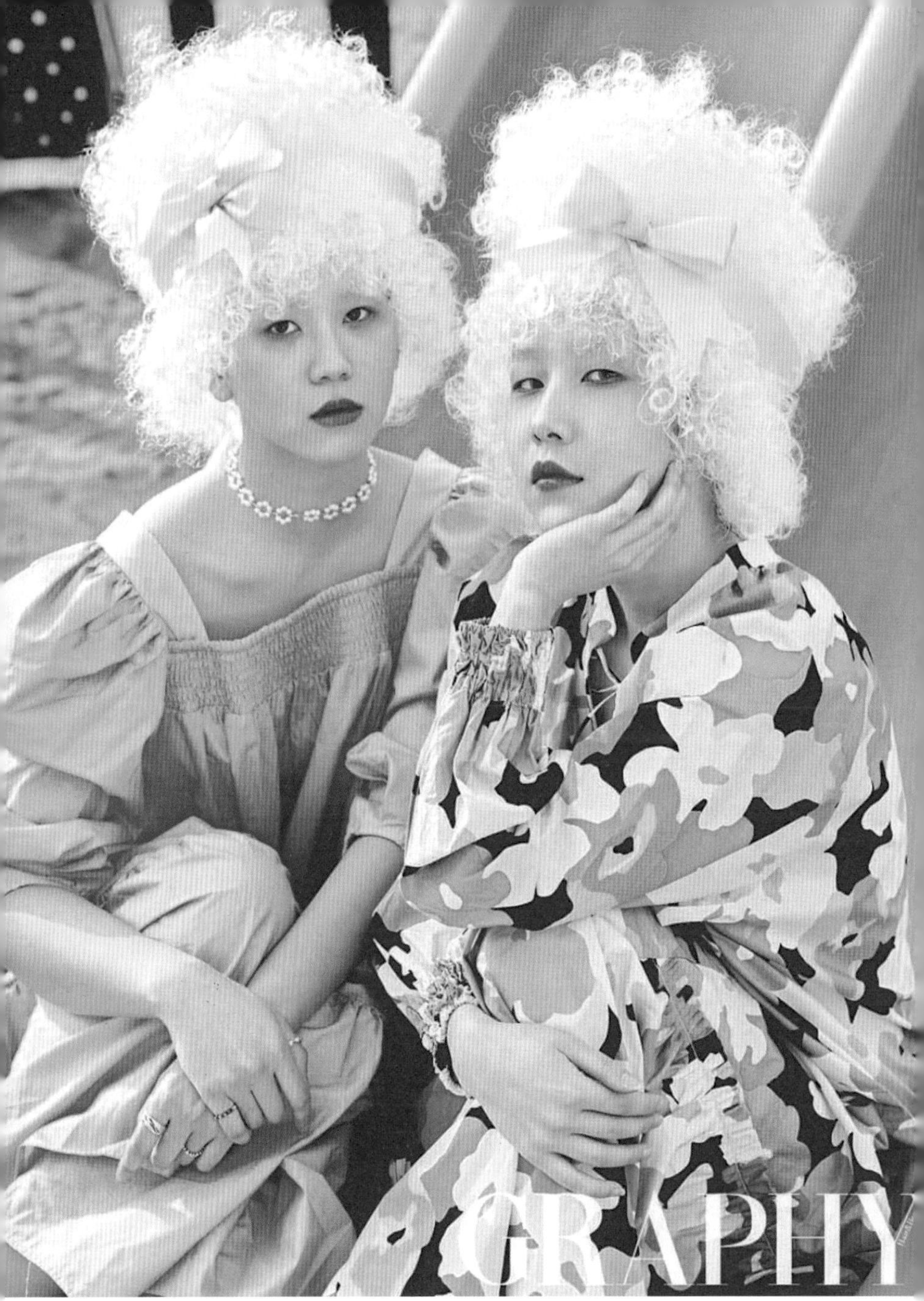
GRAPHY

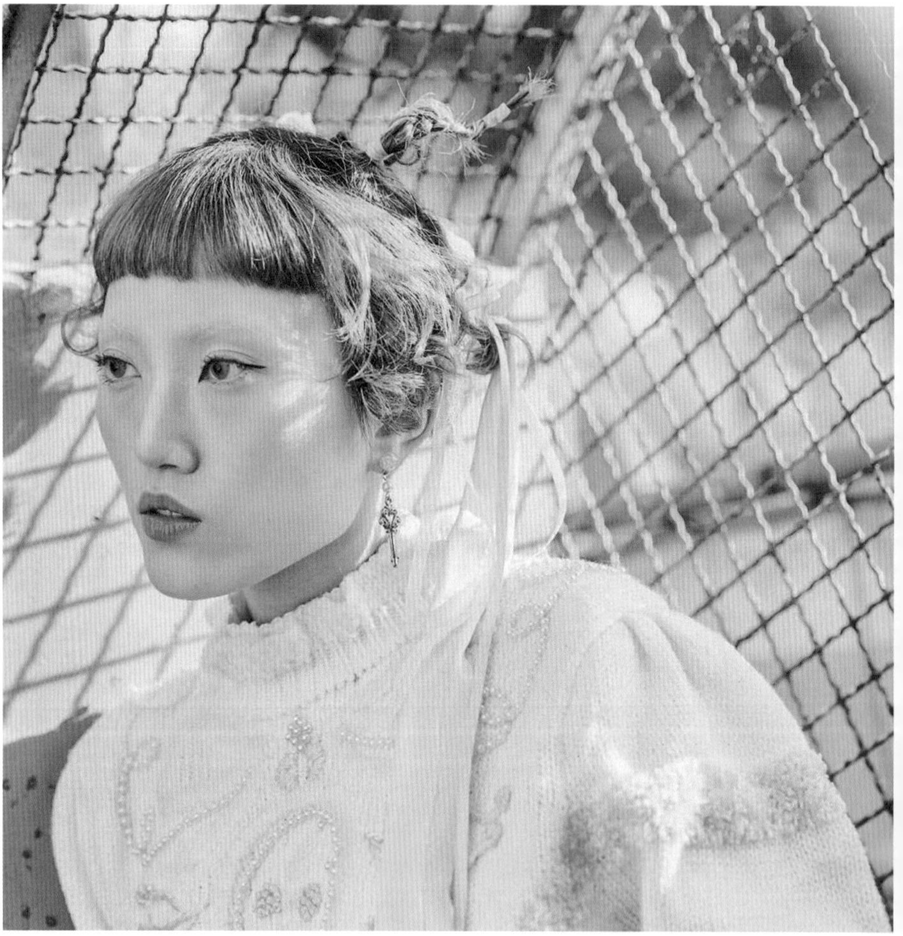

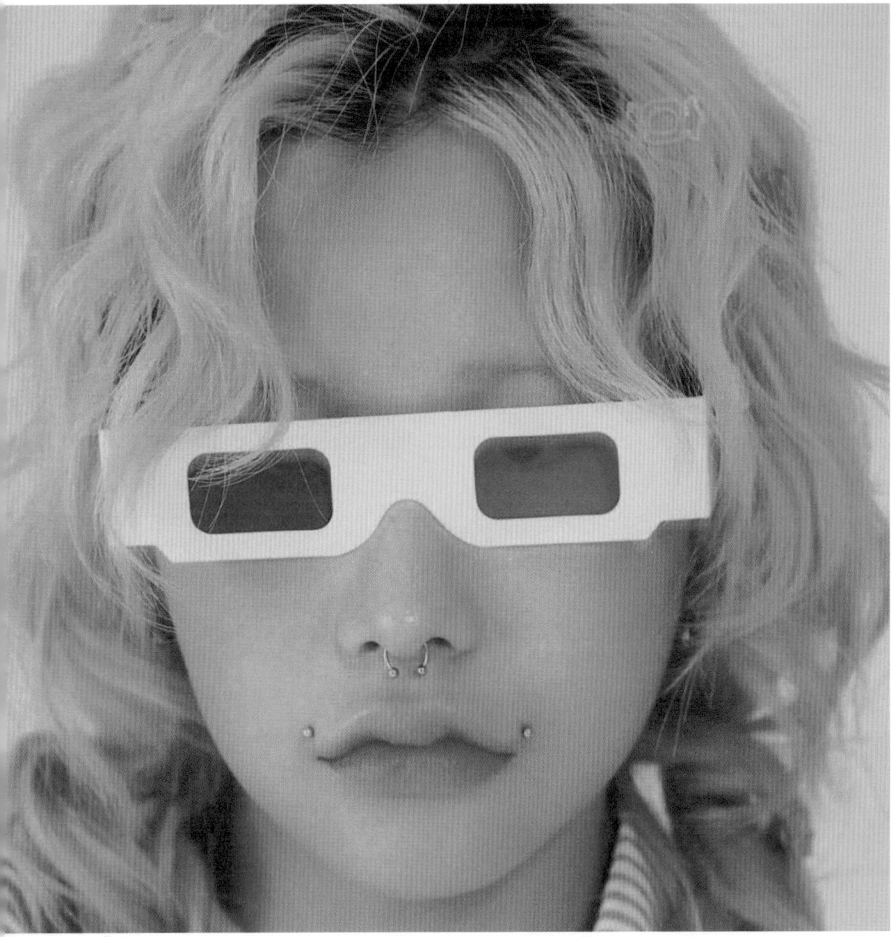

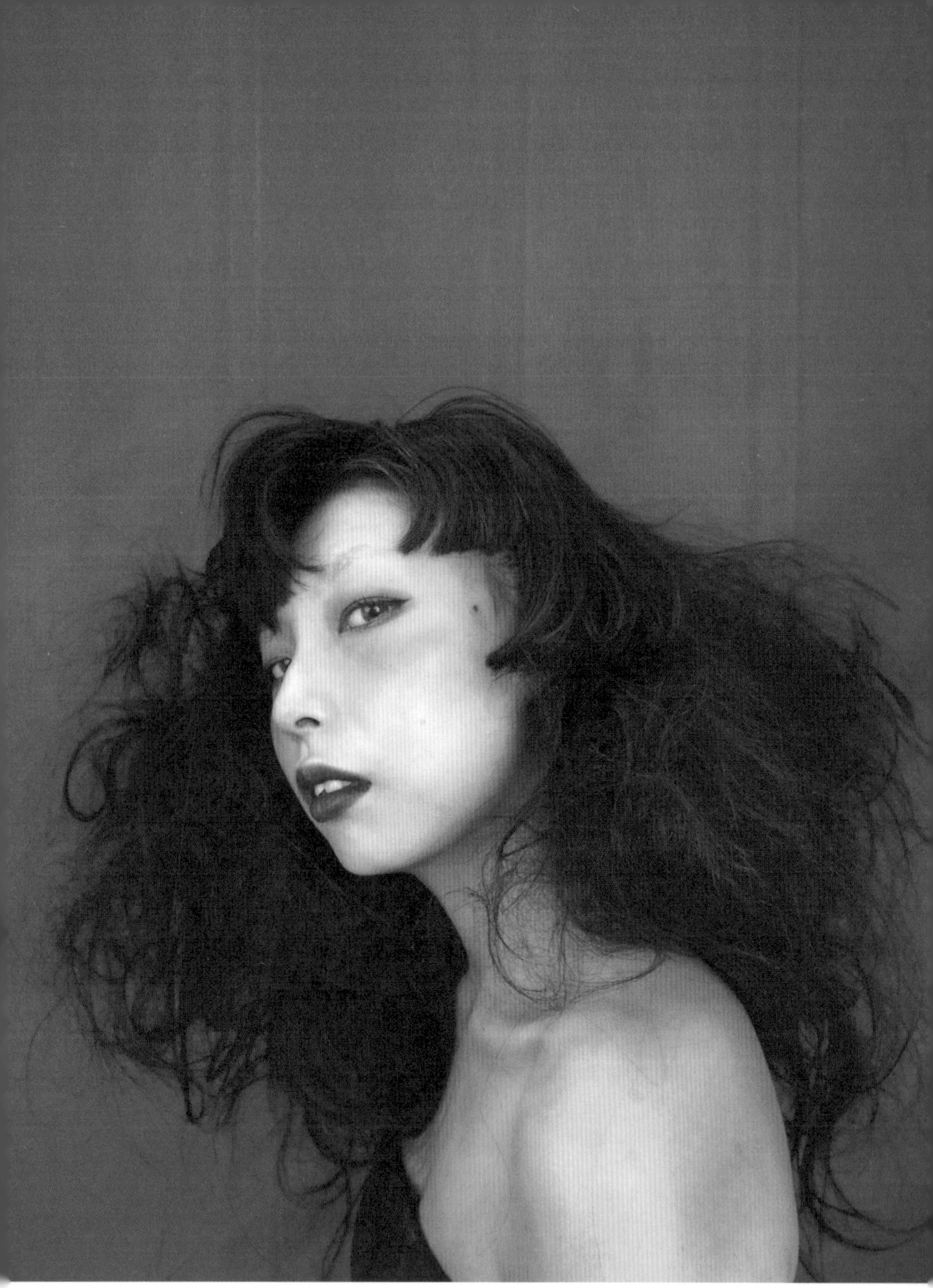

2017년 DA_B패널. 작품명 '무의식'

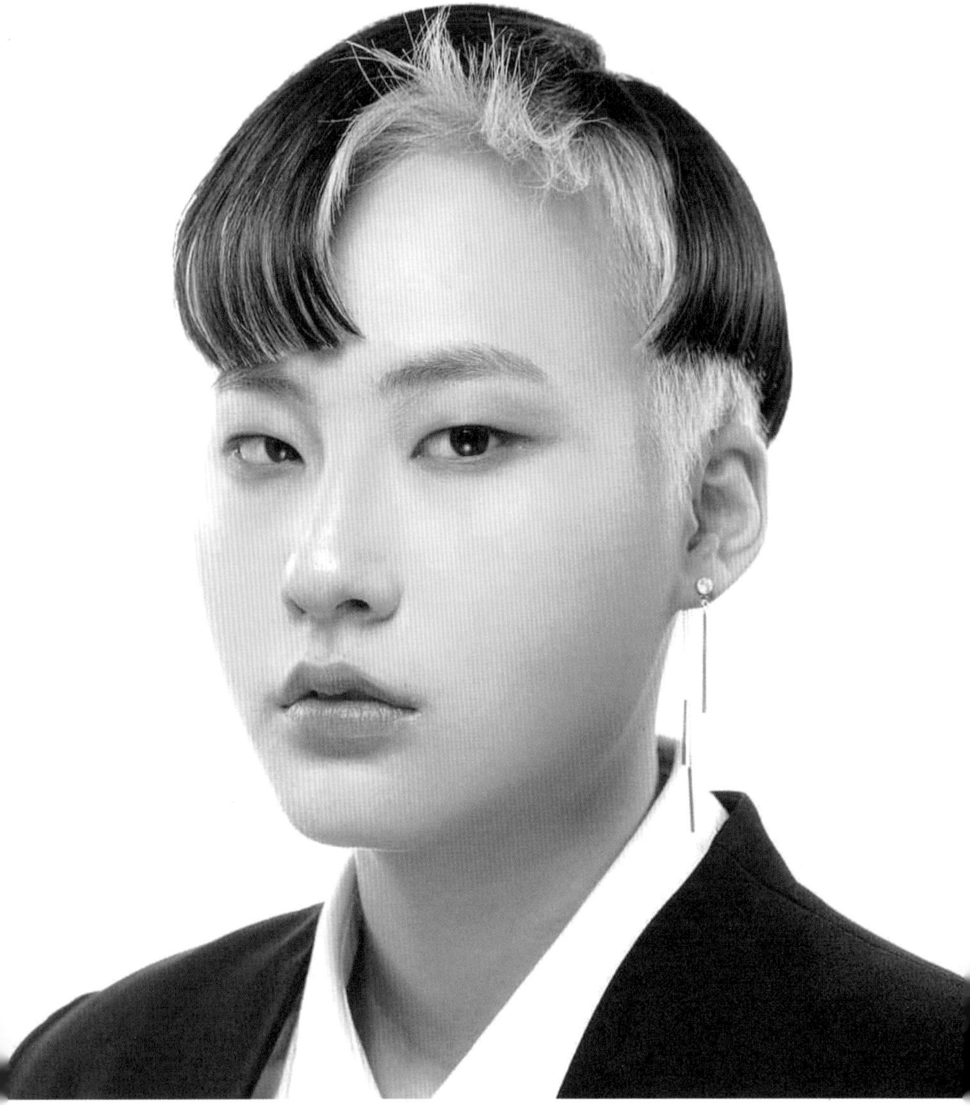

2019년 DA 그랑프리 수상작. 디자이너상,

갤러리상도 수상해 모든 상을 휩쓴 작품

‘개봉섬’의 힐링 포인트, 영감의 원천 ‘딸’

‘밤비헤어’는 지역 살롱답게 다양한 연령대의 남녀노소 고객이 있다. 그리고 힙하고 유니크한 고객들이 많다. 디자이너로서 ‘한계와 경계’가 없는 머리 스타일을 할 수 있는 지역적 특색을 그는 즐긴다. 그는 빠지면 헤어 나오지 못하는 개봉동의 매력을 ‘개봉섬’이라고 표현했다. 그는 개봉섬의 힐링 포인트의 수장답게 개봉동은 눈오는 날 골목의 눈을 치우고 사는 얘기를 나누며 사람 냄새를 솔솔 풍기는 살기 좋은 동네임을 강조한다. 그런 그에게 스타일리시한 고객 자랑을 부탁했다.

“정수리 머리가 한 줌밖에 안 되는 어르신이 오셔서 앞머리 부분에 롤을 말아주고, 옆머리는 원랭스로 길게, 뒷머리는 짧게 레이어로 커트해서 모차르트처럼 펌을 해달라고 하셨어요. 시술이 끝난 후 그분이 양 옆머리를 이용해 반묶음을 하셨는데 탈모가 가려진 스타일로 변화하는 거예요.”

그의 고객들은 다양한 연령대와 스타일을 추구해 그에게 배움을 주기도 한다. 뿐만 아니다. 과감하고 위트가 있다. 그래서 미용은 재미있게 하는 것이라는 '밤비원장'의 철학과 부합한다.

"교복 차림, 군복 차림 할인 이벤트를 해요. 저와 고객들이 20대에 만나 벌써 40대가 됐는데 어디서 구했는지 다들 입고 오세요. 재미있어 하시면서 즐겁게 이벤트를 즐기세요."

특수분장을 공부한 밤비원장은 자신의 재능을 십분 활용해 미용의 즐거움을 배가시킨다. 할로윈 데이에는 프로페셔널한 특수분장으로 고객들에게 찬사를 받는다. 살롱과 고객이 서로 즐거움을 나누며 개봉섬의 힐링 공간이 되는 것이다.

밤비원장의 영감의 원천은 '딸'과 '자연스러움'이다. 중학생이 된 수빈이는 초등학교 2학년 때 자신만의 세계를 표현한 작품을 가발에 담았다. 아빠를 따라 엄마 살롱에 마중 나온 수빈이는 엄마가 연습을 하면 자신도 가발에 연습을 했다. 머리스타일에 어울리는 염색도 하고 또 다른 창의적인 감각과 색감으로 밤비원장에게 자극을 주었다. 밤비원장의 말을 빌리자면 '순수함과 더불어 말도 안 되게 잘라 놓는다'지만, 보는 사람은 '자꾸 눈길이 간다.'

"2015년 제가 대회에 나가서 가위질을 하는데 수빈이가 다른 사람에게 찍힌 사진에서 보니 반대편에서 저의 가위질하는 모습을 따라 하고 있더군요. '홍대컬렉션'에서도 셋째 줄에서 쇼를 했는데 수빈이의 그림일기에는 첫째 줄 가운데에 제가 있더라고요. 그리고 '우리 엄마가 제일 예쁘다'고 적어 놓았어요."

이렇게 수빈이는 행동과 기록으로 미용하는 엄마에 대한 자랑스러움을 적극적으로 표현한다.

또 다른 영감의 원천인 자연스러움! 중요한 날이면 밤비원장은 드라이를 하지 않는다. 이 책의 실릴 사진 촬영에도 드라이 없이 자연스러운 모습을 보여줬다. 그러다 보니 물고기, 꽃, 동물과 자연을 좋아한다. 그래서 자연이 담긴 다큐멘터리와 백과사전을 보는 것을 즐긴다. 현재 밤비원장은 살롱에서는 고양이 3마리와 집에서는 인터뷰를 방해할 정도로 그를 집착하는 앵무새와 함께 자연친화적 삶을 살고 있다.

수빈이의 그림일기에는 첫째 줄 가운데에

제가 있더라고요.

그리고 '우리 엄마가 제일 예쁘다'고 적어 놓았어요.

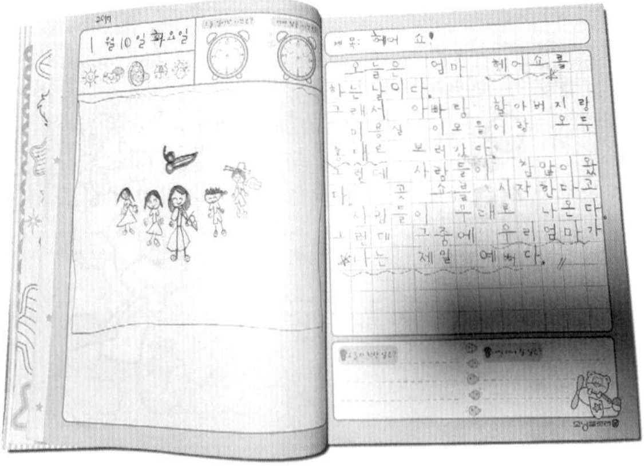

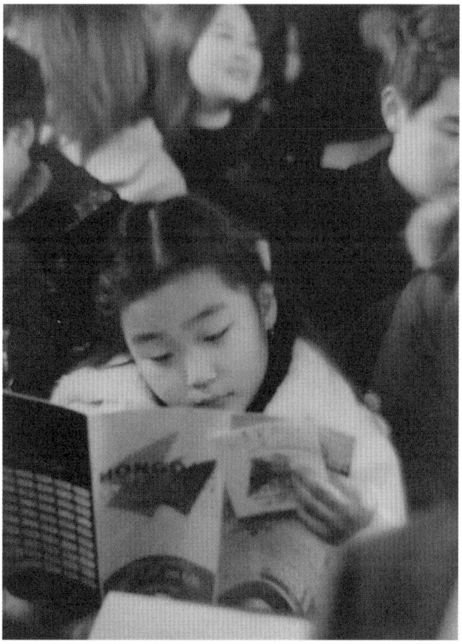

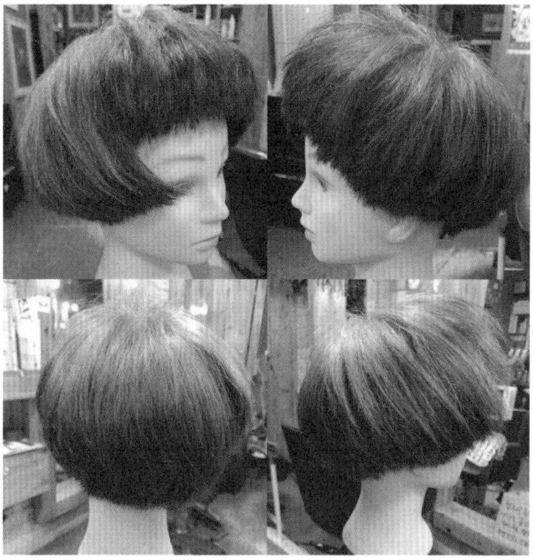

수빈이가 초등학교 2학년 때 자르고 염색한 작품.

특수분장과
특수머리에서 시작된
톱디자이너

•

•

처음부터 그의 꿈은 미용사가 아니었다. 학창시절부터 백댄서가 꿈이었던 그는 힙합에 빠져, 연습실을 찾아다녔다. 그래서 자연스럽게 스트리트 패션, 힙합 패션과 네피헤어 또는 블랙헤어라 불리는 특수헤어스타일에 꽂혔다. 팀원들 머리를 해주기도 하고 대학로 단골 피어싱숍 한 켠에서 소소하게 용돈벌이를 했다. 패션과 가무를 즐기던 밤비원장이 자주 가던 클럽 중 신촌에 위치한 '해열제'는 특수분장을 해야 입장할 수 있는 특색 있는 곳이었다. 그렇게 특수분장을 하고 완벽한 일탈을 즐길 수 있는 재미에 호기심을 느낀 그는 KBS 방송아카데미에서 특수분장을 공부하고 수석으로 졸업했다. 공채가 사라진 방송국에 아카데미 선생님의 추천으로 그는 드라마 '용의 눈물' 분장팀의 견습생이 되었다. 그의 재능을 높이 산 선생님은 수원 드라마

센터로 자리를 옮겨 주었다. 그러나 어린 분장사가 일하기에는 거칠고 짓궂은 환경이 감당하기 어려울 정도로 버거워 나오게 되었다.

미용에 관심을 갖게 된 계기는 우연한 기회로 만들어졌다. 대학로에서 특수머리를 할 때에 연극배우인 지인을 만났다. 당일 연극에 분장을 도와달라는 것이었다. 소극장 공연을 하는 배우들의 머리에서 발끝까지 맡아서 했다.

"업스타일을 할 줄 모르는데 했어요. 할머니, 술 취한 사람, 예쁜 아가씨의 분장을 했는데 그날 재미있었어요. 그리고 제가 순발력이 있다는 것을 알았어요. 정해진 의상을 변주하고 배우들을 역할에 맞게 분장해 주며 재능을 발견했죠. 일반 미용도 즐겁다는 것을 알게 됐어요. 항상 저는 난 특별해! 그러니까 메이크업이든 헤어든 스페셜한 것만을 고집했던 거 같아요."

그는 그날을 계기로 명지대 앞에 위치한 '헤어플러스'에 입사했다.

"스태프 시절 '하룻밤비'였던 어린 저는 미용실에 입사한 후 여러 가지 베이직을 연습해야 했고, 각 스포츠커트 스타일을 자르다가 폭발 아닌 폭발을 했었어요. '우르르쾅쾅' 난 특수머리 전문가가 되고 싶은데 꼭 이 과정을 거쳐야 하나하고 말이지요. 이런 고민에 빠져서 힘들어하는 저를 지켜보던 친정오빠가 어느날 깨달음을 줬어요. 피카소가 입체화가로 유명하지? 근데 그거 알아? 프랑스에서 피카소보다 데생을 잘 그린 화가가 없었대. 네가 아무리 특수머리를 잘해도 베이직을 못하면 아무도 널 인정해 주지 않아라고 말이죠."

그날 이후로 밤비원장은 변했다. 인정받을 수 있는 날이 오기를 기원하며 달렸다. 그렇기 때문에 늘 미용에 대한 체계적인 교육이 목말랐다.

"무겁게 자르려면 가위를 덜 들어라. 각도에 대한 체계도 없었어요. 디자이너 4명에 스태프가 저 하나인데 너무 바빠서 외부 교육도 받지 못했어요. 그때 제가 한 공부는 미용신문의 도해도와 기술 정보를 분석하고 네이프, 탑포인트, 이어포인트 등의 용어를 공부하는 것이 전부였어요."

명지대 앞 '헤어플러스'에서 3년을 스태프로 지내고 '미랑컬'에 입사한 그는 2년간 스태프 생활을 더했다. 5년간 스태프로 지낼 수 있었던 힘은 완벽한 기본기 쌓기라는 과업으로부터 시작된다. '리안헤어'와 비슷하게 프랜차이즈로 성장했던 '미랑컬'은 본사 교육이 체계적이고 블루오션 마케팅 프랜차이즈라는 점이 마음에 들었다.

"제대로 배우고 싶었어요. 너무 큰 살롱에 가면 치열함에서 살아남기 위한 눈치 전쟁에 정신이 팔리기보다는 기술 신장에 집중하고자 했어요. 그곳은 따뜻하게, 그리고 진심으로 정을 나누며 성장할 수 있는 곳이었어요. '미랑컬'은 1주일에 한 번 자체 교육이 있었어요. '써미트'라는 제도가 있었는데 매출 좋고 실력도 좋은 10개의 스타숍을 선정해 직급이 맞는 디자이너들을 모아서 1주일에 한 번씩 지점 원장님들이 교육을 했어요. 교육을 받고 시연을 해서 매년 시상을 하는데 '써미트'를 실시한 6년간 우등생을 놓친 적이 없어요."

그는 '미랑컬'에서 2003년 입사해 2012년 퇴사하는 동안 재능과 열정으로 비약적인 성장을 이뤄냈다.

미용인으로서 최고의 슬럼프를 겪다

•

•

'미랑컬'에서 최고의 매출과 '써미트' 우승 등 본사의 든든한 허리 역할을 하던 밤비원장은 결혼 후 시댁, 아이, 부모님 등을 챙기느라 삶이 바빠졌다.

"출퇴근하는 미용에 충실할 수밖에 없었어요. 2014년 '밀본 DA'가 처음 개최됐는데 '뷰드림'의 조인형 원장님이 갤러리 부스에 계신 거예요. 조인형 원장님은 '론론헤어' 소속으로 저는 '미랑컬' 소속으로 '써미트'를 같이 했었는데, 저는 안주하는 관람객으로 조 원장님은 도전하는 디자이너의 자리에 있는 거예요. 기분이 묘했어요."

그 다음해부터 밤비원장은 이 대회에 참여했다. 2017년 그랑프리를 수상하고 수상자에게 주어지는 일본에서 열리는 세계 대회에 서포터로 조인형 원장과 함께했다. 서로 조력이 되어 주는 동반자로 초청한 것이다.

밤비원장에게는 도전만이 성장의 동력이 되고 사는 이유가 된다. 자신의 자리에서 인정받고 싶은 마음은 그가 최고의 실력과 감각을 지닌 디자이너가 되는 결과를 낳았다.

그런 그에게도 도전에 따른 만족스럽지 못한 결과는 슬럼프를 낳기도 한다. 2019년 밀본 대회의 시상부문을 모두 휩쓴 밤비원장은 코로나로 인해 미뤄진 본 대회를 2021년 비대면 랜선 대회로 치르게 됐다. 2021년 중국 사람들이 한복이며 김치에 대한 왜곡된 의사 표현을 할 때 밤비원장은 한국적인 모습을 세계 대회에서 선보이고 싶었다. 한복 디자이너를 섭외해 '한국에디션'을 준비할 계획이었다. 수소문 끝에 찾아낸 차이킴 한복디자이너는 협찬을 하지 않아 구매를 해야 했다. 인스타그램을 통해 300만원 가량의 의상비를 모금했다. 취지를 잘 아는 미용인을 포함한 지인들은 십시일반으로 도움을 줬다. 100만원을 보내주신 3분에게는 돈을 돌려드리고 따뜻한 응원과 격려에 힘입어 의상을 준비했다. 그렇게 시작은 씩씩했다.

밀본 대회는 두 패널인 리얼스타일과 크리에이티브 콘셉트 스타일로 사진을 미리 보내야 한다. 그리고 두 패널을 바탕으로 실제 무대에서 새로운 콘셉트의 작품을 만들어 내야 한다. 다만 리얼 콘셉트의 모델과 리얼리티브 콘셉트의 모델이 같아야 하는 조건이 있다. 그런데 대회 전전날 모델이 실종됐다며 경찰이 찾아왔다. 엄마와 사이가 안 좋아진 모델이 연락을 끊으며 생긴 해프닝이었다. 밤비원장은 마음을 졸였다. 다행히 대회 전날 모델이 돌아왔다. 그전까지 대면의 세계 대회는 비대면이 되며 밤비 원장에게는 압박감으로 다가왔다. 흰 배경에 360도를 촬영하는 카메라와 자신과 모델만을 지켜보는 마스크를 쓰고 눈만 보이는 밀본 관계자 및 진행자들이 부담스러웠다. 또한 카메라에 찍힌 시술 장면은 얼마든지 크게 확대해서 볼 수 있었고 그에 대해 밤비원장은 자세 하나하나까지 신경이 쓰였다. 엎친 데 덮친 격으로 의상도 잘 맞지 않았다. 그전까지 미용대회는 그에게 '축제'였다. 자신이 기량을 마음껏 펼치고 발산하는 축제! 하지만 이번 대회는 달랐다. 시험 보는 느낌으로 무서웠다. 대회에서 그는 실수란 없었다. 그런데 대회 카메라가 돌아가자 떨렸다. 그간의 순조롭지 못한 과정에 대한 불안감과 낯선 환경이 그를 심리적으로 위축되게 했다. 떨리는 손을 감추기 위해 그는 가위질을 빨리 했고, 그러다가 앞머리가 짧아졌고 균형을 맞추다 보니 자신이 계획한 작품과는 괴리가 있는 결과물이 탄생했다. 자신을 격려하고 응원해 준 사람들에게 미안했다. 자괴감과 죄책감으로 한동안 은둔 생활을 했다. '밀본 DA' 심사위원이 되고 자신에게 마지막 무대라서 더 잘해야 한다는 부담감이 '마라 맛' 결과를 낳았다고 자평했다. 그리고 자신이란 그릇이 다른 사람과 달리 입구는 작지만 길다는 것을 깨닫게 됐다고 했다. 또한 부담을 안고 가면 집중이 안 되고 즐길 수 없다는 것도 깨달았다.

좋은 미용인 옆 좋은 미용인

미용을 하면서 '사람이 됐다'고 강조하는 밤비 원장은 좋은 사람을 많이 만났기에 인복을 빼면 시체라고 한다. 그 중 하나가 '뷰드림'이다. 그는 비영리법인 '뷰드림'에서 10년째 활동하고 있다. 홀로서기하면서 느끼는 어려움과 외로움을 소속감으로 대체해 주는 모임이다. 부천 중동 '조니살롱' 조니오 원장, 강서 '더헤어' 안영미 원장, 송도 '스타일하우스' 조인형 원장, 부평 '라온헤어' 케이원장 그리고 재료상인 '성원사' 윤재덕 사장이 이 모임의 핵심 멤버이다. 이들은 외부 강사를 초청해 강의도 함께 듣고, 경영과 마케팅 등 정보도 공유하며 미용인의 길을 동행하며 '같이의 가치'를 실현하고 있다.

'뷰드림'은 좋은 일도 함께 나눈다. 코로나 이전에 아이들 머리를 디자인해 주는 봉사를 했다. 밤비원장의 봉사는 꾸준하다. '미랑컬'에서 10여 년간 경기도 광주에 위치한 '한사랑마을' 1급 장

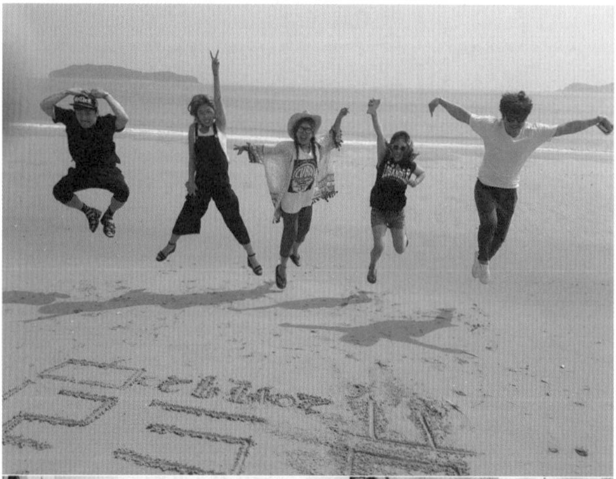

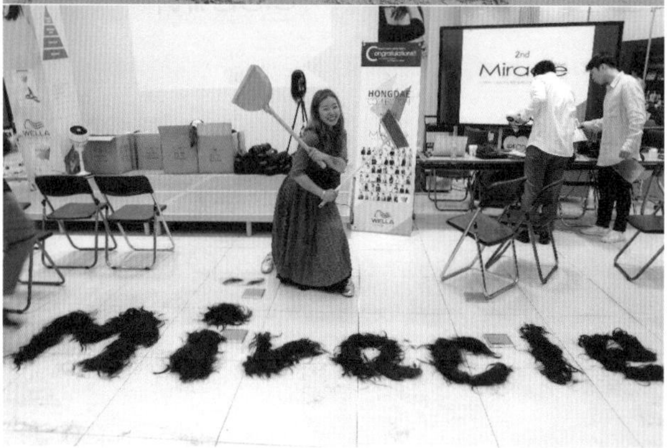

상단 사진 '뷰드림' 헤어 봉사 기념 사진

하단 사진 '홍대컬렉션'의 미라클팀명을 머리카락으로 기념했다.

애우 미용봉사를 했고, '밤비헤어' 오픈 후에도 앞머리 커트요금은 불우이웃돕기 성금으로 기부하고 있다. 또한 기회가 닿을 때마다 지역 어르신들의 이발 봉사와 섬마을 이미용 봉사 활동을 하고 있다.

직업인으로서의 철학, 아티스트로서의 열정과 감성, 나눔을 즐기는 어른으로서 밤비원장의 목표는 하루하루 신나고 재미있게 사는 것이다.

"인간 신체의 유통기간을 80년으로 봤을 때 70살까지는 미용을 할 수 있겠다고 생각해요. 제 손금을 보면 수명이 거의 100세 이상입니다. 저희 아버지가 칠순이신데 청바지에 티셔츠를 즐겨 입으시고 젊게 사세요. 얼마 전에 강원도에 드론 전문 교육 센터를 개원하셨어요. 저 또한 어머니의 건강함과 활동성을 지니고 있다면 얼마든지 가능하다고 생각해요."

그러면서 조심스럽게 당분간 혼자서 살롱을 이끌어 간다고 말하며 눈물을 보인다. 일을 너무 좋아해서 주6일제를 고집하는 살롱의 단짝이자 후배인 조시은 실장의 아픔을 얘기했다. 조 실장과는 현실 자매처럼 때로는 대화도 없이 일만 하기도 했지만 10년간 함께 '밤비헤어'를 지키며 동고동락했다.

"루푸스병이라는 면역 체계에 문제가 있어 손가락 2개가 끝이 괴사된 채로 저나 고객들이 불편할까봐 붕대를 감고 일을 했어요. 실장님이 내일 입원을 해요. 못 돌봐준 거 너무 미안하고 안 아팠으면 좋겠어요."라며 자책을 한다. 이 책이 세상에 나올 때

즈음엔 꼭 '조 실장님'이 완쾌되어 함께하길 밤비원장과 같은 마음으로 기원해 본다.

17년 차 고객이 말하는 우리 원장님은요

장동률 고객

열 살 꼬마의 부스스했던 머리는 이제 조금 가늘어졌어요. 언젠가 하얗게 새버린 머리를 멋스럽게 둘지 색깔로 꼼꼼히 칠할지 고민할 때도 오겠죠? 그 얄팍한 진지함에도 머리를 맞대고 함께 고민해 줄 따뜻한 예술가가 밤비예요. 이런 다정한 디자이너의 경쾌한 가위 소리를 언제까지 들으러 갈 수 있다는 건 제게 정말 큰 행운이랍니다.

10

앳나운 신후원장

모던 시크로 다시 쓰는 11년의 역사

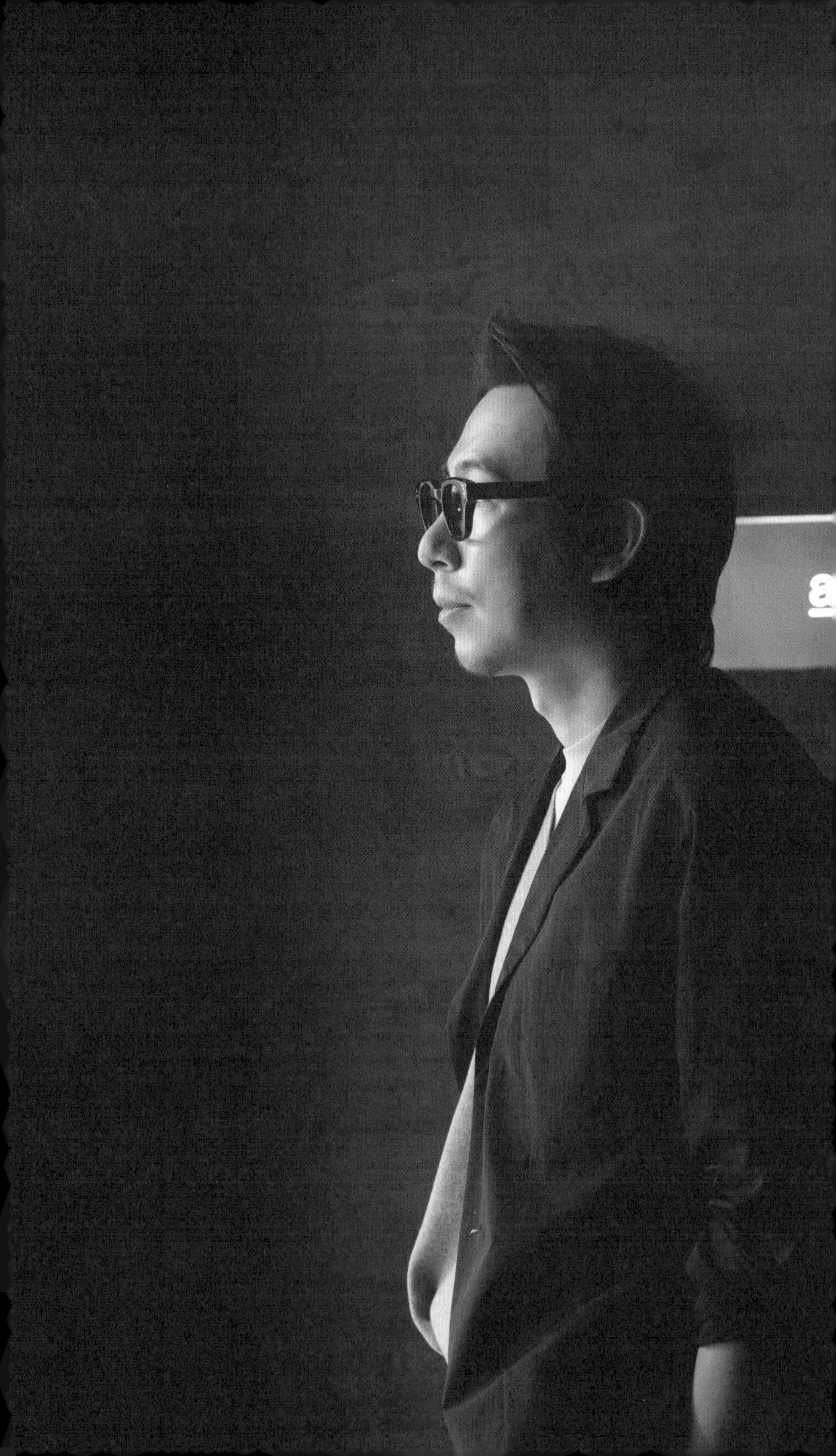

n is where true beauty unfolds.

디자이너와 살롱이 하나의 실루엣을 이루다

—— 아티스트적 감성이 물씬 풍기는 신후원장은 조용하고 우아하다. 정갈하고 차분한 느낌의 살롱과 사람이 한 콘셉트인 듯한 느낌이다. 예술성과 대중성을 겸비한 창작 집단의 공간답게 미술 작품, 거울 등 소품과 LP판, 음악, 유니폼 등은 '앳나운'이란 실루엣의 통일감을 부여한다.

조용하지만
지극히 열정적인 공간

•

•

오전 10시가 조금 넘은 시간. 오픈한 지 30분이 채 지나지 않아 60평대의 살롱 경대 앞을 가득 채운 고객들과 디자이너들의 움직임으로 활기가 넘친다. 옅은 그레이에 한 방울의 그린 톤이 가미된 듯한 공간의 색채이미지는 활기와 상반된 차분함으로 조화롭다. 바로 '앳나운'의 아침 풍경이다.

'앳나운'은 1년 차 신규살롱이다. '컬처앤네이처'의 원장이었던 신후원장이 살롱을 오픈하고자 할 때 '컬처앤네이처' 배영란 대표는 흔쾌히 그 자리를 내주었다. 아무런 조건 없이. 신후원장은 같은 공간인 '컬처앤네이처'에서 10년, '앳나운'에서 1년을 지켰다. 신후원장은 '컬처앤네이처'의 스태프 시절부터 '앳나운'의 오너 원장이 되기까지 11년을 한 공간에서 스태프에서 오너 디자이너로 성장한 것이다. 그의 진득함, 꾸준함은 진정성과 신뢰로 파생되었고, 고객과 선후배들에게는 특별한 사람으로 각인되었다. 배영란 대표가 대가없이 그에게 공간을 내주었듯이 고객은 물론 다른 살롱에서도 그에게 투자하고 싶어 했다.

신후원장은 '앳나운'의 오픈을 위해 2년을 준비했다. 그는 디자이너로서 고객이 확보되자 자신의 인지도를 높이기 위해 시세이도, 웰라 주최의 쇼나 세미나에 참여했다. 시세이도 '뷰티 이노베이터'로 세미나를 통해 일본에서 펌 트렌드 발표도 진행했다. SNS가 미용인들에게 화두일 때 그는 내실을 다졌다. 100여 명의 구성원이 소속된 '컬처앤네이처'의 교육디렉터 역할을 2년 동안 하면서 교육시스템의 체계를 수정하고 보완했다. 트렌드 발표를 디렉팅하고 교육시스템에 접목을 했다. SNS의 가치는 인정하지만 보여주기식의 가벼움을 지양하고 싶었다. 오히려 실력으로 깊이를 갖고자 했다. 청담동에서 디자이너가 되기 위해 5년간의 스태프를 거쳐야 했던 자신과 달리 디자이너의 입봉 시간이 짧아지며 생기는 문제점을 극복해야 했다. 3-4년 만에 디자이너가 되면서 생기는 기술의 괴리를 좁히는 것은 교육뿐이었다. 시간의 부족은 기술력과 영업력의 한계를 드러내고 신규 고객을 자신의 고객으로 만드는 데 장애가 되기 때문이다.

"치프 디렉터가 되면서 외부 활동과 시스템에 대한 영향력을 키우고, '컬처앤네이처'의 두 개 지점의 통합 권한을 갖고 살롱을 이끌어 갔습니다. 디자이너들의 반감도 많이 샀을 거라 생각이 됩니다. 그리고 시행착오도 많이 겪었지요. 결과는 좋지 않았습니다. 소통과 화합이 쉽지 않았습니다. 그것을 통해 저는 배우고 수정을 했지요.”

2년간의 시행착오와 노력은 ‘앳나운’의 시스템 매뉴얼화로 더욱 구체화되었다.

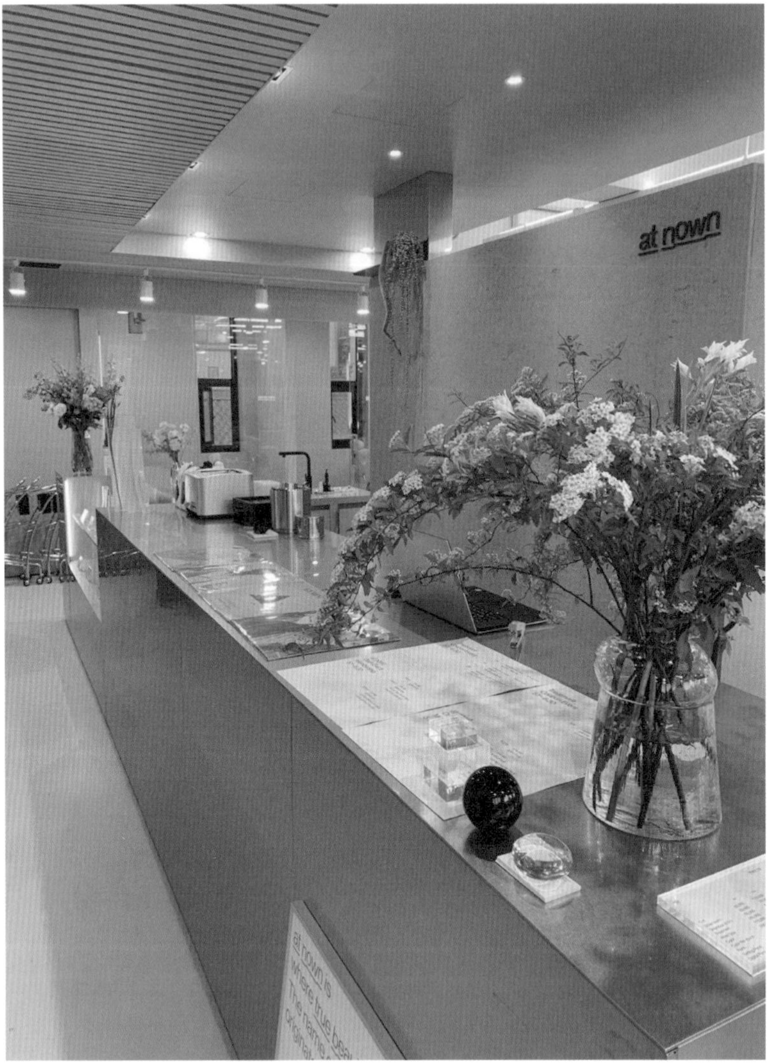
at nown

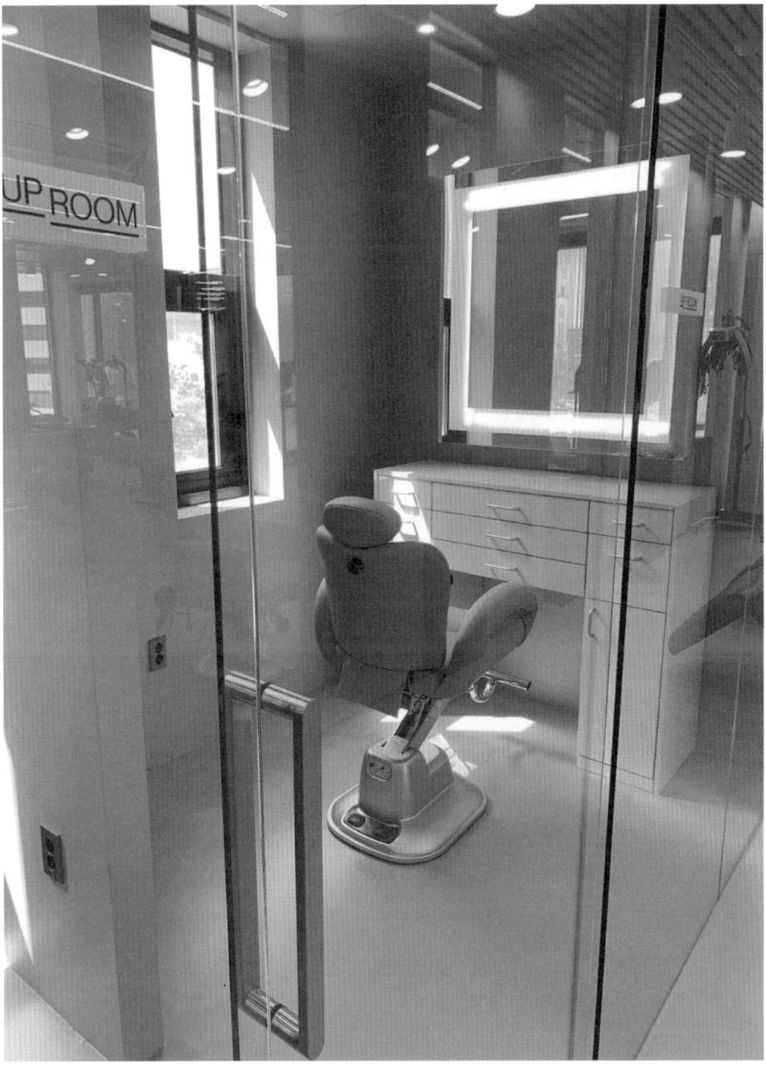
UP ROOM

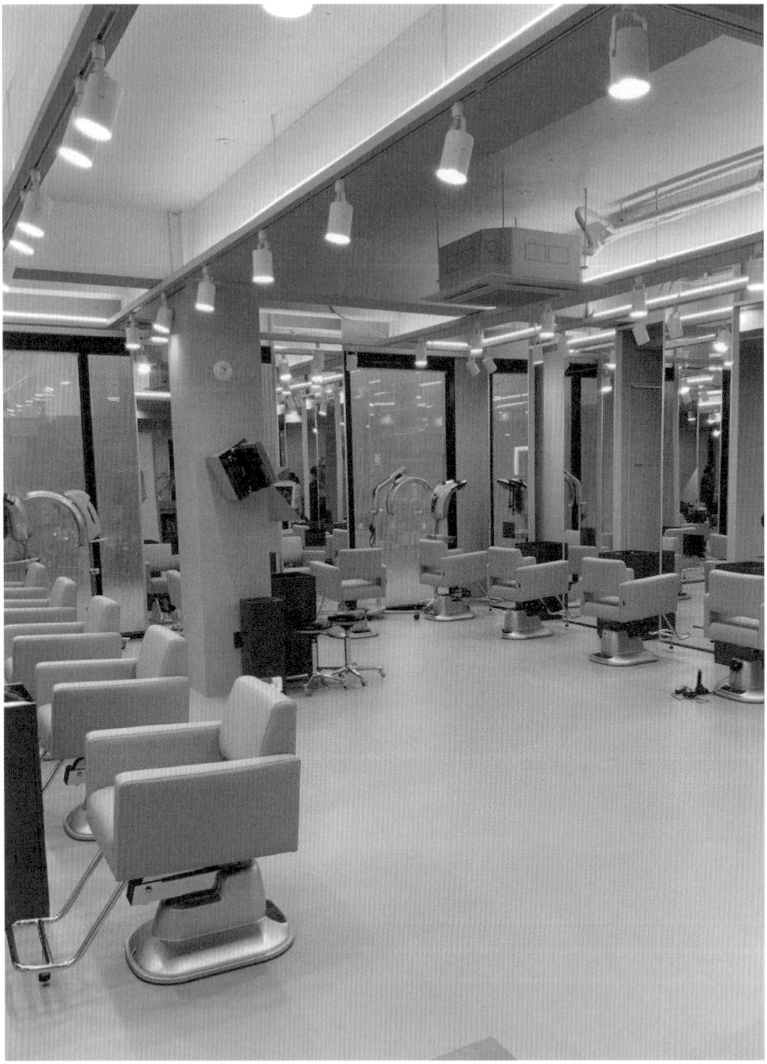

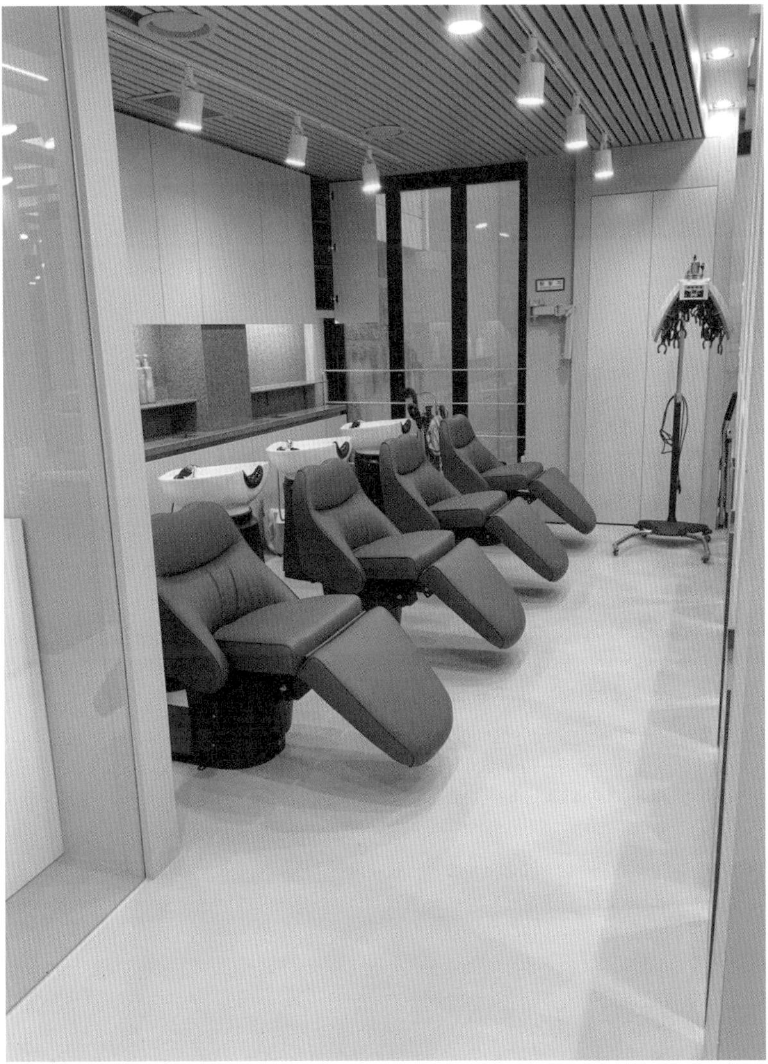

예술성과
대중성의 경계에서

'앳나운'이란 이름은 중의적이다. 하나는 'Art & Now & Own'의 조합으로 '모던 시크' 콘셉트의 특별하고 진실된 아름다움이 시작되는 곳이라는 의미이고, 또 하나는 앳을 'at'의 의미로 사용하여 지금 나에게 벌어지는 것이라는 뜻으로 사용된다.

"모던 시크가 저희 살롱의 공간디자인 콘셉트입니다. 헤어콘셉트는 세련됐지만 트렌디함이 있고 아트적이지만 대중적이고 손질이 편한 스타일을 추구합니다. 고객이 원하는 것에 앞서 변화를 제안합니다. 오랜 상담 보다는 헤어디렉터로서 제안해 드리면 믿어 주시고 결과물에 만족을 하십니다."

'앳나운'은 예술성와 대중성 경계에서 움직이는 아티스트 집단이라고 신후원장은 말한다. 대중성은 트렌디함을 놓지 않아야 하며 거기에 예술성을 더 하기 위해선 자신만의 '무기'가 있어야 한다. 그래서 그는 기술성을 담보하기 위해 룩북 제작 및 스타일에 대한 공부와 연구는 필수라고 강조한다.

"새로운 것을 발표해서 대중에게 공감을 얻어야 한다고 믿습니다. 그것을 바탕으로 스태프에게 교육적으로 풀어내야 하고 이것이 우리의 성장의 발판이 될 것입니다. 지금의 '앳나운'은 본점의 역할을 충실할 수 있는 기반이 될 것입니다. 매 시즌 룩북 발표와 유튜브 살롱워크가 대중에게 '앳나운'을 알리는 대표적인 틀입니다."

이러한 작업은 '앳나운'의 고객 유입과 인지도 향상을 위함이다. 신후원장은 실력이 있으면 매출은 당연히 따라오는 결과라 믿는다. 그래서 디자이너들의 자율성을 존중하되 방향성을 제시하는 선에서 홍보와 학습이 동시에 일어날 수 있도록 시스템을 구현한다.

룩북은 트렌드가 반영된 콘셉트 회의를 거쳐 계절감, 대중성, 예술성을 표현한 최상의 퀄리티를 내는 작품으로 선정한다. 2달에 한 번 작업을 하지만 엄선해서 작품을 선정하다 보니 7작품만이 쌓였다.

"선정된 작품은 교육 커리큘럼과 연계해 교육영상으로 쓰입니다. '앳나운'의 교육 이수 내용이 되는 것입니다. 이 작품이 쌓이면 올해 10월에 오픈하는 아카데미에서도 주요 교육 내용이 될 것입니다."

월초와 월말은 한 달간의 '앳나운'의 성장에 있어 '열림과 닫힘'

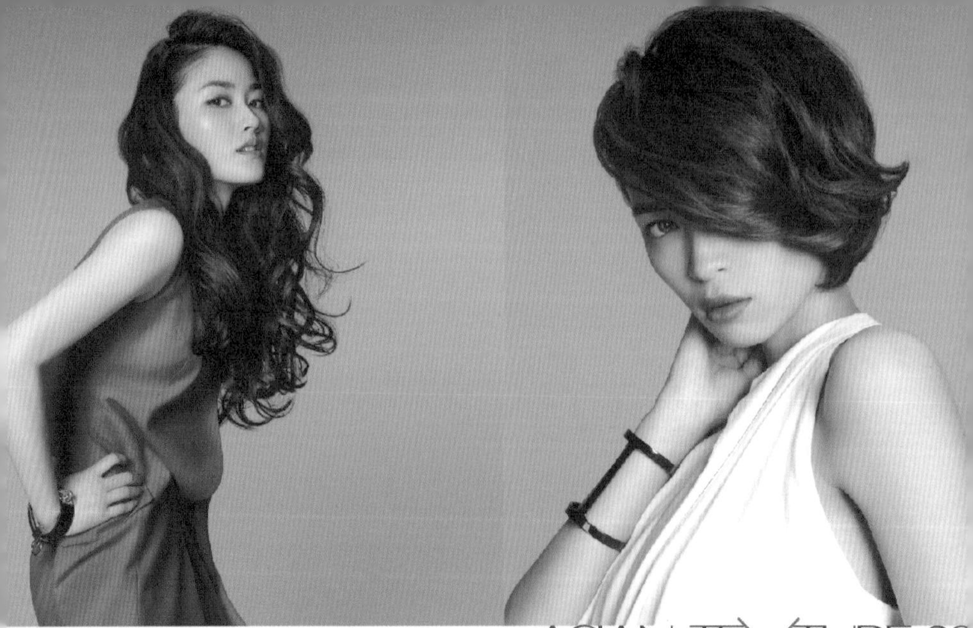

SHISEIDO
PROFESSIONAL

ASIAN TEXTURE 20
TOKYO SEOUL STYLE

SHISEIDO
PROFESSIONAL

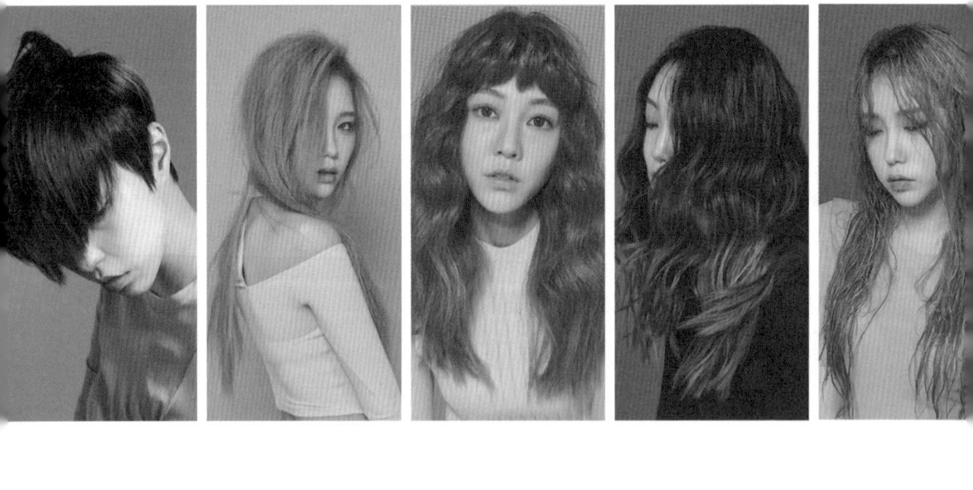

ROMANTIC BLOSSOM
2016 TREND OF CULTURE&NATU

룩북

이 있는 날이다. 매월 초 디자이너는 개개인의 주력상품에 대한 홍보 기획안을 제출하고 신후원장의 피드백과 점검을 받는다. 디자이너들의 강점에 맞는 주력 상품에 대한 작품 기획안을 받고 인스타, 유튜브를 기본으로 홍보하도록 하고 있다. 디자이너가 자신의 작품을 홍보할 때는 네이버블로그, 시술영상, 인스타그램, 유튜브, 셀프 스타일링 영상 등에서 선택하면 된다. 신후원장은 디자이너들이 효율적으로 홍보 매체를 활용할 수 있게 매체별 어떤 항목을 준비해야 하는지 구성안을 제시해 준다. 유튜브의 경우 스토리텔링의 목적, 디자이너 브랜딩, 모델 콘셉트, 모델과 디자이너의 의상, 인트로 중간 아웃트로, 대본, 시안 연습으로 구성돼 있다. 이는 특정 매체가 갖는 언어적 특성과 심미성을 최대한 극대화하여 홍보 효과를 누리기 위한 것이다.

"월말에는 회의를 합니다. 블로그, 인스타, 네이버 등 각 매체별 신규 고객 유입 비율을 수치화해서 공유합니다."

'앳나운'의 인적 구성은 6명의 헤어디자이너와 메이크업원장을 포함한 2명의 메이크업디자이너, 스태프 10명이 있다. 관리팀에는 각각 1명의 홍보와 관리 담당자가 상근직으로 근무하고, 유튜브 피디가 프리랜서로 있다. 특히 6명의 헤어디자이너 중 4명이 신후원장의 제자이다.

"디자이너들이 연차에 비해 감각적이면 섬세하고 실력이 좋습니다. 처음 시작할 때 스태프 1명이었던 친구들이 지금은 2명의 스태프와 함께 하니 많이 성장을 했습니다. 저희는 900만원 매출에 1명의 스태프가 배정되는데 스태프 수로 보면 10개월 차에 매출이 2배 이상 신장했습니다."

그는 덧붙여 "특히 '앳나운'의 대표 아티스트로는 토털 헤어 메이크업의 김영란 원장님이 계십니다. 뛰어난 감각과 컨설팅 능력으로 고객과의 소통과 교감이 훌륭한 아티스트입니다. 우리나라 방송사 아나운서 대부분의 헤어와 메이크업을 담당하고 있으며 수많은 웨딩과 화보 셀럽 등을 담당하고 있습니다. KBS 박소현 아나운서, SBS 김가현 아나운서, MBC 박소영 아나운서 등은 물론 배혜지, 김규리, 전소영, 김가영 기상캐스터를 맡고 계십니다."라고 소개를 받아 함께 일하는 메이크업 원장님에 대한 자랑을 빼놓지 않는다.

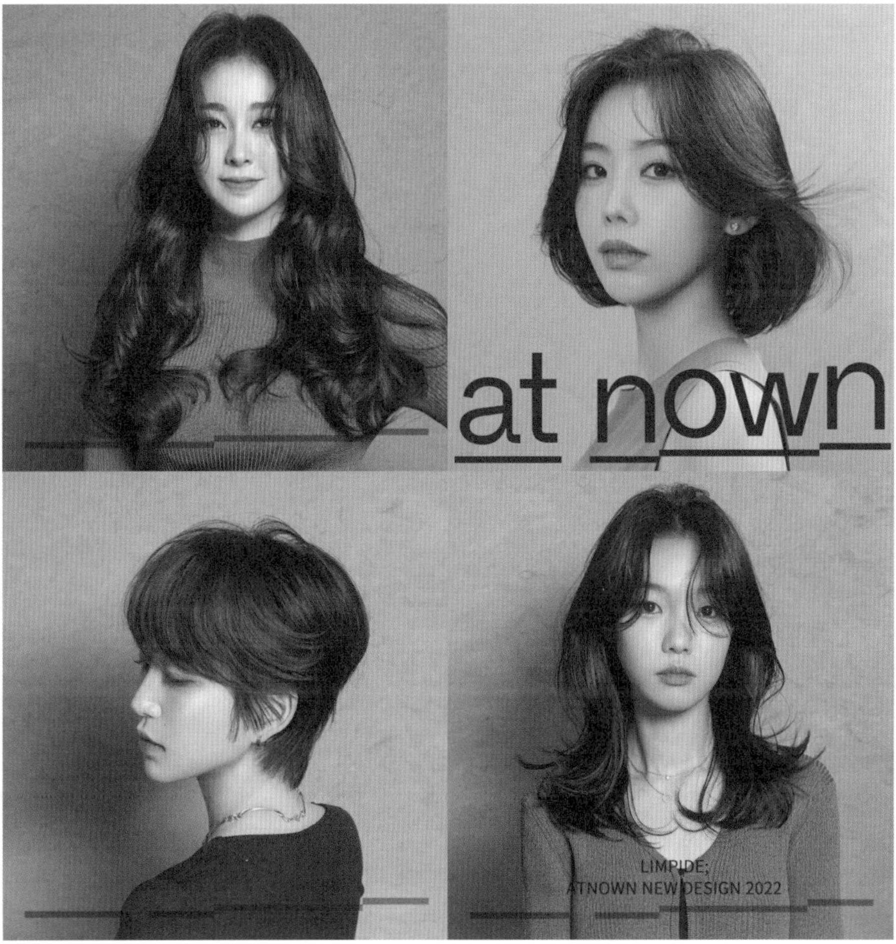

상단 좌측부터 미스트펌, 볼륨펌

하단 좌측부터 쉘컷, 글램펌

승진의 승진,
군시절 미용생활

•

•

전주가 고향인 신후원장은 고등학교 때 공부를 즐겨하지 않았다. 수학과로 대학을 진학한 후 그는 입학만 하고 미용을 반대하시는 부모님 몰래 미용학원에 다녔다. 집을 나와 서울에 기숙사 생활이 가능한 살롱에 들어갔다. 당시에 머리를 잘 하던 지역인 명동과 이대에서 스태프를 거쳤다. '준오헤어'와 시작을 같이 했던 명동에 위치한 '가희헤어', 이대 '자쓰리'에서 스태프 생활을 했다. 군대 가기 전 고향으로 내려와 1년의 스태프 생활을 하고 23살에 입대했다.

"군대 가기 전에 남자커트 학원을 다녔어요. 스태프로 디자이너가 한 머리를 마무리하는 단계에서 정리가 가능한 커트 실력을 가지고 입대했습니다. 군대에서 이발병이 되어서 휴전선이 가까운 소초에서 병사들의 머리를 깎았어요. 입소문이 나면서 소초로 간부들이 찾아왔어요. 중대 본부에서 대대로, 대대에서 연대로 옮기면서 인제에서 이발병으로 제대했어요.”

그는 함께 일하는 원사와 함께 복지비 명목으로 간부들의 이발비를 1천500원씩을 받기로 정했다. 적지만 한 달에 모인 돈이 무려 40-50만원이 됐다. 모인 돈은 불우한 병사를 위해 사용했고, 그는 한 달에 한 번 휴가를 갈 수 있는 선물을 받게 됐다.

“제가 실력이 월등하지도 않았습니다. 그런데 간부들이 잘 자른다고 한 이유는 꼼꼼한 서비스 마인드에 매료되지 않았나 싶습니다. 인제의 읍내 미용실에서 볼 수 없었던 것들이죠. 머리가 완성된 후 뒷거울 보여준다든지 깔끔한 마무리라든지요.”

군대에서 명성이 자자했던 이발병으로 편안한 군생활을 하게 된 비결을 말한다.

디자이너, 교육자,
경영관리자로서의 전문성

디자이너에서 오너 원장이 되기까지 책임자의 무게감이 어떤지 물었다. 개인 브랜딩이 일반화된 요즘 살롱 브랜딩에도 디자이너들에게 참여를 독려하고 있다는 점에 대해 미안함을 털어 놓는다.

“시대가 많이 바뀌어서 디자이너들의 대부분이 개인 브랜딩을 통한 매출을 올리고 있습니다. 우리 디자이너들은 신규 살롱이다 보니 살롱과 개인 브랜딩을 동시에 해야 합니다. 이해해 주는 것이 너무 고맙고 디자이너들의 매출이 늘어날 수 있도록 최대한 지원을 하고자 합니다.”라며 그에 대한 해결책으로 “청담사거리에 10월 1일 ‘앳나운’ 사옥을 준비하고 있습니다. 압구정 로데오가 다시 핫플레이스로 부상하면서 공실이 없었어요. 임대료도 무척 비싸졌고요. 마침 좋은 자리가 있어 웨딩, 연예인을 포함한 셀럽 출장 등 지금보다 큰 규모의 프리랜서 시스템을 갖춘 토털 뷰티 살롱을 준비 중입니다. 아카데미도 함께 오픈합니다. 다양한 곳에서 영향력을 발휘할 수 있도록 말입니다."라고 전한다.

경영과 관리시스템을 잘 갖춰서 좋은 환경에서 직원들의 삶이 성장하는 살롱으로 키워가고 싶다는 그. 진정성 있되 넘치지 않은 무게감을 지닌 그런 디자이너들로 발전하기를 바란다. 그에 따른 오너 원장으로서의 기반을 마련해야 하는 당위는 필수불가결하다.

"가르치는 기술에서 모자람을 느낍니다. 감성적인 것을 기술적으로 풀어내는 것을 보다 효과적이고 쉽게 이해할 수 있도록 교육자로서 성찰하고 교정하고 있습니다."

도전하는 사람들이 겪는 낯선 '오늘'은 '어제의 경험치'에 기대고 그 힘에 의해 극복하게 된다. 그도 예외는 아니다. 그 과정 하나하나를 진중하고 진솔하게 음미하며 겪고 있다.

"디자인만을 고민하던 제가 결혼을 하고 가족이 생기며 기술보다 가족에게 에너지를 쏟아야 할 때가 있었습니다. 선택에 대한 책임이 당연히 따르는 것이었지만 새로운 경험이자 슬럼프로 다가오기도 했습니다. 지금은 디자인, 시스템, 가족이란 세 가지 카테고리 안에서 균형을 맞춰가며 오너로서 도전과 성장에 집중하고 있습니다."

일관성 있는 공간에서의 다채로움

신후원장의 에너지 원천은 고객이다.

"11년째 이 공간에 있는 저를 찾아주시는 손님이 정말 많으십니다. 초심을 가지고 유지하려고 노력합니다. 고객들도 우리 디자이너들의 성장을 지켜봐 주시고 응원해 주십니다. 브랜드에 대한 기대감을 고객들이 가지고 있으며, 믿음을 바탕으로 소개를 많이 해 주십니다. 이것으로 자신감이 생기고 동기부여가 됩니다."

고객에게 보다 정확한 '앳나운'의 모던 시크를 제시하기 위한 공간의 언어도 일관성 있게 다채롭다. 다채로움 안에는 신후원장의 관심과 취향이 녹아들어 있다. 미술 작품, 음악, 아기자기한 소품들, 스태프들을 위해 제작한 유니폼, 로고 등이 '앳나운'의 정체성을 말해 준다.

특히 공을 들인 로고는 감각적인 타이포그래피와 레이아웃으로 미적 조형성을 살렸다. 로고는 브랜드의 얼굴로 명함은 물론 다양한 곳에서 시각적 요소로 활용된다. 스태프를 위해 제작된 유니폼도 그렇다. 잘 만들어진 유니폼은 고객들에게도 관심의 대상이자 소유하고 싶은 대상이다. 생활 방수와 염색약이 배지 않는 특수 원단을 사용한 유니폼은 '앳나운'의 로고와 타이포그래피로 디자인돼 실용성과 멋스러움을 동시에 살렸다.

"스태프는 살롱의 얼굴이라고 생각합니다. 유니폼은 색깔과 로고로 저희 살롱의 정체성을 보여주면서 스태프들이 편하게 작업할 수 있도록 하기 위한 '앳나운'만의 작업입니다. 앞치마 두르고 일하는 것에 대해 저는 프로페셔널하지 못하다고 생각합니다. 염색약을 흘리거나 묻히는 것에 대비해 앞치마를 하는데, 아티스트는 되도록 그러지 말아야 한다고 생각합니다. 그래서 염색약을 많이 다루는 스태프들에게 유니폼을 지급하는 것으로 아티스트적인 감성을 보여주고 싶었습니다. 6개월에 한 번씩 유니폼을 제작하고 있는데 한 벌에 단가가 10만원 정도합니다. 오픈 초기에 고객들에게 선물로도 드렸습니다."

그는 시각적인 요소가 중요한 헤어디자이너답게 시각적인 요소에 과감한 투자를 아끼지 않는다. 살롱 입구에 걸린 미술 작품은 올해의 작가상을 수상한 경력이 있는 윤정주 작가의 작품이다. 이 작품은 오브제로 살롱의 콘셉트에 포인트 역할을 톡톡히 하고 있다. 그레이톤이 주가 되는 이 작품은 신후원장에게는 마음이 편해지는 정화를 제공한다. 그 옆에 놓인 거울은 글라스 이

Hair
원장. 신후
Chief Director.Sh

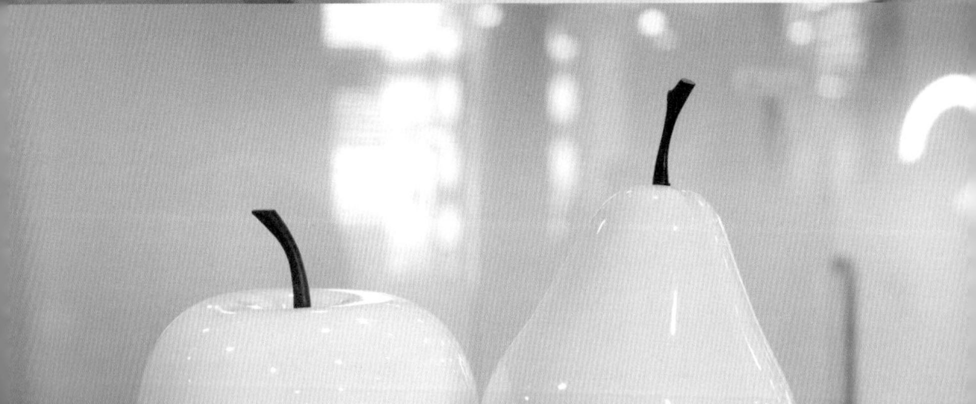

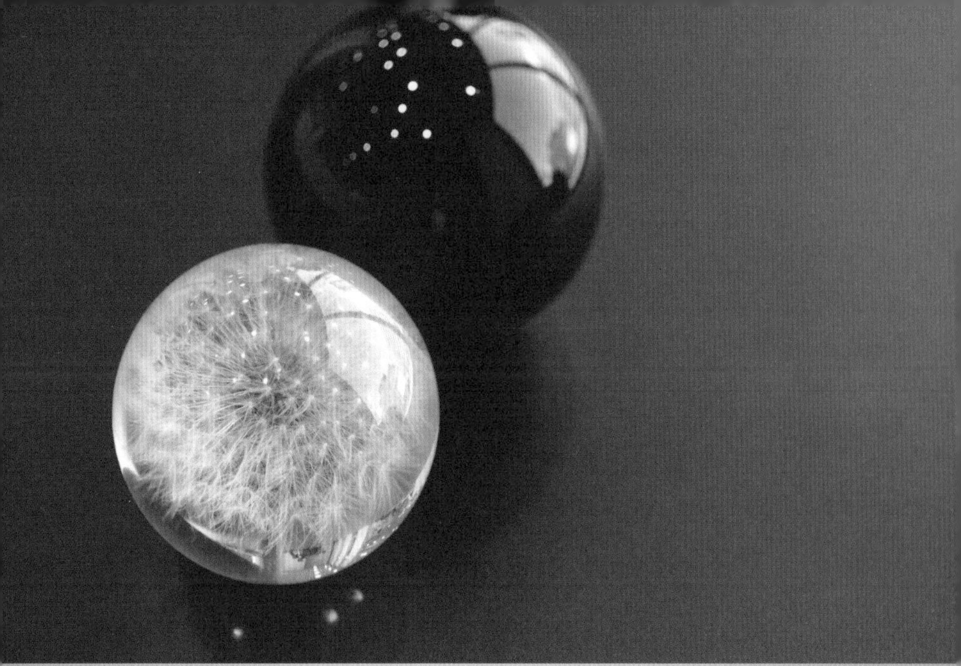

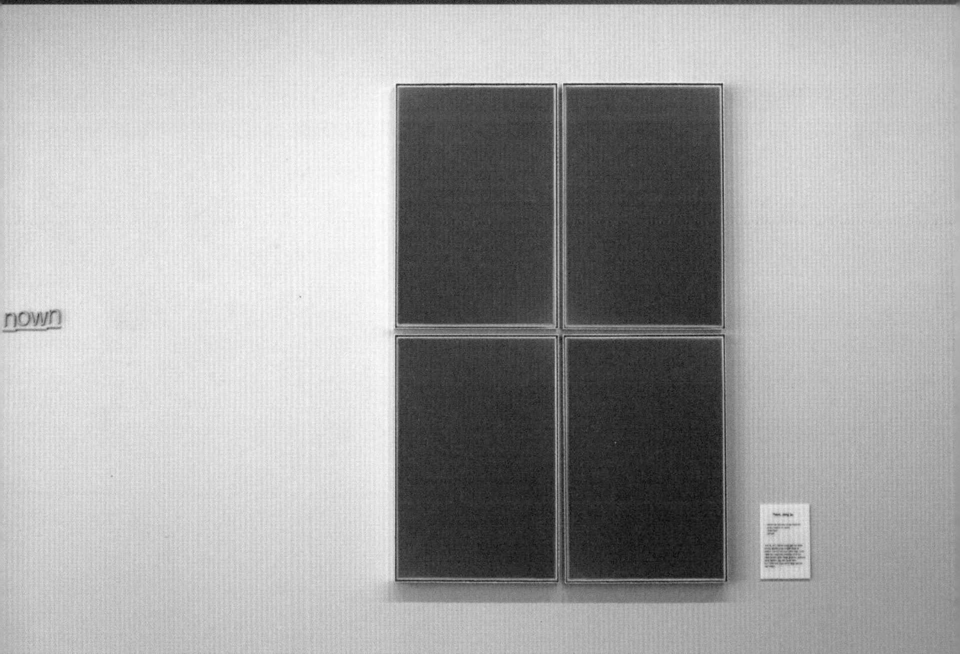

탈리아의 제품으로 '앳나운' 공간의 시그니처로 자리잡고 있다.

아티스트적인 감성을 살롱 곳곳에 정성스레 펼쳐놓은 그. 헤어디자이너로서 크리에이티브함을 유지하는 루틴은 뭘까. 패션쇼 보기다.

"각 시즌의 패션쇼를 보며 음악, 쇼구성, 모델리스트, 디자이너가 추구하는 얼굴 등을 분석합니다. 신진 디자이너의 경우 실험적인 쇼를 많이 선보이는데 그곳에서 영감을 얻어 헤어디자인을 도출합니다. 이 작업은 10년째 꾸준히 하고 있습니다."

신후원장은 또 다른 영감의 원천으로 음악, 미술, 영화 등을 꼽았다. 콘서트, 전시회를 좋아한다. 코로나로 양재천 달리기가 취미가 된 그는 육체적으로 건강해지는데 정신적으로나 문화적으로는 외부 활동이 줄다보니 풍요롭지 못하다고 한다. 그는 신진 작가의 현대 미술도 좋아한다.

"살롱을 오픈하며 공간디자인에 대해 관심이 많이 생겼습니다. 가구점의 쇼룸은 복합 문화 공간으로 감각적인 요소를 즐기고 공부할 수 있는 곳입니다. 디자이너들에게 좋은 도서가 많은 도서관 같은 곳이 될 수 있습니다. 미니멀한 모던 시크를 좋아한다면 한남동과 성수동에 있는 '모노하'를 추천합니다."

그에게 힘이 되었던 스승들

•
•

스태프 시절 신후원장은 낯을 많이 가렸다. 그는 내성적이라 여자연예인들을 샴푸할 때 얼굴이 빨갛게 달아오른 모습을 동료들에게 자주 들켰다. 그래서 주눅이 들었고 그에 따라 심각할 정도로 실수가 많았다. 하지만 자신만이 가진 내재적 끼와 색깔을 믿었다. 옷차림에서도 남다른 센스를 보여줬다. 10년을 한 살롱에서 근무할 정도로 엉덩이가 무거운 편이라고 자평하는 그를 선배 디자이너들은 듬직해했다.

신후원장은 17년 전 '쓰리스토리'에서 강정모 원장의 스태프가 됐다. 강정모 원장과 4년 반을 같이 했다. 그때는 몰랐다. 몸이 힘들고 어렸기 때문이다. 디자이너가 되고 보니 몸에 밴 습관이라는 게 있었다. 강 원장에게 배운 기본기에 신후원장의 색깔을 넣으며, 고객들은 기하급수적으로 늘어났다. 고객이 고객을 소개하고 늘어나는 고객들을 수용하는 데 있어 어려움 없이 수

월했다. 상담, 헤어스타일의 제안, 트렌드 어느 하나 빠지는 것이 없이 잘해 내었다.

"'쓰리스토리'에는 정말로 쟁쟁한 디자이너들이 여러 분 계셨어요. 강정모 원장님을 비롯해 대표이신 강성우 원장님, 김세호 이사님, 정상훈 이사님 등 같이 일하면서 그분들의 기술적인 것뿐만 아니라 자세와 열정, 순발력 등을 내면화하게 된 것 같습니다."

김세호 원장은 그에게 사진을 찍는 디자이너로 신선하게 다가왔다. 투잡이라는 개념도 낯선 시대였다. 두 가지 일을 하며 시너지를 내는 모습이 매력이 있었고 자극이 됐다.

그에게 또 빼놓을 수 없는 스승은 배영란 대표이다. '앳나운'의 자리는 청담동 1-1번지로 주차도 편하고 대중교통도 이용하기가 좋아 접근성이 높다. 이 좋은 자리를 배영란 대표는 오래 있었으니까 해 보라고 내주셨다. 베푸는 어른의 마인드를 배웠다. 시설비를 안 받겠다는 대표님에게 신후원장은 감사의 마음을 담아 드렸다.

반듯함과 꾸준함에서 느껴지는 진정성과 그만의 끼의 결합은 엄청난 저력을 만들어 냈다. 디자이너가 되고 많은 고객으로 5년 만에 원장이 될 수 있었던 것도 같은 맥락이다. '앳나운'의 빠르지만 탄탄한 성장이 기대되는 이유도 거기에서 기인한다.

고객이 말하는 우리 원장님은요

최세영 프리랜서 쇼호스트

한 달에 자그마치 20일 이상 방문하는 '앳나운'은 마치 최고급 쉐프의 오마카세 같은 느낌을 줍니다. 정갈한 인테리어뿐만 아니라 고객 개개인의 취향에 맞는 커스터마이징된 서비스, 무엇보다 자부심을 가지고 일하는 디자이너까지 모든 면에서 월등합니다. 케어를 받고 문을 나설 때에는 잘 대접받고 나가는 느낌을 받는데, 이런 '앳나운'이 앞으로는 청담을 넘어 하이엔드 퀄리티의 프랜차이즈로 거듭나길 응원합니다.